Operaciones auxiliares con tecnologías de la información y la comunicación

José Manuel Cabello García

Elsa Rubio Duce

ic editorial

Operaciones auxiliares con tecnologías de la información y la comunicación
© José Manuel Cabello García
© Elsa Rubio Duce

1ª Edición

© IC Editorial, 2025

Editado por: IC Editorial
c/ Cueva de Viera, 2, Local 3
Centro Negocios CADI
29200 Antequera (Málaga)
Teléfono: 952 70 60 04
Fax: 952 84 55 03
Correo electrónico: iceditorial@iceditorial.com
Internet: www.iceditorial.com

ISBN: 979-13-7027-014-8
Depósito Legal: MA-1275-2025

Impresión: PODiPrint
Impreso en Andalucía – España

Nota de la editorial: IC Editorial pertenece a Innovación y Cualificación S. L.

Presentación del manual

El **Certificado de Profesionalidad** es el instrumento de acreditación, en el ámbito de la Administración laboral, de las cualificaciones profesionales del Catálogo Nacional de Cualificaciones Profesionales adquiridas a través de procesos formativos o del proceso de reconocimiento de la experiencia laboral y de vías no formales de formación.

El elemento mínimo acreditable es la **Unidad de Competencia.** La suma de las acreditaciones de las unidades de competencia conforma la acreditación de la competencia general.

Una **Unidad de Competencia** se define como una agrupación de tareas productivas específica que realiza el profesional. Las diferentes unidades de competencia de un certificado de profesionalidad conforman la **Competencia General,** definiendo el conjunto de conocimientos y capacidades que permiten el ejercicio de una actividad profesional determinada.

Cada **Unidad de Competencia** lleva asociado un **Módulo Formativo,** donde se describe la formación necesaria para adquirir esa **Unidad de Competencia,** pudiendo dividirse en **Unidades Formativas.**

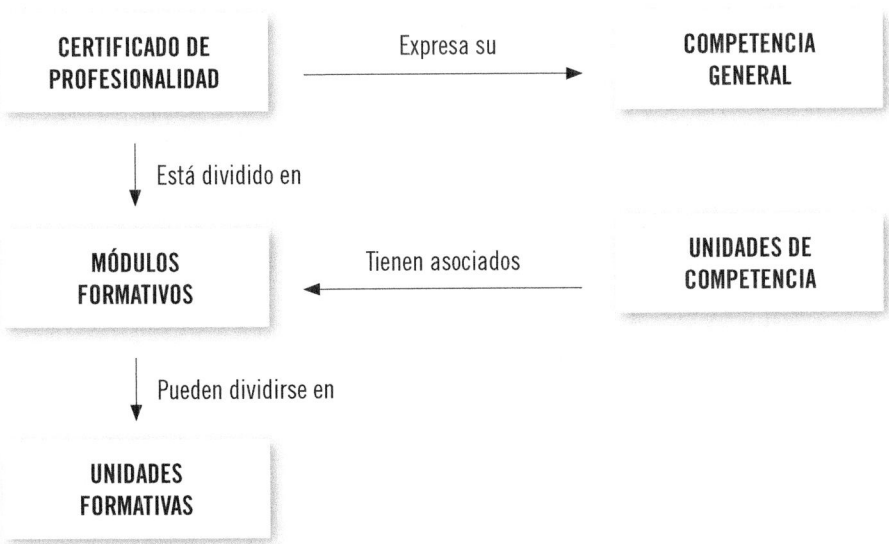

El presente manual pertenece al Módulo Formativo **MF1209_1: Operaciones auxiliares con tecnologías de la información y la comunicación,**

asociado a la unidad de competencia **UC1209_1: Realizar operaciones auxiliares con tecnologías de la información y la comunicación,**

del Certificado de Profesionalidad **Operaciones auxiliares de montaje y mantenimiento de sistemas microinformáticos**

FICHA DE CERTIFICADO DE PROFESIONALIDAD

(IFCT0108) OPERACIONES AUXILIARES DE MONTAJE Y MANTENIMIENTO DE SISTEMAS MICROINFORMÁTICOS (R. D. 1218/2009, de 17 de julio)

COMPETENCIA GENERAL: Realizar operaciones auxiliares de montaje y mantenimiento de equipos microinformáticos y periféricos, bajo la supervisión de un responsable, aplicando criterios de calidad y actuando en condiciones de seguridad y respeto al medio ambiente, siguiendo instrucciones y procedimientos establecidos.

Cualificación profesional de referencia		Unidades de competencia	Ocupaciones o puestos de trabajo relacionados:
IFC361_1 OPERACIONES AUXILIARES DE MONTAJE Y MANTENIMIENTO DE SISTEMAS MICROINFORMÁTICOS (R. D. 1701/2007, de 14 de diciembre)	UC1207_1	Realizar operaciones auxiliares de montaje de equipos microinformáticos	• Operario en montaje de equipos microinformáticos • Operario en mantenimiento de sistemas microinformáticos
	UC1208_1	Realizar operaciones auxiliares de mantenimiento de sistemas microinformáticos	
	UC1209_1	Realizar operaciones auxiliares con tecnologías de la información y la comunicación	

Correspondencia con el Catálogo Modular de Formación Profesional

Módulos certificado	Unidades formativas	Horas
MF1207_1: Operaciones auxiliares de montaje de componentes informáticos	UF0465: Montaje de componentes y periféricos microinformáticos	90
	UF0466: Testeo y verificación de equipos y periféricos microinformáticos	40
MF1208_1: Operaciones auxiliares de mantenimiento de sistemas microinformáticos		70
MF1209_1: Operaciones auxiliares con tecnologías de la información y la comunicación		90
MP0098: Módulo de prácticas profesionales no laborales de Montaje y Mantenimiento de Sistemas Microinformáticos		80

Índice

Capítulo 1
Bloques funcionales en un sistema informático

Contenido

1. Introducción

En este capítulo, se va a descubrir qué es un sistema informático, la forma de representar la información dentro del mismo, qué operaciones permite realizar y cómo se manipula la información que a través del sistema se va a tratar. Para ello, se incidirá tanto en los componentes que integran un sistema informático como en su estructura básica y todo esto diferenciando dos puntos de vista, lógico y físico o, lo que es lo mismo, *software* y *hardware.*

Asimismo, se detallarán los diferentes sistemas de codificación existentes, tanto para números como para caracteres, y se realizarán ejercicios prácticos de conversión entre ellos, además de conocer su representación mediante una tabla que muestra una serie de números en cada uno de los sistemas.

Además, se recorrerá la historia de la computación y se aprenderá el funcionamiento de la arquitectura de von Neumann.

A lo largo del capítulo, se tratarán los dispositivos de entrada y salida y de almacenamiento, exponiendo ejemplos para cada uno de ellos. Por último, se analizará la división que existe entre los diferentes tipos de *software.*

2. Tratamiento de la información en un sistema informático

Es de obligatorio cumplimiento partir de la definición de informática, que se entiende como la ciencia encargada del tratamiento y procesamiento de la información de un modo automático.

Un sistema informático es el encargado de manipular una serie de datos de entrada con el objetivo de presentarlos de la mejor forma, cumpliendo la finalidad para la cual ha sido diseñado dicho sistema.

Entrada de información → Manipulación o procesamiento de la información → Salida o presentación de la información

Nota

Ni se diseñará un sistema informático de igual forma si sus datos de entrada o información de entrada son diferentes, ni recibirán el mismo tratamiento datos de diferente naturaleza.

El sistema informático (en un ordenador, la CPU) requerirá de diversos dispositivos que faciliten la entrada de datos, ya sea el usuario, por medio del teclado, o que se encuentren contenidos en una unidad de almacenamiento, como un CD-ROM, DVD o *pendrive* u otras fuentes de datos como pueden ser internet. Del mismo modo, para la salida de la información obtenida se hará uso de dispositivos tales como el propio monitor o una impresora.

 Nota

El tratamiento de la información se divide en tres fases:

I Fase de entrada de datos al sistema.
I Fase de manipulación o procesamiento de datos.
I Fase de salida o presentación de los mismos.

3. Sistemas de codificación

La comunicación es un proceso por el cual las personas intercambian información a través del lenguaje que se utiliza en cada país de origen. Si se extrapola esta afirmación al mundo de la informática, se podría pensar que esta comunicación se realiza como la de un país más con su propio idioma, algo peculiar, eso sí.

En lugar de palabras compuestas por las letras del alfabeto y números decimales, los ordenadores utilizan su propio lenguaje, que se compone por dos únicos valores, el 0 y el 1. Este lenguaje numérico es conocido como Sistema binario y es un sistema en base 2.

 Sabía que...

Cualquier número mayor que 1 se puede utilizar como base de un sistema numérico.

Como ejemplos de sistemas numéricos más relevantes que se han utilizado a lo largo de la historia y que aún se utilizan para diversas causas, se tienen:

- Sistema decimal: el más extendido y universal dentro del lenguaje humano, se basa en 10 números, concretamente 0, 1, 2, 3, 4, 5, 6, 7, 8 y 9.
- Sistema octal: utilizado también por los ordenadores gracias a ser su base 8 potencia de 2. Los símbolos utilizados por el sistema octal son 0, 1, 2, 3, 4, 5, 6 y 7.
- Sistema hexadecimal: caso similar al anterior, al ser la base potencia de 2. En este caso, se requieren 16 símbolos para representar un número. Los numéricos son: 0, 1, 2, 3, 4, 5, 6, 7, 8 y 9, y los no numéricos: A, B, C, D, E y F.

Si se codifica un número de un sistema numérico cualquiera en forma de vector, la forma de representarlo en el sistema decimal se determina por medio de la siguiente fórmula:

$$N \text{ (vector)} = (\text{dígito}_n, \text{dígito}_{n1}, ..., \text{dígito}_i, ..., \text{dígito}_1, \text{dígito}_0, \text{dígito}_{-1}, ..., \text{dígito}_{-m})$$

$$N \text{ (valor)} = \sum_{i=-d,n} (\text{dígito})_i \cdot (\text{base})^i$$

Esta fórmula es consecuencia directa del Teorema fundamental de la numeración, que se pasa a comprobar en la siguiente aplicación práctica, en la se convierten diferentes números de distintos sistemas numéricos al sistema decimal.

 Aplicación práctica

Imagine que está trabajando en una empresa del sector informático como técnico de sistemas y un compañero del departamento de desarrollo de aplicaciones está codificando una aplicación informática para la cual necesita la conversión entre números de diferentes sistemas de numeración y, como usted sabe hacerlo, le pide ayuda para convertir los siguientes números, cada uno desde la base que se especifica a base decimal: $2D1_{(16)}$, $1321_{(8)}$ y $1011010001_{(2)}$.

SOLUCIÓN

$2D1_{(16)}$ (D equivale a 13)

$2 \times 16^2 + 13 \times 16^1 + 1 \times 16^0 = 512 + 208 + 1 = 721_{(10)}$
$1321_{(8)}$

$1 \times 8^3 + 3 \times 8^2 + 2 \times 8^1 + 2 \times 8^0 = 512 + 192 + 16 + 1 = 721_{(10)}$
$1011010001_{(2)}$

$1 \times 2^9 + 0 \times 2^8 + 1 \times 2^7 + 1 \times 2^6 + 0 \times 2^5 + 1 \times 2^4 + 0 \times 2^3 + 0 \times 2^2 + 0 \times 2^1 + 1 \times 2^0 = 512 + 0 + 128 + 64 + 0 + 16 + 0 + 0 + 0 + 1 = 721_{(10)}$

Se ha comprobado cómo convertir diferentes números de diferentes sistemas numéricos al sistema decimal. Para realizar el proceso inverso, se realizarán divisiones sucesivas del número decimal entre la base del sistema a transformar y se irán almacenando los restos de las divisiones para posteriormente formar el valor transformado.

 Nota

Para realizar la conversión a otro sistema de numeración, se realizará el mismo proceso, sustituyendo como divisor la base del sistema en cuestión.

En la siguiente tabla, se muestran los primeros números decimales convertidos a los sistemas numéricos binario, hexadecimal y octal.

Decimal	Binario	Hexadecimal	Octal
0	0000	0	0
1	0001	1	1
2	0010	2	2
3	0011	3	3
4	0100	4	4
5	0101	5	5
6	0110	6	6
7	0111	7	7
8	1000	8	10
9	1001	9	11
10	1010	A	12
11	1011	B	13
12	1100	C	14
13	1101	D	15
14	1110	E	16
15	1111	F	17

 Aplicación práctica

Imagine que un compañero del departamento de desarrollo le pide el favor de que le explique el proceso de conversión de un número en base decimal a base octal, por ejemplo el 721. ¿Cómo se lo explicaría de un modo gráfico?

SOLUCIÓN

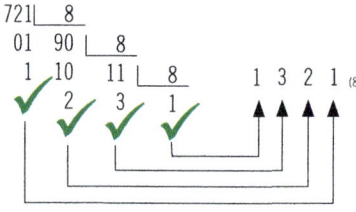

Conversión de base decimal o octal

4. Representación interna de los datos

La información que un equipo informático puede manipular y, por tanto, representar, se engloba a grandes rasgos en dos bloques que son el resultado de una división que depende de la naturaleza de los mismos. Por un lado, se representan secuencias de tipo numérico y, por otro, secuencias de caracteres.

4.1. Representación de secuencias numéricas

Para un ordenador, existen diferentes formas de representación de datos numéricos, las cuales se basan en una serie de principios a tener en cuenta a la hora de elegir el modo de representación de los mismos.

Dichos principios a tomar en consideración son los siguientes:

- La naturaleza de la secuencia numérica.
- El intervalo o rango de los datos que se estimen representables, así como la precisión o número de dígitos imprescindibles para representar un valor numérico dado.
- Aunque hoy en día los equipos informáticos evolucionan muy rápidamente y trabajan a unas velocidades vertiginosas, es conveniente optimizar los gastos de fabricación de los equipos, siendo estos acordes con los requisitos de representación de los datos numéricos.

 Nota

La forma de representar un dato numérico de tipo entero diferirá de hacerlo para un dato numérico de tipo real.

Secuencias de números enteros

Para la representación de números enteros, existen dos clases diferentes cuya distinción se hace al dotar a cada dígito de un valor que está subordinado tanto al propio símbolo numérico como a su posición. Este sistema de representación se denomina posicional y transforma el número a modo de vector.

Por otro lado, como segunda clase, se mantienen los sistemas de numeración no posicionales, en los cuales no influye la posición en la que se encuentre un número, sino el valor que posea.

Sistemas de numeración posicionales

Un sistema de numeración posicional se basa en que a cada uno de sus dígitos se le asigna un valor que depende tanto del propio valor del dígito como de la posición en la que este se encuentre.

En cuanto a los sistemas de numeración posicionales, existen los siguientes:

Signo magnitud

Se trata de una manera de representar en binario los números enteros con signo. Se empleará un bit para ello, el de la izquierda o más significativo, y todos los demás para el valor absoluto del número. Como valor más significativo, el 0 indica que el número es positivo y el 1 que el número es negativo.

Complemento a 1

Para este caso, se procederá con una conversión tradicional al sistema binario para los números positivos. Sin embargo, para números negativos, se convertirá a binario el número y seguidamente se realizará una operación NOT para todos los bits o, lo que es lo mismo, invertir ceros por unos y unos por ceros.

Complemento a 2

En caso de ser positivo, se operará del mismo modo que en complemento a 1 para estos, es decir, con una conversión tradicional al sistema binario. Para el caso de los números negativos, se opera como si a complemento a 1 se tratase además de sumar 1.

 Nota

El complemento a 2 es igual que el complemento a 1 para números positivos y, en caso de números negativos, además de ser igual al complemento a 1, hay que sumarle 1.

En la siguiente tabla, se pueden observar números de 4 bits representados en cada uno de los sistemas de numeración posicionales.

Decimal	Signo-magnitud	Complemento a 1	Complemento a 2
+8	-	-	-
+7	0111	0111	0111
+6	0110	0110	0110
+5	0101	0101	0101
+4	0100	0100	0100
+3	0011	0011	0011
+2	0010	0010	0010
+1	0001	0001	0001
+0	0000	0000	0000
-0	1000	1111	n/d
-1	1001	1110	1111
-2	1010	1101	1110
-3	1011	1100	1101
-4	1100	1011	1100
-5	1101	1010	1011
-6	1110	1001	1010
-7	1111	1000	1001
-8	-	-	1000

Sistemas de numeración no posicionales

En cuanto a los sistemas de numeración no posicionales, se tienen los siguientes tipos:

- **BCD:** consiste en una representación binaria de 4 bits de cada uno de los dígitos de un número expresado en sistema decimal.
- **Exceso a 3:** variante de la anterior, se opera de igual modo, pero se le suma 3 a cada dígito del número decimal.

■ **Código Gray:** este sistema de representación, también llamado Binario reflejado, radica en que dos números enteros consecutivos tienen un solo bit de diferencia.

Recuerde

Un sistema de numeración no posicional basa el valor de cada uno de sus dígitos en el propio valor del dígito sin afectar la posición en la que este se encuentre.

En la siguiente tabla, se pueden observar números de 4 bits con signo positivo representados en cada uno de los sistemas de numeración no posicionales.

Decimal	BCD	Exceso a 3	Código Gray
+8	1000	1011	1100
+7	0111	1010	0100
+6	0110	1001	0101
+5	0101	1000	0111
+4	0100	0111	0110
+3	0011	0110	0010
+2	0010	0101	0011
+1	0001	0100	0001
+0	0000	0011	0000

Secuencias de números reales

A la hora de representar secuencias de números reales, también existen diferentes formatos de representación, entre los que destacan los siguientes:

Punto fijo o coma fija

Sistema por el cual se separa la parte entera de la parte decimal con un punto. Su representación en el sistema decimal se realizará como si de una conversión de números enteros se tratase, aunque asignando exponentes negativos para la parte decimal, es decir, se comenzará con un exponente igual a 0 para el primer dígito a la izquierda del punto e incrementará al avanzar hacia la izquierda. Sin embargo, para el primer dígito a la derecha del punto, se utilizará un exponente igual a -1, con que irá en decremento al avanzar hacia la derecha.

Punto flotante o coma flotante

Se utiliza debido a que el rango de números representables en punto flotante es escaso. Para ello, se emplea la notación científica, la cual lleva ligados tres datos, que son la mantisa, la base y el exponente.

 Ejemplo

$1.0 \cdot 10^{15}$, de los que 1.0 es la mantisa, 10 la base y 15 el exponente.

4.2. Representación de secuencias de caracteres

En cuanto a la representación de caracteres, los ordenadores se sirven de lo que se conoce como códigos alfanuméricos, que permiten asignar valores numéricos a caracteres para su almacenamiento y procesamiento digital. Estos códigos incluyen, como mínimo, las letras del abecedario, los números del sistema decimal y algún que otro símbolo o signo de puntuación. Algunos de los códigos de caracteres alfanuméricos más relevantes utilizados en la actualidad son los siguientes:

- **ASCII:** se trata de un código de caracteres estándar, que utiliza 7 bits y con el que se representan hasta un total de $2^7 = 128$ caracteres, cifra pequeña que, en muchos casos, no es suficiente. Existe una versión que utiliza 8 bits, conocida como ASCII extendido, con la que se pueden representar hasta 256 caracteres. Sin embargo, no existe una única versión de ASCII extendido, lo que ha generado problemas de compatibilidad entre distintos sistemas.
- **EBCDIC:** código de caracteres estándar creado por IBM. Utiliza 8 bits y es usado en trabajos de computación por macroordenadores o mainframes. A pesar de haber sido ampliamente utilizado en sistemas empresariales antiguos, su uso ha disminuido con el tiempo en favor de estándares más universales como Unicode.
- **UNICODE:** código de caracteres estándar creado para resolver los problemas de escasez de caracteres surgidos en otros códigos. En este caso, inicialmente se definió con 16 bits, lo que permitía representar hasta 65 536 caracteres. Sin embargo, actualmente Unicode utiliza un esquema de codificación variable que permite representar más de un millón de caracteres. Las primeras 256 posiciones son compatibles con ASCII de 8 bits, facilitando la interoperabilidad con sistemas más antiguos. Al poseer un rango de representación tan amplio, alfabetos como el chino, japonés, latín o griego podrán hacer uso del mismo, además de una gran variedad de símbolos, emojis y caracteres especiales utilizados en diferentes disciplinas.

 **Recuerde**

El código ASCII utiliza 7 bits de representación, EDCDIC utiliza 8 bits de representación y Unicode puede emplear diferentes esquemas de codificación (UTF-8, UTF-16, UTF-32), permitiendo representar más de un millón de caracteres.

En la siguiente tabla, se puede observar el código de caracteres ASCII.

ASCII	Símbolo	ASCII	Símbolo	ASCII	Símbolo	ASCII	Símbolo
0	NUL	16	DLE	32	(espacio)	48	0
1	SOH	17	DC1	33	!	49	1
2	STX	18	DC2	34	"	50	2
3	ETX	19	DC3	35	#	51	3
4	EOT	20	DC4	36	$	52	4
5	ENQ	21	NAK	37	%	53	5
6	ACK	22	SYN	38	&	54	6
7	BEL	23	ETB	39	'	55	7
8	BS	24	CAN	40	(	56	8
9	TAB	25	EM	41	)	57	9
10	LF	26	SUB	42	*	58	:
11	VT	27	ESC	43	+	59	;
12	FF	28	FS	44	,	60	<
13	CR	29	GS	45	-	61	=
14	SO	30	RS	46	.	62	>
15	SI	31	US	47	/	63	?

ASCII	Símbolo	ASCII	Símbolo	ASCII	Símbolo	ASCII	Símbolo
64	@	80	P	96	`	112	p
65	A	81	Q	97	a	113	q
66	B	82	R	98	b	114	r
67	C	83	S	99	c	115	s
68	D	84	T	100	d	116	t
69	E	85	U	101	e	117	u
70	F	86	V	102	f	118	v
71	G	87	W	103	g	119	w
72	H	88	X	104	h	120	x
73	I	89	Y	105	i	121	y
74	J	90	Z	106	j	122	z
75	K	91	[	107	k	123	{
76	L	92	\	108	l	124		
77	M	93	]	109	m	125	}
78	N	94	^	110	n	126	~
79	O	95	_	111	o	127	DEL

5. Componentes de un sistema informático

Todo sistema informático tiene la labor de procesar los datos de entrada, manipularlos, darles forma y presentarlos como datos de salida. Estos datos se pueden suministrar tanto de soportes de almacenamiento físico como desde una red de ordenadores (o inclusive vía red de redes: internet) y, una vez procesados, pueden volver al medio de origen o ser mostrados a través de algún periférico.

Se manifiesta notoriamente cómo uno de los dos componentes de un sistema informático es tangible, tratándose de los medios físicos empleados o *hardware*. Pero también que los datos de entrada reciben un tratamiento o manipulación antes de ser devueltos a la salida del sistema. Esta manipulación de los datos es realizada por una serie de programas o medios lógicos denominados *software*.

 Nota

Aún hay que añadir el factor humano como tercer componente en un sistema informático, al colaborar directamente durante muchas de las fases del proceso, como son planificación, diseño, desarrollo, implantación y mantenimiento.

Los componentes de un sistema informático son:

■ *Hardware:*

    ▪ Fuentes de alimentación
    ▪ Placas base
    ▪ Discos duros
    ▪ Memorias RAM

■ *Software:*

   ▮ Sistemas operativos
   ▮ Aplicaciones
   ▮ *Software* de utilidades

6. Estructura básica de un sistema informático

La tecnología es una ciencia que avanza a una velocidad vertiginosa y tanto los materiales como los componentes electrónicos fabricados para la manufacturación de equipos informáticos han cambiado. Sin embargo, la arquitectura empleada ha permanecido constante y, tradicionalmente, se ha utilizado la arquitectura de von Neumann, acuñada así por su creador, el matemático John von Neumann, a partir de 1945, aunque se verá que no es la única.

Los ordenadores basados en esta arquitectura se caracterizan por poseer una única memoria principal donde se almacenan tanto los datos como las instrucciones, además de utilizar el sistema de numeración binario, y se dividen en las siguientes partes elementales:

■ Las unidades de Entrada/Salida.
■ La memoria.
■ La unidad de control.
■ La unidad aritmético-lógica o ALU.
■ Los registros de almacenamiento.
■ Los buses de datos.

Otra arquitectura de ordenadores a destacar es la conocida como arquitectura Harvard. La principal diferencia entre ella y la arquitectura von Neumann radica en que separa físicamente el almacenamiento de datos e instrucciones en dos unidades de memoria.

 **Nota**

Esta arquitectura realiza la división de un ordenador en sus diferentes componentes elementales, perdurando desde entonces hasta la actualidad con alguna mínima modificación por parte de los fabricantes de *hardware*.

Esquema de conexión de los distintos elementos incluidos en la arquitectura de von Neumann

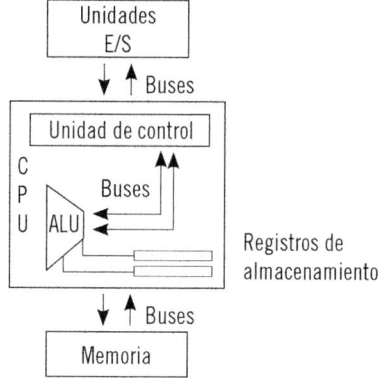

7. Unidad central de proceso en un sistema informático

La unidad central de proceso es la encargada de realizar el tratamiento, interpretación y ejecución de los datos que intervienen en el sistema informático, así como la realización de multitud de operaciones aritmético-lógicas que participan en el proceso. Comúnmente es conocida como CPU (del inglés *central process unit*).

Sabía que...

La arquitectura von Neumann fue el origen de unos trabajos para construir una máquina que relevará a la computadora ENIAC utilizada por el ejército de EE. UU., que ya en aquellos años era capaz de calcular 5.000 sumas y 300 multiplicaciones en 1 segundo.

7.1. Estructura

La CPU se compone de elementos claves dentro de la arquitectura de von Neumann, como son la unidad de control y la unidad aritmético-lógica o ALU, y de unos registros de almacenamiento.

Nota

Actualmente, estos dos componentes se fabrican en un único circuito integrado que se conoce con el nombre de microprocesador.

Las definiciones de cada una de las partes que componen la unidad central de proceso o CPU son las siguientes:

- **Unidad de control:** es la encargada de analizar y desglosar la información a modo de instrucciones que llegan a la CPU y derivarlas mediante órdenes a los diferentes componentes de un ordenador para que realicen la labor solicitada.
- **Unidad aritmético-lógica:** su labor es la de efectuar las operaciones lógicas, como comparaciones o condiciones, y las matemáticas, tales como sumas, restas, multiplicaciones y divisiones, todas ellas ordenadas por la unidad de control.

■ **Registros de almacenamiento:** se encargan de guardar tanto los resultados de las operaciones efectuadas por la ALU como de la dirección física de memoria donde se encuentra la próxima instrucción a ejecutar.

El siguiente esquema representa un diagrama de flujo mediante el cual se puede observar el tratamiento de la información realizado por la CPU en una operación básica de entrada/salida.

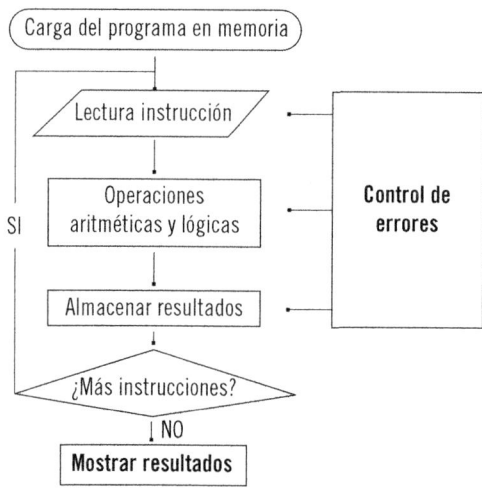

7.2. Funciones

A grandes rasgos, la CPU realiza tres operaciones básicas, que son la lectura de datos, su procesamiento y la salida de los mismos.

Las funciones, de un modo más concreto, son:

■ Carga del programa en memoria.
■ Lectura de la primera instrucción.
■ Operaciones aritmético-lógicas para realizar los cálculos.
■ Almacenamiento de los resultados.
■ Lectura de la siguiente instrucción (siempre que proceda).
■ Presentación de resultados.
■ Detección y corrección de errores a lo largo del proceso.

Recuerde

La CPU se compone de la unidad de control, la unidad aritmético-lógica o ALU y de unos registros de almacenamiento.

Ejercicio práctico

Complete el siguiente esquema de conexión de los distintos elementos incluidos en la arquitectura de von Neumann con los nombres de sus componentes.

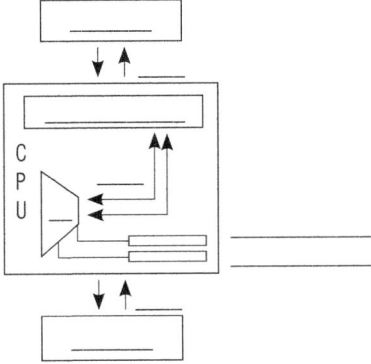

SOLUCIÓN

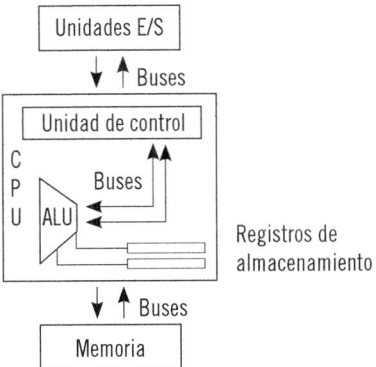

8. Unidades de entrada y salida

Las unidades de entrada y de salida se caracterizan por transmitir información en ambas direcciones, desde la CPU a los periféricos y viceversa.

 Nota

Esta transmisión facilita tanto la introducción de datos al sistema desde diferentes dispositivos, como la presentación o salida de los mismos también a diferentes dispositivos.

8.1. Dispositivos de almacenamiento de datos: tipos funciones, características y soportes

Un dispositivo de almacenamiento de datos es un concepto que va ligado estrechamente al de "medio de almacenamiento de datos" y que, en ocasiones, se denomina con el mismo nombre. Los dispositivos de almacenamiento tienen como función leer información desde un medio de almacenamiento o escribirla en el mismo o en otro dispositivo de almacenamiento distinto al original. Los medios de almacenamiento son unidades que facilitan la conservación de los datos de un modo permanente. Tanto dispositivos como medios son instrumentos indispensables para el trabajo cotidiano en cualquier materia que requiera de un ordenador.

Existen principalmente dos tipos de dispositivos: magnéticos y ópticos. Además, la constante evolución de la tecnología deja un nuevo tipo de dispositivo: el extraíble. Aunque actualmente está apareciendo el almacenamiento en internet o en *cloud computing,* que permite tener disponibles los archivos en la red de redes: internet.

Nota

Otra denominación de los dispositivos de almacenamiento es la de memoria auxiliar.

Entre los diferentes tipos de dispositivos de almacenamiento, pueden encontrarse los diferentes soportes que se destacan a continuación:

- Magnéticos: cinta magnética, disquete o disco flexible y disco duro, que es el más usado en la actualidad. Los dos primeros van quedando en desuso.
- Ópticos: CD-R de solo lectura y su variante CD-RW de lectura y escritura, DVD-R y DVD-RW y las PC-Cards, como las PCMCIA.
- Extraíbles: memorias USB o *pendrive y memorias flash como tarjetas SD (Secure Digital), mini SD, micro SD, MMC (Multi Media Card) y MS (Memory Stick).*
- Internet: a través de los servidores de *cloud computing* u otro tipo de servidores se puede almacenar información en ellos, generalmente usando alguno de los soportes citados anteriormente.

8.2. Periféricos de entrada: tipos, funciones, características y medios de conexión

Los periféricos de entrada tienen como función la de transmitir la información desde el exterior hasta la CPU.

Los más comunes y que más carga de trabajo realizan son:

Teclado

Es un dispositivo de entrada estándar que incorpora un conjunto de teclas, cada una dedicada a una función en particular, ya sea la impresión de una letra o número en pantalla o la ejecución de una acción vinculada a la tecla en cuestión.

Nota

En los teclados, se cuida su diseño para que adopten la forma más ergonómica posible.

Existen diferentes tipos de teclado, como pueden ser mecánicos y de membrana. Los medios de conexión pueden ser PS/2, USB, Bluetooth o inalámbrico.

Ratón

Se trata de un dispositivo amigable que facilita la interacción del usuario con las aplicaciones.

Existen ratones mecánicos, ópticos y láser. Los medios de conexión son similares a los del teclado: PS/2, USB, Bluetooth o inalámbrico.

Teclado y ratón

 Recuerde

Los periféricos de entrada tienen como función la de transmitir la información desde el exterior hasta la CPU.

Además de estos, existen otros de diversa naturaleza, tales como:

- **Escáner:** dispositivo para la digitalización de documentos en papel, ya sean de texto o con gráficos e imágenes. En la actualidad, se conectan mediante USB, aunque también coexistan con el puerto paralelo.
- **Dispositivos de juego:** entre ellos, se encuentran *joysticks,* volantes, pistolas o similares. Su tipo de conexión suele ser por medio de USB, aunque también se encuentran con tecnologías inalámbricas como Bluetooth o infrarrojos.
- **Lectores CD/DVD externos:** demandados para aquellos equipos que no los posean como dispositivos internos. En la actualidad, es común utilizarlos en Netbooks a través del puerto USB.
- **Multimedia:** con la misión de transferir sonido, imágenes o video al computador, pueden encontrarse micrófonos, *webcams,* cámaras de fotos o videocámaras. Se conectan mediante USB y, en caso de las videocámaras, requerirán de una conexión Firewire o HDMI.
- **Lectores láser:** se utilizan generalmente para transferir códigos de barras al ordenador. Se conectan mediante USB, puerto serie e incluso por tecnologías inalámbricas.

8.3. Periféricos de salida: tipos, funciones, características, medios de conexión y consumibles

Los periféricos de salida tienen como función la de transmitir información desde la CPU al exterior, los más comunes y que más carga de trabajo realizan son los siguientes:

El monitor

Se trata de un dispositivo similar a un televisor, el cual reproduce gráficamente, con la colaboración de la tarjeta gráfica, la información que existe en la CPU. Los medios de conexión más comunes son mediante VGA, DVI o HDMI. Existen diferentes tipos, como los monitores LCD planos que son los más extendidos en la actualidad aunque no se deben dejar de citar a los monitores CRT o de tubo que son más antiguos y ocupan mucha más extensión y peso que los LCD actuales.

Nota

Las características a tener en cuenta son el tamaño, expresado en pulgadas, la resolución, expresada en píxeles horizontales por píxeles verticales, y la frecuencia de refresco de la pantalla.

Los altavoces o sistemas de sonido

Son dispositivos que se conectan a la tarjeta de sonido y permiten reproducir música y otros sonidos almacenados o generados por el ordenador o leídos a través de algún medio externo de almacenamiento.

La impresora

Dispositivo de salida mediante el cual se reproduce generalmente en papel la información digital contenida en documentos electrónicos. Los tipos de impresoras usadas en la actualidad son de inyección y láser.

Sabía que...

Antiguamente, se usaban impresoras matriciales.

Los consumibles utilizados en impresoras, además de los diferentes tipos y formatos de papel, son los cartuchos de tinta para las impresoras de inyección y los tóneres y tambores en caso de impresoras láser.

9. Tipos de *software*

El conjunto lógico y estructurado de instrucciones y órdenes que posibilitan la realización de tareas específicas en un ordenador se conoce como *software.* Estos conjuntos de instrucciones están orientados al tipo de *software* que implementan.

Una posible clasificación de estos es la de distinguir entre sistemas operativos, *software* de utilidad y *software* de aplicaciones.

9.1. Sistemas operativos

El sistema operativo es el *software* encargado de gestionar y coordinar el sistema, es decir, que los programas de trabajo que utiliza el usuario y el *hardware* trabajen conjuntamente de un modo eficiente. Dicho de otro modo, es el encargado de ordenar al microprocesador del ordenador qué es lo que tiene que hacer y cómo hacerlo. A su vez, se encarga de llevar a cabo los controles de seguridad del sistema.

 Importante

Entre sus funciones, se encuentran:

I Gestión de procesos y memoria.
I Gestión de la entrada/salida.
I Gestión de archivos.
I Control de seguridad.

9.2. *Software* de utilidad

El *software* de utilidad se caracteriza por llevar a cabo una serie de tareas pequeñas y específicas, pero indispensables para el usuario. Este tipo de herramientas se ocupan de diferentes campos, que van desde el mantenimiento del equipo, protección, comunicaciones, hasta la conectividad, entretenimiento, redes o Internet.

Por lo tanto, puede existir un *software* de utilidad para casi cualquier campo, gracias a que no se encasilla en una única materia, sino que se trata de un concepto genérico destinado a agilizar y facilitar el desarrollo de cualquier proceso informático.

 Sabía que...

Un *software* de utilidad puede asumir tareas de sistema como la desfragmentación de disco, compresión, cifrado o copias de seguridad.

9.3. *Software* de aplicaciones

Es el *software* que facilita la realización automatizada de diferentes tareas a los usuarios. En este grupo, se engloban las aplicaciones ofimáticas, como procesadores de texto, hojas de cálculo o bases de datos, además de suites de diseño gráfico, desarrollo multimedia y CAD.

La potencia de este tipo de aplicaciones de ámbito general se equipara a las aplicaciones diseñadas a medida o por encargo, las cuales están desarrolladas para una única finalidad y resolver problemas concretos. Por el contrario, el *software* de aplicaciones se sitúa por delante en cuanto al amplio abanico de recursos que posee.

10. Procedimientos de arranque y parada

La cadena de eventos que se suceden cuando se pulsa el botón de encendido de un ordenador hasta que se transfiere el control al sistema operativo, se denomina proceso de arranque.

En dicho proceso de arranque juega un papel fundamental BIOS (más conocida actualmente como UEFI) y cuya misión es comprobar que todo el *hardware* del equipo funciona perfectamente para dar paso al arranque del sistema operativo que haya instalado en el equipo informático.

Una vez cargado el sistema operativo, comienza el trabajo con el ordenador. En este transcurso, se puede tener la necesidad de reiniciar el equipo o de apagarlo cuando haya finalizado el trabajo. Este proceso de apagado del equipo se denomina proceso de parada.

10.1. Equipo informático

A lo largo del proceso de arranque de un equipo informático, se suceden una serie de operaciones internas que inicializan al sistema y lo preparan para que el usuario disponga de todas sus funciones.

Las diferentes etapas que transcurren durante el proceso de arranque del equipo informático son:

- **Encendido:** al pulsar el botón **Power** del equipo, se comienza a proporcionar energía a los componentes del ordenador, comenzando por la placa base y continuando por los dispositivos de almacenamiento.
  La puesta en marcha de esta etapa se comprueba mediante la luz indicadora de encendido y el arranque de los ventiladores.
- **Ejecución de instrucciones:** una vez alimentado el sistema, la CPU reinicia sus registros y solicita instrucciones a la BIOS.
- **Testeo:** entre las instrucciones solicitadas por la CPU a la BIOS se encuentra POST *(power on self test)*, que realiza una verificación del correcto funcionamiento de los componentes del equipo. En caso de error se advertirá con una serie de pitidos.

- **Lectura de sectores:** se intenta localizar un sector de arranque en las unidades instaladas en el equipo y, cuando es encontrado, normalmente en el disco duro, se lee y se establece cómo cargar el sistema operativo.
- **Inicio:** en este momento, se transfiere el control de la BIOS al sistema operativo.

Por otro lado, las principales etapas del proceso de parada son las siguientes:

- Se informa al usuario de la necesidad de realizar un reinicio o parada.
- Se detienen las aplicaciones y programas en ejecución.
- Los interrumpe la conexión de los usuarios.
- Se realiza el apagado del sistema y posterior reinicio.

10.2. Periféricos

Una vez acabado el testeo POST, la BIOS realiza una búsqueda de los periféricos instalados en el sistema y los inicia, ya que es posible utilizarlos durante el proceso de arranque. Como por ejemplo el teclado, para entrar en algún modo de recuperación del sistema.

Una vez transferido el control de arranque al sistema operativo, este se iniciará. A continuación, se estará en disposición de utilizar los periféricos instalados en el sistema. En caso de existir algún error, será el sistema operativo quién informe de ello.

10.3. Identificación de problemas

Durante el arranque del equipo, se realizan operaciones de verificación, más concretamente en el POST, cuando al encontrar algún fallo en el sistema se comunica al usuario mediante indicaciones acústicas. Estas indicaciones pueden variar dependiendo del fabricante de la BIOS.

Las más usuales son:

■ **BIOS AWARD:** Tabla de códigos acústicos y su significado.

Código acústico	Diagnóstico
1 pitido largo	Fallo de memoria RAM, puede estar defectuosa o mal conectada.
1 pitido largo y 1 pitido corto	Fallo en placa base.
1 pitido largo y 2 pitidos cortos	Tarjeta gráfica mal conectada o defectuosa.
1 pitido largo y 3 pitidos cortos	Teclado o tarjeta gráfica no reconocidos.
3 pitidos largos	Teclado no reconocido o placa base defectuosa.
1 pitido largo agudo y 1 pitido largo grave	La tensión del procesador es incorrecta.

■ **BIOS AMI:** Tabla de códigos acústicos y su significado.

Código acústico	Diagnóstico
1 pitido corto	Memoria RAM defectuosa o mal conectada.
2 pitidos cortos	Memoria RAM defectuosa o mal conectada.
3 pitidos cortos	Memoria RAM defectuosa o mal conectada.
4 pitidos cortos	Pila agotada.
5 pitidos cortos	Fallo del procesador.
6 pitidos cortos	Placa base defectuosa.
7 pitidos cortos	Fallo del procesador.
8 pitidos cortos	Fallo en tarjeta gráfica.
9 pitidos cortos	Fallo en BIOS.
10 pitidos cortos	Fallo en BIOS.
11 pitidos cortos	Fallo en BIOS.
1 pitido largo, 1 corto	Placa base defectuosa.
1 pitido largo, 2 cortos	Fallo en tarjeta gráfica.
1 pitido largo, 3 cortos	No se reconoce el monitor.
1 pitido largo, 4 cortos	Placa base defectuosa.

Continúa en página siguiente >>

<< Viene de página anterior

Código acústico	Diagnóstico
1 pitido largo, 5 cortos	Fallo del procesador.
1 pitido largo, 6 cortos	No se reconoce el teclado.
1 pitido largo, 7 cortos	Placa base defectuosa.
1 pitido largo, 8 cortos	Placa base defectuosa.

En lo equipos informáticos modernos se ha sustituido BIOS por UEFI, que permite al usuario, de manera mucho más cómoda y visual, poder testear qué componentes fallan sin tener que recurrir a contar la cantidad de pitidos o códigos acústicos. Además UEFI tiene un entorno mucho más amigable de cara al usuario que la antigua BIOS, que aprecen los equipos informáticos de 1980-1990.

Aunque UEFI ha reducido la dependencia de los códigos de pitidos para indicar errores de *hardware,* algunas placas base aún utilizan señales acústicas para comunicar problemas durante el proceso de arranque. A continuación, se presenta una tabla con los códigos de pitidos más comunes asociados a UEFI, según diferentes fabricantes:

Fabricante	Código de pitidos	Significado
ASRock	1 pitido corto	Arranque normal después del POST.
	3 pitidos largos	No se detecta memoria; posible ausencia o fallo de la RAM.
	5 pitidos largos	No se detecta tarjeta gráfica; posible ausencia o fallo de la GPU.
ASUS	1 pitido corto	Arranque normal; sistema funcionando correctamente.
	1 pitido largo, 3 cortos	Error en la tarjeta gráfica; posible mala instalación o fallo de la GPU.
	1 pitido largo, 4 cortos	Problema en la CPU; posible fallo o sobrecalentamiento del procesador.

Continúa en página siguiente >>

<< Viene de página anterior

Fabricante	Código de pitidos	Significado
GIGABYTE	1 pitido corto	Arranque normal; POST completado sin errores.
	1 pitido largo, 2 cortos	Error en la tarjeta gráfica; posible fallo o mala conexión de la GPU.
	Pitidos cortos y constantes	Fallo en la fuente de alimentación; posible suministro inadecuado de energía.
MSI	1 pitido corto	Arranque exitoso; sistema operativo cargado correctamente.
	1 pitido largo, 2 cortos	Error en la tarjeta gráfica; posible fallo o instalación incorrecta de la GPU.
	Pitidos cortos constantes	Error en la memoria RAM; posible módulo defectuoso o mal instalado.

Es importante destacar que los códigos de pitidos pueden variar según el fabricante y el modelo específico de la placa base. Ten en cuenta que algunos sistemas pueden no emitir pitidos debido a la ausencia de un altavoz interno conectado a la placa base. Si tu sistema no proporciona señales acústicas durante el arranque, es posible que dependa exclusivamente de indicadores visuales o códigos en pantalla para comunicar errores.

11. Resumen

A lo largo de este capítulo, se ha tratado el concepto de sistema informático, conociendo el tratamiento que se realiza de la información y cómo se representa internamente esta en el ordenador, además de ver cuáles son los componentes básicos de un sistema informático analizando su estructura.

Por otro lado, se han presentado los dispositivos de entrada y salida que tienen cabida en un uso básico del equipo junto con los de almacenamiento.

A continuación, se han expuesto los diferentes tipos de *software* dependiendo de su cometido.

Por último, se han mencionado las etapas de arranque y parada que un equipo informático atraviesa durante el inicio y el cierre del sistema.

A modo de resumen, este capítulo instaura las bases y el fundamento de los sistemas informáticos, proporcionando al alumno una amena introducción al mundo de la informática y quizá suavizando el impacto que suponen ciertos conceptos tan arraigados a las matemáticas y a la computación que, a su vez, se mantienen como imprescindibles en la materia.

Ejercicios de repaso y autoevaluación

1. ¿Cuál es la representación en binario del número decimal 14?

    a. 1111.
    b. 1101.
    c. 1011.
    d. 1110.

2. ¿Cuál de los siguientes sistemas de numeración no es posicional?

    a. Signo-Magnitud.
    b. Exceso a 3.
    c. Complemento a 1.
    d. Complemento a 2.

3. ¿Cuál de los siguientes códigos de caracteres utiliza 16 bits?

    a. ANSI.
    b. ASCII.
    c. UNICODE.
    d. EBCDIC.

4. ¿Qué arquitectura utilizan la mayoría de microprocesadores?

    a. Von Niessen.
    b. Von Neumann.
    c. Harvard.
    d. Eckert y Mauchly.

5. ¿Cuál es la parte de la CPU encargada de realizar el procesamiento y el análisis de la información?

    a. La ALU.
    b. Los buses.

c. La memoria.
d. La unidad de control.

6. **Indique si la siguiente frase es verdadera o falsa.**

   a. Los registros de almacenamiento se encargan de efectuar las operaciones aritmético-lógicas ordenadas por la unidad de control.

      ☐ Verdadero
      ☐ Falso

7. **¿Cuál de los siguientes tipos de dispositivos de almacenamiento se encuentra en desuso?**

   a. Magnéticos.
   b. Ópticos.
   c. De red.
   d. Extraíbles.

8. **¿Qué medio de conexión de periféricos es el más extendido?**

   a. PS/2.
   b. USB.
   c. Bluetooth.
   d. HDMI.

9. **¿En qué tipo de *software* se engloba una suite de diseño gráfico?**

   a. *Software* de desarrollo de aplicaciones.
   b. *Software* de aplicaciones.
   c. *Software* de utilidad.
   d. Sistemas operativos.

10. ¿En qué momento se transfiere el control al sistema operativo durante el arranque del equipo?

    a. Justo después del encendido.

    b. Antes del testeo.

    c. Posteriormente a la lectura de sectores arranque.

    d. Después del POST y antes del testeo.

Capítulo 2
Redes de área local

Contenido

1. Introducción

En este capítulo, se va a comprobar cómo, mediante el uso de redes de área local, se facilitan las comunicaciones tanto en un entorno doméstico como laboral.

Las razones que empujan a instalar una red se resumen en tres factores determinantes, que son: compartir, gestionar y seguridad.

Se compararán los diferentes tipos de redes existentes en cuanto a su tamaño y las diferentes configuraciones o topologías que puede ejercer una red de área local.

Se conocerá la tipología de las diferentes redes existentes que se adaptarán a cada caso, además de los componentes *software* y *hardware* que las componen.

Por último, se expondrán las características de una red inalámbrica y de los dispositivos específicos mediante los que se realizará la conexión.

2. Usos y características. Acceso a recursos compartidos

Por red de área local o LAN (del inglés *Local Area Network)*, se entiende una red de ordenadores que cubren una pequeña distancia. En cada caso de estudio, se ubicarán en una habitación, en la planta de un edificio o en un edificio.

Las razones por las que es beneficioso instalar una red de área local son:

- Inversión económica y mantenimiento bajo.
- Compartición de programas y archivos.
- Compartición de recursos de red.
- Fácil expansión.
- Correo electrónico interno.
- Gestión centralizada.
- Optimización de la información y los tiempos de trabajo.
- Gestión de usuarios.
- Seguridad lógica.

Entre las características de una red de área local, se encuentran los siguientes aspectos:

- Tamaño variable: desde 2 equipos en adelante.
- Velocidad de transmisión elevada: desde 1 Mbps (megabit por segundo) desde 100 Mbps y desde1 Gbps (gigabit por segundo).
- Gestión de la red y los recursos: los equipos conectados pueden o no comunicarse con los demás grupos de trabajo, estableciendo subredes.
- Topología: existen diversas topologías de red, dependiendo del uso que se vaya a hacer de la misma.

Para realizar el acceso a los recursos compartidos se requiere que la red tenga un equipamiento *hardware* y *software* básico, entre el que se puede destacar:

- Un equipo servidor.
- Terminales o estaciones de trabajo equipadas con tarjetas de red.
- Dispositivos de conexión como enrutadores *(router),* repartidores o distribuidores *(switch/hub).*
- Medio de transmisión, ya sea cableado o inalámbrico.
- Recursos compartidos, *hardware,* como periféricos, o *software,* como aplicaciones o archivos.

Recuerde

Entre las características de una red, destaca una velocidad de transmisión elevada, que va desde 1 Mbps desde 100 Mbps y desde1 Gbps.

3. Tipos de redes

Existen redes de muchos tamaños y de diferentes características. Una posible clasificación de redes, en cuanto a la cobertura de las mismas, se puede dividir en LAN, MAN y WAN.

Sus características son las siguientes:

- **LAN:** redes de área local, son redes pequeñas localizadas desde en una sola habitación hasta en un edificio.
- **MAN:** redes de área metropolitana *(metropolitan area network,* en inglés). Se basan en una red LAN de gran tamaño o en un conjunto de redes conectadas entre sí, como pueden ser los edificios de un campus universitario, las empresas de una zona industrial o un municipio en su totalidad.
- **WAN:** redes de área extensa *(wide area network,* en inglés). También se las denomina redes públicas. Es el tipo de red que más cobertura posee, al poder incluir cualquier parte del mundo. Son utilizadas por las empresas con sedes en distintos países o por las grandes empresas de telecomunicaciones. Para ello, se emplean líneas o sistemas por satélite que los mismos operadores de telecomunicaciones suministran.

 Sabía que...

Una red de área local o LAN se puede implantar en casa sin necesitad de grandes inversiones ni conocimientos específicos de informática.

En la siguiente tabla, se muestra una comparativa entre los dos tipos de redes más explotados.

	LAN	WAN
Cobertura	Desde una habitación hasta un edificio.	Dos puntos ubicados en cualquier parte del mundo.
Propietario	Dueño del domicilio o empresa.	Empresa de telecomunicaciones.
Transmisión de los datos	A través de una ruta fija.	La ruta puede cambiar dinámicamente.
Tipo de información difundida	Datos.	Datos, voz y vídeo.
Topología	Bus, estrella, árbol o anillo.	Planteamientos de red ilimitados.

Además de la cobertura que posee una red, se tiene otra característica que las divide, dependiendo de la organización y conexión que poseen los nodos que la componen, su topología. Al hablar de topología, se hace la distinción entre topología física, o cómo están ubicados los equipos, y topología lógica, o cómo se comunican.

A continuación, se estudiarán los diferentes tipos de topologías de red que se pueden encontrar en una red de área local.

3.1. Topología en bus

Se caracteriza por tener todos sus nodos conectados directamente a un cable común. Esta tipología posibilita que todos los equipos conectados a la red puedan ver las señales emitidas por los demás, aceptándolas en caso de ser los destinatarios o rechazándolas en caso contrario.

Red de área local con una tipología en bus

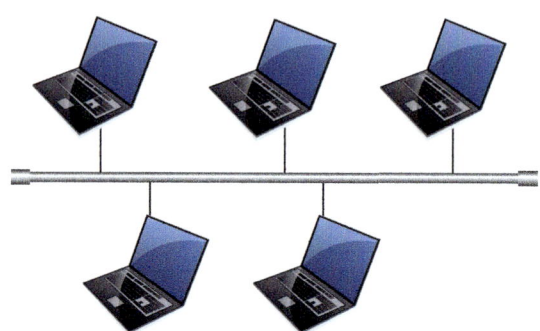

Nota

Esta característica presenta la desventaja de que, en ocasiones, se produzcan colisiones y problemas de tráfico.

3.2. Topología en anillo

Se organiza mediante un anillo cerrado constituido por nodos y enlaces, es decir, equipos y cableado. Cada nodo se encuentra conectado únicamente con los nodos adyacentes por medio de un cable unidireccional, con lo que cada nodo, al enviar información a otro, hace que esta deba circular por los nodos intermedios entre ambos hasta llegar al nodo de destino.

Red de área local con una tipología en anillo

 Nota

La topología en anillo doble aumenta la fiabilidad de la red debido a que, si uno de los dos anillos cae, quedará el segundo, pero como desventaja también aumentará el coste de la misma.

Existe una variación de la topología en anillo, denominada de anillo doble, la cual consta de dos anillos concéntricos no conectados entre sí en los que cada nodo está conectado a ambos anillos.

Red de área local con una tipología en anillo doble

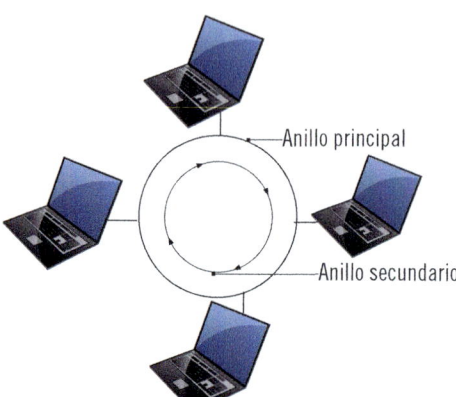

3.3. Topología en estrella

La topología en estrella parte de un nodo central desde el que nacen las conexiones hasta los diferentes nodos que componen la red. Generalmente, el nodo central es ocupado por un concentrador que facilita las conexiones, reuniéndolas en un punto por el que pasa toda la información que transita por la red.

Como ventaja, permite la comunicación entre nodos directamente sin que la información circule por sitios innecesarios.

Red de área local con una tipología en estrella

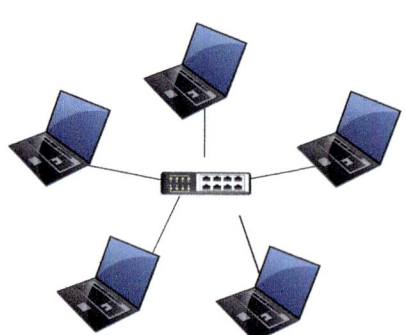

 **Nota**

Sin embargo, al estar centralizadas las comunicaciones, si cae el nodo central, cae toda la red.

De este tipo de topología se deriva la topología en estrella extendida, mediante la cual cada nodo que está conectado al nodo central es nodo central de otra red con topología de estrella. De este modo, el nodo central y el primer nivel de nodos podrían estar constituidos por concentradores o *hub,* mientras que el segundo nivel estaría formado por ordenadores.

Red de área local con una tipología en estrella extendida

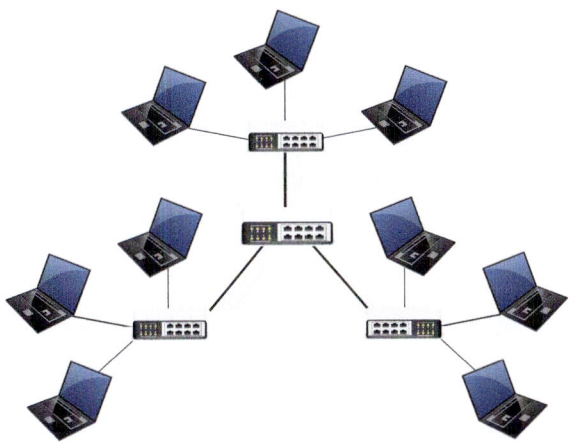

4. Componentes de una red de área local. Elementos físicos. *Software* de red

Existen diversos dispositivos que pueden formar parte en una red de área local, todos ellos conectados a través de un medio físico en caso de redes cableadas, a excepción de algún dispositivo inalámbrico que lo hará a través del aire. Estos dispositivos son controlados y gestionados a través del sistema operativo o de un *software* específico de terceros. Si se excluye el medio de transmisión, cable o aire, la clasificación de los componentes de una red local vendría diferenciada entre componentes *hardware* y *software*.

Antes de analizar los diferentes dispositivos físicos o lógicos que es posible encontrar en una red local, se examinarán los posibles medios de transmisión y las diferentes clasificaciones que existen.

Por definición, el medio de transmisión establece la base desde la que emisor y receptor realizan la comunicación en un sistema de transmisión de datos. Se diferencian dos tipos de medios: guiados y no guiados. Ambos realizan una transmisión de ondas electromagnéticas, las cuales recorren un camino físico para los primeros o el aire para los segundos.

Hay una serie de factores que afectan al rendimiento de la transmisión, como son:

- El ancho de banda.
- La atenuación de la señal.
- Las posibles interferencias.
- El número de receptores.

4.1. Medios de transmisión guiados

A continuación, se analizan los siguientes medios de transmisión guiados:

- Par trenzado.
- Cable coaxial.
- Fibra óptica.

Par trenzado

Es quizás el más extendido en la actualidad de los medios de transmisión existentes, entre otras cosas por su alta flexibilidad, facilidad de instalación y bajo coste. Se caracteriza por estar formado por pares entrelazados de hilos de cobre, disminuyendo de este modo las posibles interferencias existentes entre sí.

 Ejemplo

Para el caso de líneas telefónicas básicas, se utiliza un par por abonado y para un cableado de red 10/100/1000BASE-T se hace uso de cuatro pares.

En la actualidad, se encuentran dos tipos de par trenzado:

- **UTP:** cable sin apantallar o no protegido, es el más extendido.
- **STP:** cable apantallado o protegido, presenta mayor inmunidad a las interferencias y mayor coste.

Cable UTP y STP

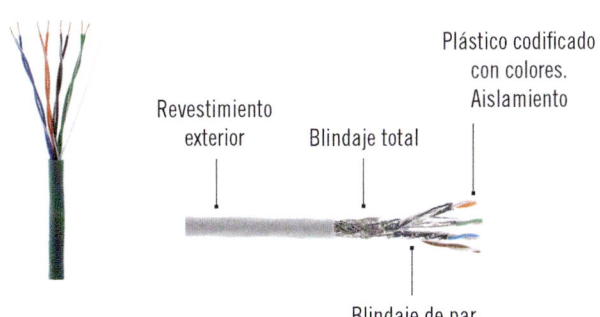

Revestimiento exterior · Blindaje total · Plástico codificado con colores. Aislamiento · Blindaje de par

El cable UTP se clasifica en categorías, de las cuales de la 1 a la 5 se encuentran estandarizadas y la 6 y la 7 se utilizan en desarrollos, pero aún sin recibir la categoría de estándar.

 Nota

La categoría 5 o UTP5 admite frecuencias de hasta 100 MHz y su velocidad máxima en transferencia de datos es de 1 Gbps. Es el empleado normalmente en instalaciones de LAN.

Para conectar los diferentes dispositivos incluidos en la red al medio, en este caso el cable UTP, es indispensable emplear un conector, que, para el par trenzado de cuatro pares, será el RJ45 y, para el par trenzado de un solo par empleado en telefonía, será el RJ11.

RJ45 y RJ11

Para la colocación de los pares en el conector RJ45, se tienen dos estándares que determinan en qué pin del conector hay que introducir cada cable. Se trata de los estándares T568-A y T568-B, siendo el segundo de ellos el más utilizado.

En la siguiente tabla, se muestran los códigos de colores de los hilos del cable UTP que cumplen cada uno de los estándares.

T568-A	T568-B
Blanco/verde	Blanco/naranja
Verde	Naranja
Blanco/naranja	Blanco/verde
Azul	Azul
Blanco/azul	Blanco/azul
Naranja	Verde
Blanco/marrón	Blanco/marrón
Marrón	Marrón

Dependiendo de la conexión en que sea empleado el cable UTP, se tienen dos modelos:

- **UTP directo:** cada par se corresponde con su homólogo. En ambos extremos de un cable, la ordenación será la misma, T568-B en una y T568-B en otra. Los casos de uso para un UTP directo son los habituales entre ordenadores y *routers* u ordenadores y *switchs.*
- **UTP cruzado:** para este caso, se altera la distribución de algunos pares. En un extremo se ordenarán mediante T568-A y en otro mediante T568-B. Los casos de uso para un UTP cruzado serán para conectar dos dispositivos de la misma naturaleza, por ejemplo dos ordenadores o dos *routers.*

 Aplicación práctica

Complete los colores de cada hilo cumpliendo los estándares para conectar un equipo y un *router* en cada extremo del cable.

Continúa en página siguiente >>

<< Viene de página anterior

SOLUCIÓN

En cada extremo:

▮ Blanco/verde-Blanco/verde.
▮ Verde-Verde.
▮ Blanco/naranja-Blanco/naranja.
▮ Azul-Azul.
▮ Blanco/azul-Blanco/azul.
▮ Naranja-Naranja.
▮ Blanco/marrón-Blanco/marrón.
▮ Marrón-Marrón.

O bien:

▮ Blanco/naranja-Blanco/naranja.
▮ Naranja-Naranja
▮ Blanco/verde-Blanco/verde.
▮ Azul-Azul.
▮ Blanco/azul-Blanco/azul.
▮ Verde-Verde.
▮ Blanco/marrón-Blanco/marrón.
▮ Marrón-Marrón.

 Sabía que...

En la actualidad, existen *routers* en el mercado que realizan el cruce de los pares electró-nicamente, aunque el cable no sea el indicado para la instalación.

Cable coaxial

El cable coaxial es un tipo de cable que posee un óptimo blindaje, al estar compuesto por dos conductores, uno externo de alambre que lo rodea en forma de malla y otro de cobre en el centro. Entre los dos conductores se encuentra el dieléctrico, que es un aislamiento compacto de polietileno. Por último, se encuentra recubierto de una manguera exterior de PVC.

Este tipo de cable se utiliza además para otros tipos de transmisiones, como telefonía y televisión.

Cable coaxial

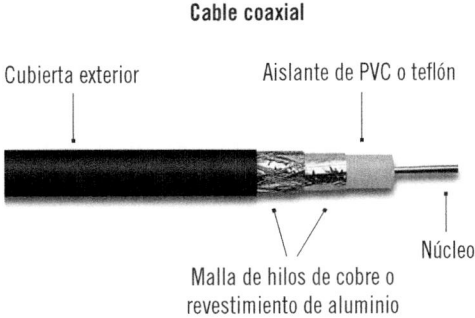

Cubierta exterior   Aislante de PVC o teflón

Núcleo

Malla de hilos de cobre o revestimiento de aluminio

 Nota

Se trata de un tipo de cable que se encuentra en desuso en las instalaciones de redes, al ser reemplazado por el par trenzado.

Existen dos tipos de cable coaxial:

- Cable coaxial de banda base: es empleado en redes informáticas y por él circulan señales digitales.
- Cable coaxial de banda ancha: es empleado en televisión y por él circulan señales analógicas.

Los conectores empleados para ensamblar los dispositivos a una red que utilice el cable coaxial como medio se denominan conectores BNC.

Conector BNC

Fibra óptica

Es un medio mediante el cual la información fluye en forma de señal luminosa y modulada en pulsos. Su forma es cilíndrica y está dividido en tres secciones radiales, que son: núcleo, revestimiento y cubierta.

 Nota

La fibra óptica es un medio idóneo para las largas distancias y para una afluencia de información intensa.

Destacan las siguientes características en comparación al par trenzado y al cable coaxial:

- Mayor ancho de banda.
- Menor atenuación de la señal.
- Mayor aislamiento a fuentes electromagnéticas.

- Mayor ligereza debido a su menor tamaño.
- Mayor resistencia al temporal.
- Permite una mayor separación entre repetidores.

Por el contrario, tanto el factor precio como la dificultad de montaje y mantenimiento tienen aún un peso grande en esta tecnología, además de necesitar de conversiones electro-ópticas y de la imposibilidad de alimentar dispositivos repetidores a través de sus fibras.

Fibra óptica

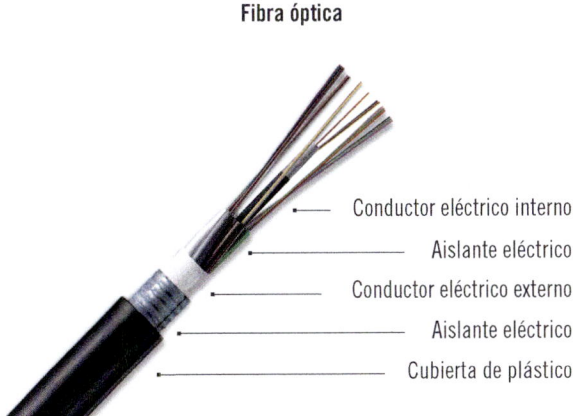

Conductor eléctrico interno
Aislante eléctrico
Conductor eléctrico externo
Aislante eléctrico
Cubierta de plástico

En la siguiente tabla, se muestra la comparativa entre los diferentes medios guiados en relación a la capacidad de transferencia y la distancia entre repetidores necesarios para cada medio.

	Capacidad	Distancia entre repetidores
Par trenzado	100 Mbps	2-10 km
Coaxial	500 Mbps	1-10 km
Fibra óptica	2 Gbps	10-100 km

4.2. Medios de transmisión no guiados

En este tipo de medios, tanto la transmisión como la recepción se realizan a través de antenas y de las ondas electromagnéticas que estas irradian y captan, por lo que también son denominados medios de transmisión inalámbricos.

Entre los diferentes tipos de medios no guiados, se pueden encontrar los que se describen a continuación.

Microondas terrestres

La señal es emitida por antenas parabólicas, las cuales se instalan a una altura considerable del nivel del suelo para evitar la obstrucción de la señal por diferentes obstáculos y, además, se orientan hacia la antena receptora.

Microondas por satélite

Se utiliza un satélite de comunicaciones que retransmite las microondas entre dos o más receptores y transmisores terrestres, denominados estaciones base.

 Nota

La emisión se puede realizar punto a punto, conectando dos antenas, o por difusión, utilizando el satélite como transmisor para un grupo de receptores.

Ondas de radio

Se diferencian de las microondas por ser omnidireccionales y no tener la necesidad de instalar antenas parabólicas orientadas hacia otras para realizar la transmisión de los datos.

Infrarrojos

Se realizan a través de transmisores y receptores que modulan la luz infrarroja.

 Sabía que...

Los infrarrojos tienen la necesidad de estar alineados directa o indirectamente mediante la reflexión en una zona con color, debido a que estas ondas no tienen la capacidad de atravesar paredes.

4.3. Dispositivos *hardware*

A continuación, se van a ver los distintos dispositivos *hardware* que se pueden localizar en una red, en concreto se van a ver:

- Equipos o terminales
- *Hub* y *Switch*
- Módem/*Router*
- Puntos de acceso
- *Firewall*

Terminal o equipo

Son los dispositivos que ejercen la labor de intermediar entre la red y el usuario. Existen casos especiales de equipos servidores que, además de gestionar la red, proporcionan servicios a los demás equipos. Los equipos realizan la conexión con la red mediante la tarjeta o adaptador de red.

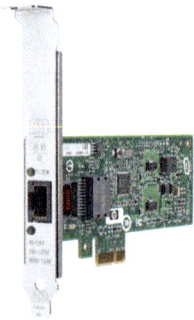

Tarjeta de red

Hub y Switch

Se trata de dispositivos que reparten los paquetes de datos que reciben. La diferencia estriba en que el *hub* o concentrador distribuye el paquete que recibe a todos los terminales conectados a él menos al del equipo del cual la recibe, mientras que el *switch* o conmutador sí es capaz de determinar a quién va dirigida la información y se la envía sin tener que reproducirla a todos los equipos conectados a él.

 Importante

Con el uso del conmutador o *switch* se evitan las colisiones provocadas al enviar dos equipos información al mismo tiempo.

Hoy en día, ambos dispositivos tienen precios similares y se opta por los *switchs,* a menos que exista la necesidad de enviar información de un único equipo a los demás en la red y la mayor afluencia de tráfico sea en esa dirección.

Switch

Módem y *router*

Un módem es un dispositivo con el que se modula y demodula la señal denominada portadora y que proporciona el acceso a Internet.

En caso del *router,* también llamado enrutador o encaminador, se utiliza tanto para conectar los equipos dentro de una red local como para recibir y suministrar las señales provenientes de la línea telefónica, cable, etcétera, que proporcionan el acceso a Internet, realizando similar trabajo que el módem.

Accesos a internet mediante *router*

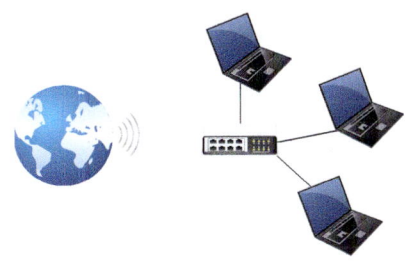

 Nota

Además de esto, el *router* envía y distribuye los paquetes que recibe siempre por el mejor camino posible hasta llegar a su destinatario.

Puntos de acceso

El punto de acceso se utiliza en redes informáticas para repetir la señal de red, comúnmente a través de la tecnología inalámbrica o mediante cable. De un modo más detallado, la función del punto de acceso es la de regenerar una señal que por diversas causas se ha distorsionado y ha tenido pérdidas derivadas de la atenuación. Su uso es acompañado de un *switch* o *router,* ya que, para regenerar la señal, debe ir conectado mediante cable o de manera inalámbrica a uno de ellos.

Son utilizados en espacios extensos de modo que, al desplazarse por toda su longitud, sea posible conectarse al punto de acceso más cercano sin notar la pérdida de la conexión.

 Ejemplo

Esto puede suceder en estadios deportivos o en empresas con espacios abiertos de dimensiones considerables.

Firewall

Se trata de un dispositivo mediante el cual se determina qué conexiones son permitidas y cuáles no en una red, tanto de entrada en ella como de salida de la misma. Por seguridad, restringe los accesos no autorizados al sistema a través de Internet o desde la propia red.

4.4. *Software* de red

Cuando se habla de *software* de red, se debe hacer la división entre el *software* propio del sistema operativo, que permite la configuración de los equipos en la red, y las diferentes aplicaciones que se pueden utilizar en un entorno de red, como por ejemplo servidores de correo, ftp o web.

Cualquier sistema operativo proporciona una serie de aplicaciones mediante las que poder configurar las direcciones IP de los equipos.

 Nota

Una dirección IP identifica un ordenador en la red que se conecta, con lo que no pueden cohabitar dos equipos con la misma dirección IP en una misma red.

Existen varios tipos de direccionamiento IP, que se pueden clasificar tradicionalmente en función de su rango y estructura. La siguiente tabla muestra la segmentación clásica de las direcciones IP en clases:

Clase	Rango	N.° Redes	N.° de Host/Red	Máscara de Red
A	1.0.0.0 - 127.255.255.255	$2^1 - 2 = 126$	$2^{24} - 2 = 16.777.214$	255.0.0.0
B	128.0.0.0 - 191.255.255.255	$2^{14} - 2 = 16.384$	$2^{16} - 2 = 65.534$	255.255.0.0
C	192.0.0.0 - 223.255.255.255	$2^{21} - 2 = 2.097.150$	$2^8 - 2 = 254$	255.255.255.0

Sin embargo, este esquema de direccionamiento basado en clases ha sido reemplazado en gran medida por el modelo CIDR *(Classless Inter-Domain Routing),* que permite asignar direcciones de manera más flexible y eficiente. En lugar de depender de clases fijas, CIDR utiliza máscaras de subred variables (VLSM), optimizando el uso de direcciones IP.

Además, existen otras clases de direcciones IP que tienen funciones específicas:

- **Clase D:** rango de 224.0.0.0 a 239.255.255.255, utilizado para multidifusión (multicast), lo que permite enviar paquetes a múltiples destinos simultáneamente.
- **Clase E:** rango de 240.0.0.0 a 255.255.255.255, reservado para fines experimentales y futuros desarrollos de redes.

Actualmente, con la creciente adopción de IPv6, que utiliza direcciones de 128 bits, el uso de IPv4 y su esquema de clases ha quedado más restringido a redes heredadas y entornos específicos. En redes modernas, se prioriza el uso de IPv6 para garantizar escalabilidad y mayor seguridad.

Para facilitar la representación de una dirección IP, se utiliza el sistema decimal en IPv4 y el sistema hexadecimal en IPv6.

 Aplicación práctica

Especifique a qué clase corresponde cada una de las siguientes IP:

- 192.168.0.100
- 130.80.33.104
- 128.0.10.10
- 15.255.255.22

SOLUCIÓN

- 192.168.0.100: Tipo C.
- 130.80.33.104: Tipo B.
- 128.0.10.10: Tipo B.
- 15.255.255.22: Tipo A.

Su configuración se realiza desde el sistema operativo. Así, por ejemplo, para acceder al Centro de redes y recursos compartidos en *Windows 11,* se siguen estos pasos:

1. Presionar [Win] + [R] en el teclado para abrir el cuadro de diálogo de **Ejecutar.**

2. Escribir "control" y presionar [Enter] para abrir el **Panel de control:**

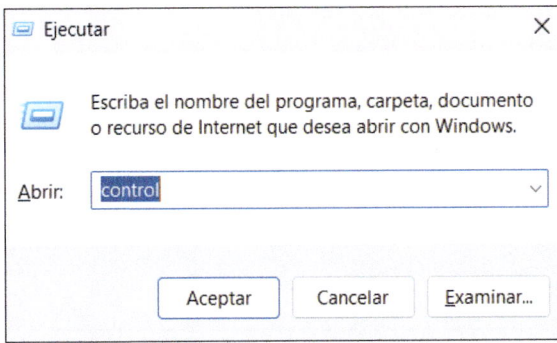

3. En el Panel de control, seleccionar "Redes e Internet".

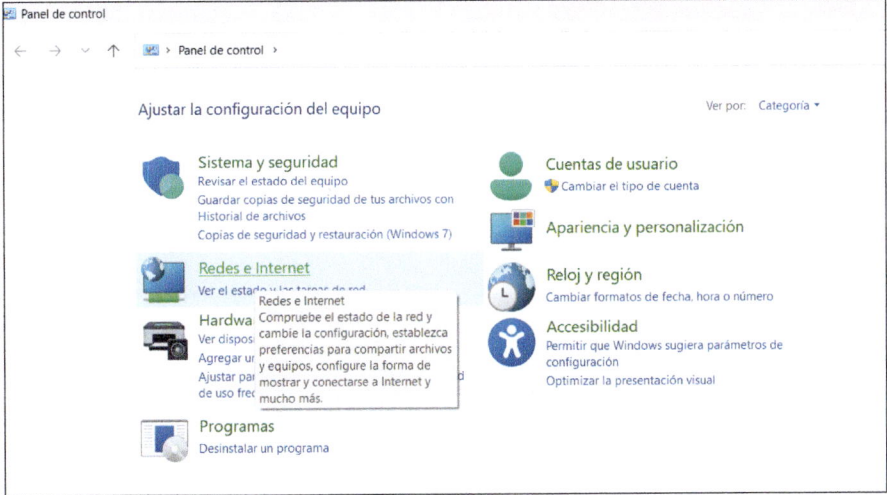

4. Luego, hacer clic en "Centro de redes y recursos compartidos".

Esto llevará al "Centro de redes y recursos compartidos", donde se pueden gestionar las conexiones de red y configuraciones de uso compartido:

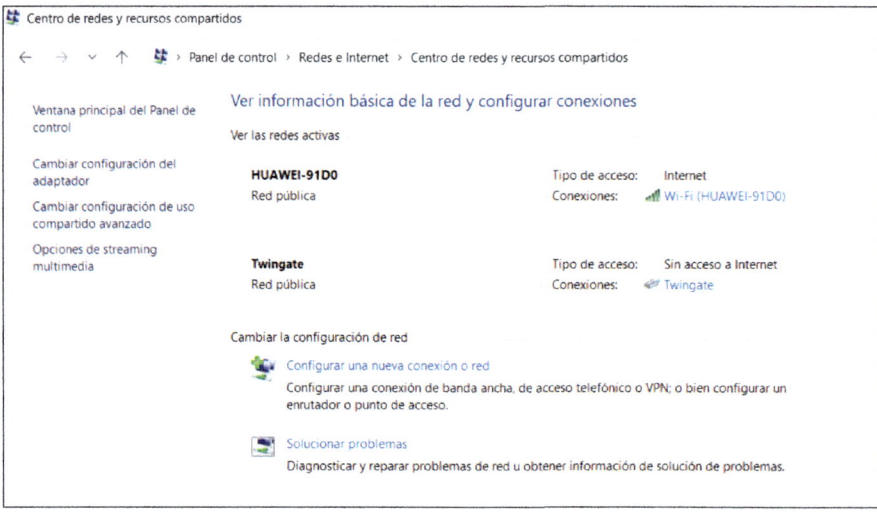

Para crear un acceso directo en el escritorio:

1. Hacer clic derecho en el escritorio y seleccionar **Nuevo → Acceso directo.**
2. En el campo de ubicación, introducir: control.exe /name Microsoft. NetworkAndSharingCenter:

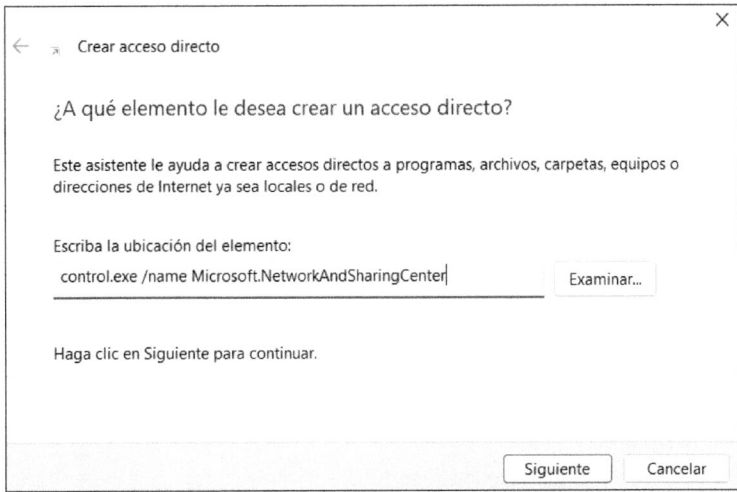

3. Hacer clic en **Siguiente,** darle un nombre al acceso directo (por ejemplo, "Centro de redes") y hacer clic en **Finalizar:**

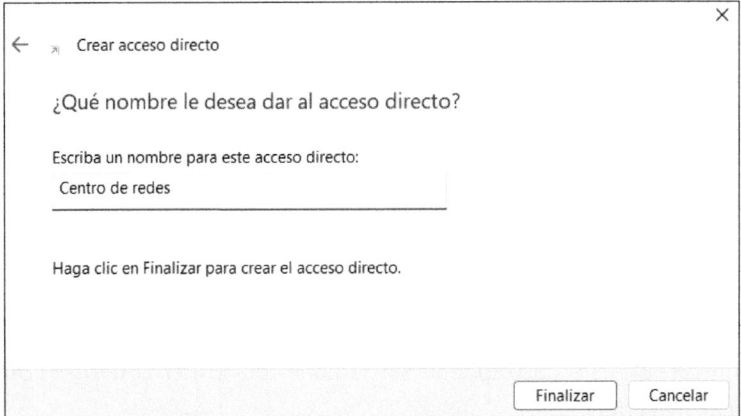

Esto creará un acceso directo en el escritorio para abrir el Centro de redes y recursos compartidos con un solo clic:

La configuración de la tarjeta de red se puede modificar accediendo a la opción "Cambiar configuración del adaptador", ubicada en la esquina superior izquierda de la ventana:

Esto mostrará las diferentes conexiones de red instaladas en el equipo:

Luego, se debe hacer clic derecho sobre la conexión activa que se desea modificar. En este caso, puede ser la conexión wifi (HUAWEI-91D0) o la conexión Twingate.

Después, hay que seleccionar la opción **Propiedades** del menú contextual:

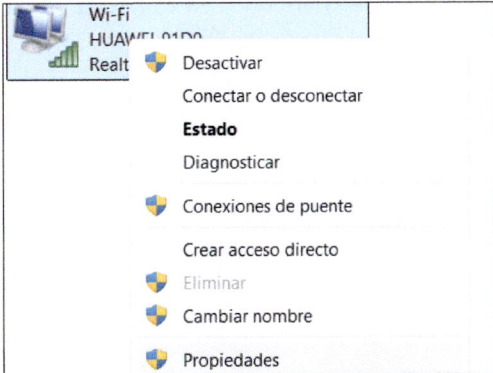

En el cuadro de diálogo de **Propiedades,** hacer doble clic en "Protocolo de Internet versión 4 (TCP/IPv4)":

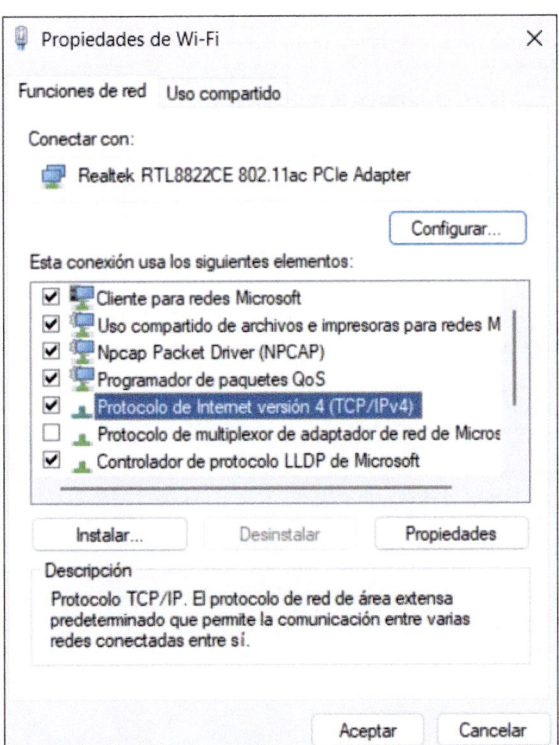

Al hacer clic en **Propiedades,** se abrirá el cuadro de diálogo donde se puede introducir manualmente la dirección IP del equipo o seleccionar "Obtener una dirección IP automáticamente" para que sea asignada por el *router:*

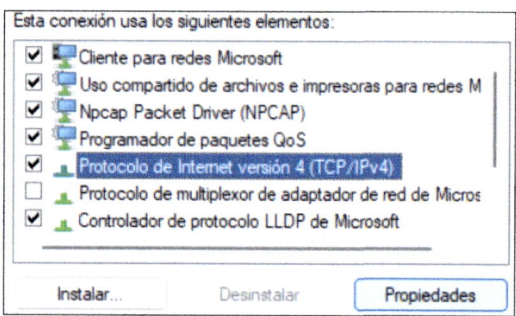

Introducir manualmente la dirección IP del equipo

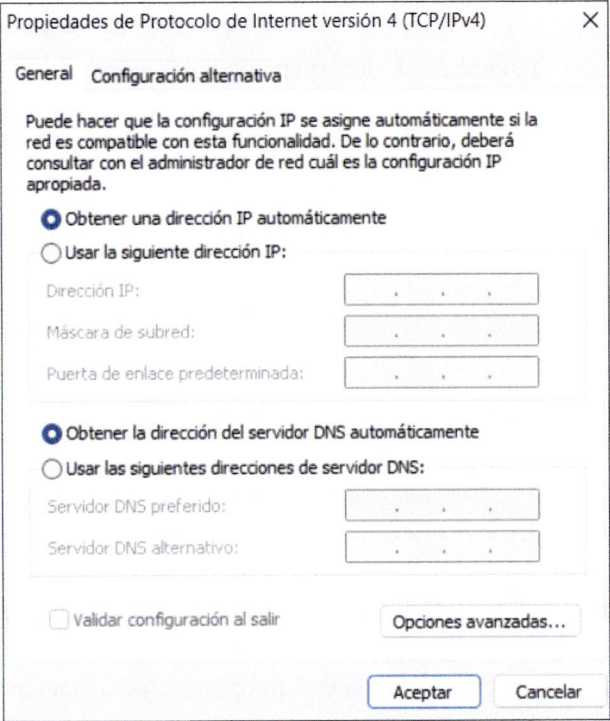

Obtener una dirección IP automáticamente

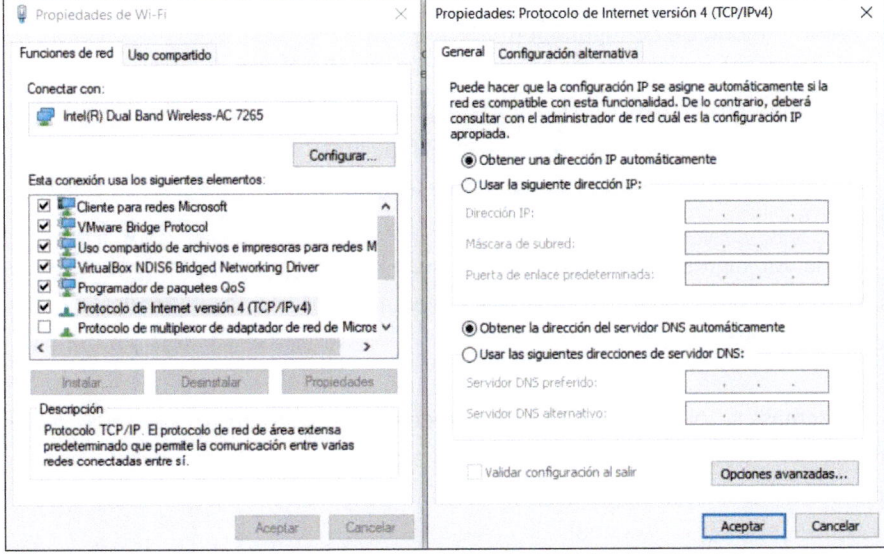

Configuración de red

Por otro lado, si se trabaja con un sistema operativo basado en *Linux,* se podrá configurar la dirección IP del equipo de igual manera.

 Nota

En este caso, se va a utilizar *Ubuntu* en su versión 24.10.

En *Ubuntu 24.10* "Oracular Oriole", configurar la dirección IP es un proceso sencillo gracias a las herramientas gráficas incluidas en el sistema.

Para asignar una dirección IP manualmente o gestionar las conexiones de red, se debe abrir la aplicación Ajustes y navegar hasta la sección Red. Desde ahí, se pueden administrar tanto redes cableadas como inalámbricas.

Si se desea configurar una nueva conexión, hay que hacer clic en el icono de ajustes junto a la red correspondiente y seleccionar la opción Editar conexión. En el menú que aparece, dentro de la pestaña IPv4 o IPv6, se puede elegir el método de configuración:

- **Automático (DHCP):** el sistema asigna automáticamente una dirección IP.
- **Manual:** permite introducir una IP fija, junto con la máscara de subred, la puerta de enlace y los servidores DNS.

Una vez ingresados los datos, se guarda la configuración y se activa la conexión. Tras esto, el equipo quedará conectado a la red local y podrá acceder a sus servicios.

Además, se puede configurar la dirección IP manualmente usando la terminal con el comando nmcli o editando archivos de configuración. Los pasos para hacerlo son los siguientes:

1. **Visualización de las interfaces de red disponibles:** para identificar las interfaces de red del sistema, se debe ejecutar el siguiente comando:

```
ip a
```

Este comando muestra las interfaces disponibles, como eth0 para conexiones por cable o wlp2s0 para conexiones wifi.

2. **Configuración de una IP estática con nmcli:** si se requiere establecer una dirección IP manual en una interfaz específica, se debe ejecutar:

```
nmcli con mod eth0 ipv4.method manual ipv4.addresses 192.168.1.100/24
ipv4.gateway 192.168.1.1 ipv4.dns "8.8.8.8 1.1.1.1"
nmcli con up eth0
```

Donde:

- 192.168.1.100/24 corresponde a la dirección IP y la máscara de subred.
- 192.168.1.1 es la puerta de enlace predeterminada.
- 8.8.8.8 y 1.1.1.1 son los servidores DNS.

Para confirmar la configuración, se puede utilizar:

```
nmcli con show eth0
```

3. **Configuración de una IP dinámica mediante DHCP:** para habilitar la asignación automática de IP a través de DHCP, se debe ejecutar:

```
nmcli con mod eth0 ipv4.method auto
nmcli con up eth0
```

4. **Configuración manual mediante netplan:** *Ubuntu 24.10* utiliza Netplan para la gestión de redes. Para configurar una dirección IP manualmente, se debe editar el archivo correspondiente:

```
sudo nano /etc/netplan/01-network-manager-all.yaml
```

A continuación, se deben añadir o modificar las siguientes líneas:

```
network:
  version: 2
  renderer: NetworkManager
  ethernets:
    eth0:
      dhcp4: no
      addresses: [192.168.1.100/24]
      gateway4: 192.168.1.1
      nameservers:
        addresses: [8.8.8.8, 1.1.1.1]
```

Después de guardar los cambios, es necesario aplicarlos con:

```
sudo netplan apply
```

5. **Reinicio de la interfaz de red:** para aplicar la configuración, se puede reiniciar el servicio de red mediante:

```
sudo systemctl restart NetworkManager
```

También es posible deshabilitar y habilitar la interfaz manualmente con:

```
sudo ip link set eth0 down
sudo ip link set eth0 up
```

6. **Verificación de la conexión:** para comprobar la conectividad con la red, se recomienda ejecutar el siguiente comando:

```
ping -c 4 8.8.8.8
```

Si se obtienen respuestas, significa que la configuración de red ha sido aplicada correctamente.

5. Redes inalámbricas. Dispositivos con conexión inalámbrica a la red y al equipo

Los adelantos tecnológicos facilitan cada día más la movilidad y el acceso a la red casi desde cualquier lugar del mundo. Entre los diferentes mecanismos ya asentados en el mercado y en la vida diaria de cualquier persona, se encuentra la tecnología wifi, que permite el acceso a la red local e internet sin la necesidad de estar conectados a ella mediante un medio físico.

A continuación, se descubrirán los diferentes requisitos necesarios para ello y los dispositivos de conexión inalámbrica que facilitan el acceso al medio.

5.1. Redes inalámbricas

La tecnología inalámbrica o WLAN (en inglés *wireless local area network),* facilita otra opción a la utilización del cableado para conectar los equipos a las redes de área local frente a las dificultades tanto estéticas como funcionales que este pueda producir a la hora de su instalación, además del gasto en materiales.

 Importante

Al realizar la conexión mediante ondas electromagnéticas, la velocidad de transferencia es menor que en redes cableadas y es imprescindible un sistema de encriptación para garantizar la seguridad de la red y los accesos indebidos.

Por otro lado, las redes inalámbricas no necesitan instalación inicial, con lo que su puesta a punto es más rápida y se obtiene una ganancia considerable en movilidad.

5.2. Dispositivos inalámbricos

Los estándares más comunes que deben cumplir los dispositivos inalámbricos son IEEE 802.11 b, IEEE 802.11 g e IEEE 802.11 n, con unas velocidades máximas respectivas de 11 Mbps, 54 Mbps y 300 Mbps. Además, todos ellos trabajan en la frecuencia de 2.4 GHz.

Existe una clara división en cuanto a dispositivos inalámbricos: por un lado, están los que se conectan a la red y, por otro, los que se conectan al equipo.

Los diferentes tipos de dispositivos inalámbricos son los siguientes:

■ **Con conexión a la red:** entre ellos se encuentran tanto *routers* inalámbricos como puntos de acceso o repetidores de red.

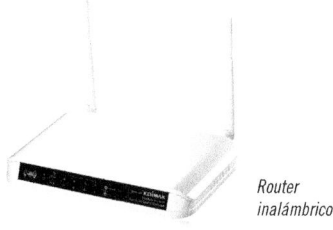

Router inalámbrico

- **Con conexión al equipo:** son los que comunican el equipo con el medio inalámbrico proporcionado y difundido por los dispositivos con conexión a la red. Entre ellos, destacan las tarjetas de red inalámbricas de tipo USB, PCI o PCMCIA.

Tarjeta de red inalámbrica

6. Resumen

A lo largo de este capítulo, se ha aprendido qué es una red de área local y los beneficios que aporta a la hora de constituir una red, tanto doméstica como de ámbito empresarial.

Asimismo, se han comparado los diferentes tipos de redes existentes en cuanto a su tamaño y las diferentes configuraciones o topologías que puede ejercer una red de área local.

Seguidamente, se han expuesto los diferentes medios de conexión que existen con los que implantar el cableado de la red y los componentes tanto *hardware* como *software* que integran una red junto con sus características.

Por último, se han mostrado las ventajas y desventajas de añadir tecnología inalámbrica a una red de área local, conociendo los diferentes dispositivos de conexión existentes para ello.

Ejercicios de repaso y autoevaluación

1. ¿Cuál de las siguientes características no corresponde a una red de área local?

    a. Recursos de red compartidos.
    b. Gestión centralizada.
    c. Velocidad de transmisión baja.
    d. Fácil expansión.

2. ¿Cuál de los siguientes dispositivos no es imprescindible en una red local?

    a. El medio de transmisión.
    b. Una impresora de red.
    c. Un terminal.
    d. Un *router.*

3. ¿En qué tipología de red cada nodo se encuentra conectado únicamente con los nodos adyacentes?

    a. Bus.
    b. Anillo.
    c. Estrella.
    d. Paralela.

4. ¿Cuál de los siguientes factores no afecta al rendimiento de la transmisión?

    a. El sistema operativo.
    b. El número de receptores.
    c. La atenuación de la señal.
    d. El ancho de banda.

5. ¿Cuál es la diferencia entre el par trenzado UTP y el par trenzado STP?

  a. La longitud del cable.
  b. El apantallamiento del cable.
  c. El orden de los pares.
  d. Los pares tienen diferentes colores.

6. ¿Qué dispositivos se podrían conectar con un cable UTP cruzado?

  a. Solo impresoras de red.
  b. Dos ordenadores.
  c. Un concentrador y un ordenador.
  d. Un conmutador y un ordenador.

7. ¿Es cierto que el estándar T568-A es más utilizado que el T568-B?

  ☐ Verdadero
  ☐ Falso

8. ¿Qué diferencia existe entre *hub* y *switch*?

  a. El *hub* es capaz de determinar a quién va dirigida la información y el *switch* no.
  b. Solo el precio.
  c. El *switch* es capaz de determinar a quién va dirigida la información y el *hub* no.
  d. Ninguna de las opciones es correcta.

9. ¿Cómo se llama la aplicación que proporciona *Windows 11* para configurar un equipo en la red?

  a. Conexiones de red.
  b. Centro de red.
  c. Centro de redes y recursos compartidos.
  d. Centro de recursos compartidos.

10. ¿Qué dispositivos necesitaría un equipo para conectarlo a la red sin necesidad de cables?

    a. Un *router* inalámbrico.

    b. Una tarjeta de red inalámbrica.

    c. Un punto de acceso inalámbrico.

    d. Además de *router,* un *software* que lo permita.

Capítulo 3

El sistema operativo en el uso básico de las TIC

Contenido

1. Introducción

A través de la interacción con una amplia cantidad de elementos gráficos, el usuario conocerá de un modo sencillo y amigable el entorno de un sistema operativo, sus componentes, funcionalidad y las operaciones más frecuentes y habituales que en él se realizan, así como aspectos necesarios para adaptarlo y personalizarlo a los propios hábitos y modo de trabajo. En la actualidad, esta combinación de objetos gráficos facilita la adaptación del usuario al sistema y hace que no se produzca en él un impacto negativo en su primera toma de contacto.

A lo largo de este capítulo, se conocerán los entresijos de un sistema operativo y se aprenderá a utilizarlo, conociendo los aspectos básicos de su entorno y funciones gráficas. Además, se aprenderá a almacenar y organizar la información que alberga el ordenador y a realizar las operaciones más comunes con ficheros y carpetas.

Por otro lado, se mostrarán los métodos de acceso y creación de recursos en la red local en la que se encuentre conectado el equipo.

Por último, se verá cómo llevar a cabo la personalización del sistema operativo y la configuración de los elementos del mismo desde un punto de vista tanto estético como funcional.

2. Funciones de un sistema operativo

Se conoce por sistema operativo al grupo de programas y aplicaciones esenciales dedicados a facilitar la comunicación de los usuarios con el ordenador. El sistema operativo administra los recursos del sistema eficazmente y proporciona una base sólida donde el usuario se sentirá cómodo al llevar a cabo operaciones complejas, gracias a un entorno amigable que traducirá al leguaje máquina las peticiones y solicitudes del usuario.

 **Nota**

Por otro lado, se destaca que el sistema operativo es una aplicación especial que realiza las operaciones necesarias para despertar al ordenador, reconociendo sus dispositivos y permitiendo la ejecución de los programas de aplicación.

Como funciones principales de un sistema operativo, destacan las siguientes:

- **Ejecución de programas:** incluye órdenes para cargar y ejecutar programas. Además, se deben poder abortar los procesos o trabajos, conocer y modificar sus atributos, establecer condiciones de espera, etcétera.
- **Operaciones de Entrada/Salida:** se debe poder solicitar un periférico, enviarle órdenes de escritura, de lectura y de control, y leer y modificar sus atributos.
- **Operaciones con ficheros:** el sistema debe permitir las operaciones de crear, borrar, abrir, cerrar, escribir, leer, avanzar, etcétera.
- **Detección de errores:** el sistema operativo debe supervisar todas las operaciones para determinar posibles errores, tales como errores en periféricos o en memoria o como anomalías en la ejecución del programa (desbordamiento, violación de memoria, código de operación reservado, etcétera). Frente a esos errores, deberá tratar de recuperar el sistema y, en todo caso, generar el correspondiente aviso.

2.1. Arranque y apagado del ordenador

La principal acción con la que se comienza a encender el ordenador es pulsar el botón de encendido o **Power,** que por norma general se ubica en el frontal del equipo. Se comenzará a arrancar el sistema operativo testeando la memoria RAM instalada en el sistema y detectando tanto unidades de disco duro como lectores de CD-ROM o DVD-ROM. Seguidamente, se realiza la carga del sistema operativo desde el disco duro, instalando los controladores y *drivers* de los periféricos. Durante el inicio del sistema operativo, aparecerá una pantalla de carga.

Se observará que el sistema se ha iniciado cuando haya aparecido la pantalla de Bienvenida o *Login,* que mostrará las cuentas de usuario existentes en el sistema.

Recuerde

El botón de encendido o **Power,** por norma general, se ubica en el frontal del equipo.

Pantalla de bienvenida de Windows 11

Pantalla de bienvenida de Ubuntu 24.10

Después de seleccionar el usuario e introducir la contraseña, se mostrará el entorno de trabajo del sistema operativo conocido como *Escritorio* debido a su similitud con una mesa de despacho u oficina en la que se manipularán diferentes carpetas y sus documentos.

 **Nota**

El escritorio se caracteriza por poseer un entorno gráfico sencillo e intuitivo con el que se facilitarán las tareas al usuario.

Al finalizar el trabajo con el ordenador, debe apagarse y toda la información quedará almacenada de un modo seguro. Este proceso se debe realizar con cautela y siguiendo los pasos recomendados para ello. En sistemas *Windows,* se debe hacer clic sobre el botón **Inicio** y, seguidamente, sobre el botón **Apagar.** Desde un sistema *Linux* como *Ubuntu* se actuará de un modo similar, haciendo clic sobre el icono **Apagar** de la barra de tareas y, seguidamente, eligiendo la opción **Apagar.** De este modo, se consigue que el sistema operativo finalice todas las tareas que hubiera en ejecución de forma correcta.

Existe una serie de estados intermedios entre los que destacan los siguientes:

- **Reiniciar el sistema:** en este caso, el sistema operativo se apagará y, seguidamente, será iniciado de manera automática y será requerido debido a errores del mismo sistema o posteriormente a una instalación de *software.*
- **Cerrar sesión:** se finaliza la sesión actual cerrando los programas, desconectando el equipo de la red y preparándolo para que otro usuario pueda utilizarlo.
- **Suspender:** el equipo entra en un estado de ahorro de energía, cortando la alimentación de ciertos componentes, como el monitor, periféricos e incluso el disco duro, a excepción de la memoria, que mantiene su alimentación para que el equipo no pierda su trabajo.

2.2. Gestión del *hardware* y otros recursos

Sobre el sistema operativo se instalan programas y *software* de aplicación que requerirán de los recursos *hardware* de que disponga el ordenador, entre ellos la CPU.

Cada programa está dividido en procesos que son ejecutados en el microprocesador o CPU. Esta ejecución de procesos es gestionada por el sistema operativo, controlando tanto el tiempo de ejecución de cada uno de ellos como su momento de entrada y salida de la ejecución.

 Ejemplo

Si existe un proceso haciendo uso de la impresora, el sistema operativo bloquea la impresión hasta que el proceso termine de imprimir y la impresora no reciba órdenes de otros procesos, evitando así posibles conflictos en la impresora.

En este momento entran en escena dos conceptos relevantes, como son el de prioridad y el de interrupción. El sistema operativo otorga las prioridades de cada proceso especificando su grado de importancia. Por otro lado, las interrupciones lanzadas y controladas por el sistema operativo autorizan la detención del proceso que haya en ejecución en el microprocesador y examinan la causa que lo ha originado. Si esto ocurriera con varios procesos al mismo tiempo, el sistema operativo se ocuparía del proceso de mayor importancia o de mayor prioridad.

 Nota

Una interrupción puede ser generada tanto por motivos de *hardware* como de *software*.

2.3. Interfaz de usuario

Se puede definir una interfaz como el lugar en el que se llevan a cabo procesos de comunicación y manipulación como los que realiza el usuario en el entorno del sistema operativo a través de elementos *hardware* y *software* que interactúan entre el hombre y el ordenador. Desde hace ya unos años, la interfaz utilizada por este se caracteriza por la inclusión de elementos gráficos que ayudan al usuario y que representan la información, haciendo uso de metáforas como pueden ser las ventanas, el escritorio, los iconos el puntero del ratón o las carpetas. Todo este entramado de componentes gráficos y la interacción entre ellos y el usuario es lo que se conoce como GUI, del inglés *graphical user interface* o interfaz gráfica de usuarios.

? Sabía que...

Las primeras interfaces gráficas de usuario nacieron gracias a Xerox en el año 1981, aunque posteriormente fue Apple quién las popularizó. Desde su origen, se basaron en el concepto WYSIWYG *(What you see is what you get,* que significa "Lo que ves es lo que tienes"), con lo que se determina que simplemente echando un vistazo a la interfaz quede definida la funcionalidad de esta, es decir, para qué sirve o qué se puede hacer con ella.

Los avances tecnológicos colocan al ser humano en un plano intermedio entre la interactividad creada con las máquinas. La vida de millones de usuarios está llena de interfaces cada día más dispares mediante el uso de tecnologías biométricas, como detectores de huellas dactilares, de retina, por voz o pantallas táctiles, todas ellas interfaces de usuario.

Entre los elementos más utilizados en las interfaces gráficas de usuario que brinda un sistema operativo, se pueden citar los siguientes:

- Ventanas.
- Botones.
- Cajas de texto y etiquetas.
- Casillas de verificación o botones de radio.
- Menús y barras de herramientas.
- Imágenes.
- Listas desplegables.

Por último, cabe recordar que dentro de las interfaces de usuario existe lo que se denomina interfaces adaptativas, las cuales modifican su comportamiento de manera automática para acomodarse a cada usuario o grupo de estos y facilitar así la comunicación con la máquina.

 **Ejemplo**

Puede adaptarse a aquellos usuarios con alguna discapacidad visual o auditiva.

2.4. Ejecución de programas

Los sistemas operativos actuales tienen la capacidad de multitarea, mediante la cual se permite que el microprocesador ejecute varios programas simultáneamente. Esto se consigue mediante *software* gracias al planificador de procesos, el cual se sirve de algoritmos de planificación para gestionar los tiempos empleados por los procesos que ejecuta el microprocesador.

Entre los algoritmos de planificación, destacan los siguientes:

- **De plazo fijo:** una tarea es programada para ejecutarse en un plazo fijo de tiempo.
- **FIFO:** el primero en entrar es el primero en salir.
- **Round Robin o turno rotatorio:** cada tarea tiene asignado un tiempo de ejecución que llevará a cabo cuando sea su turno.
- **Por prioridad:** que puede ser determinada por el tiempo de ejecución más corto o por el tiempo restante más corto.
- **Por tasa de respuesta más alta:** cada proceso es calculado según su tiempo de servicio, además de su tiempo en espera.

2.5. Acceso y organización de los datos

Para el acceso y organización de ficheros en la memoria principal del ordenador se tienen los siguientes métodos:

- **Organización secuencial:** los ficheros se componen de registros contiguos almacenados uno tras otro, formando una secuencia lógica de ordenación.

Útil cuando se requiere acceder a la mayor parte de los registros almacenados, pero ineficiente a la hora de insertar, borrar o realizar búsquedas de un solo elemento.

- **Organización directa:** el almacenamiento se realiza por medio de un campo clave que indicará la posición del registro en el fichero. Eficiente acceso a cualquier registro para operaciones de inserción, modificación o borrado.
- **Organización secuencial indexada:** posee las ventajas tanto de la organización secuencial como de la organización directa. Esta organización se divide en dos partes, la primera, en la que se almacenan los datos ordenados por un campo clave en un fichero secuencial, y una segunda, en la que se almacenan las tablas de los índices de los registros.
- **Organización indexada:** mejora la organización secuencial indexada, ya que en esta solo es posible ordenar un fichero por el campo clave de sus registros, añadiendo un fichero de índice por el que ordenar los datos por cualquiera de sus campos.

Nota

El fichero índice se compone de registros formados por pares formados por el valor del campo y su posición, que pueden crear ficheros índices multinivel.

3. Uso del entorno

El sistema operativo está compuesto por distintos componentes gráficos que forman parte del entorno y que el usuario utilizará para realizar su trabajo. Los más relevantes se explican a continuación.

3.1. Ventanas

Las ventanas son el concepto en el que se basa el entorno gráfico de la mayoría de los sistemas operativos actuales, facilitando una interfaz entre ellos y el usuario. En realidad, son contenedores visuales de información, generalmente rectangulares, que se muestran de modo independiente y que pueden estar representados con diferentes aspectos. Entre ellos, una ventana puede mostrar la información relativa a los documentos de una carpeta o la interfaz de una aplicación informática.

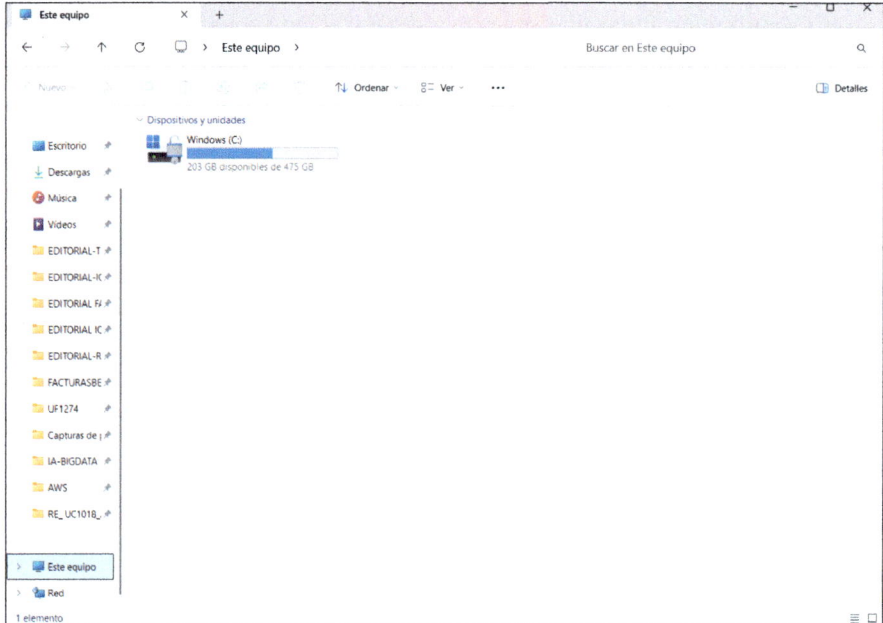

Aspecto de una ventana en Windows

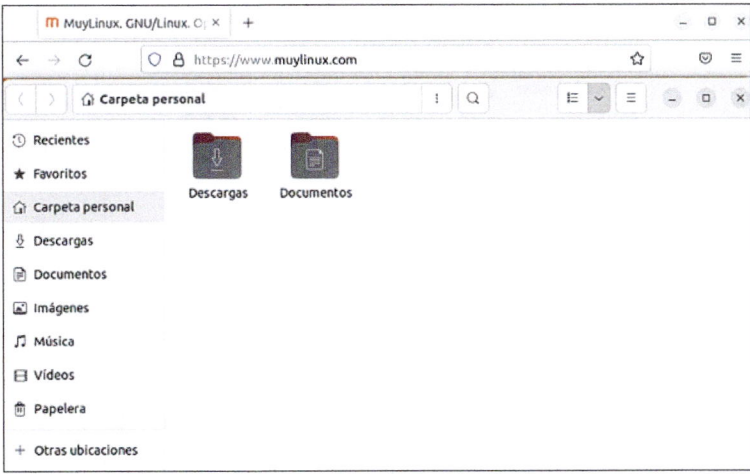

Aspecto de una ventana en Ubuntu

3.2. Menús

Un recurso muy utilizado, sobre todo en ventanas gráficas, es el **Menú.** Este se encuentra normalmente situado en la zona superior de esta y tiene la finalidad de agrupar un conjunto de comandos de acción relacionados entre sí. Lo usual es encontrar varios menús incrustados en una **Barra de menús,** cada uno de ellos nombrado con un término que permitirá identificar las posibles opciones que brinda dicho menú.

 Nota

Cada una de las opciones del menú es lo que se conoce como ítem o elemento de menú, que a su vez puede ser otro menú que muestre otro conjunto de opciones, formando una jerarquía de menú.

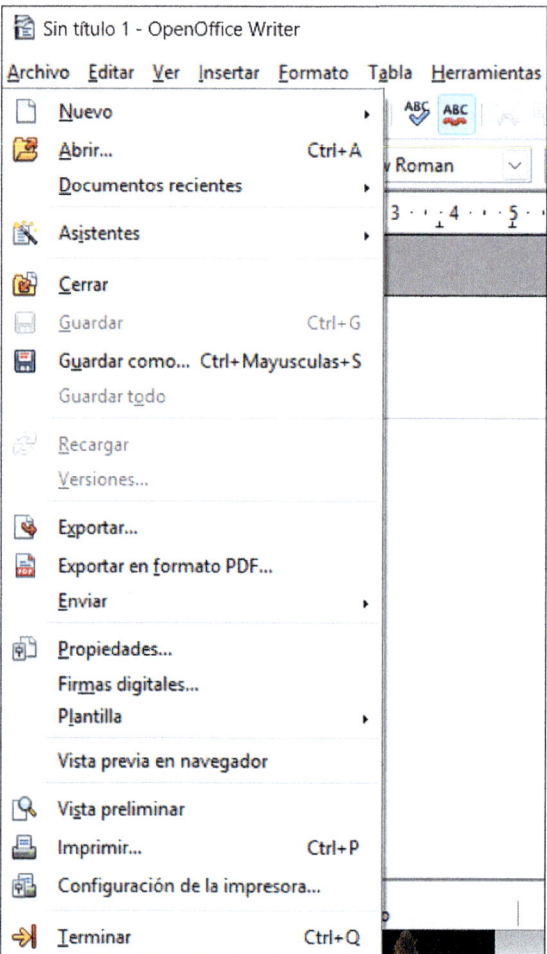

Menú Archivo

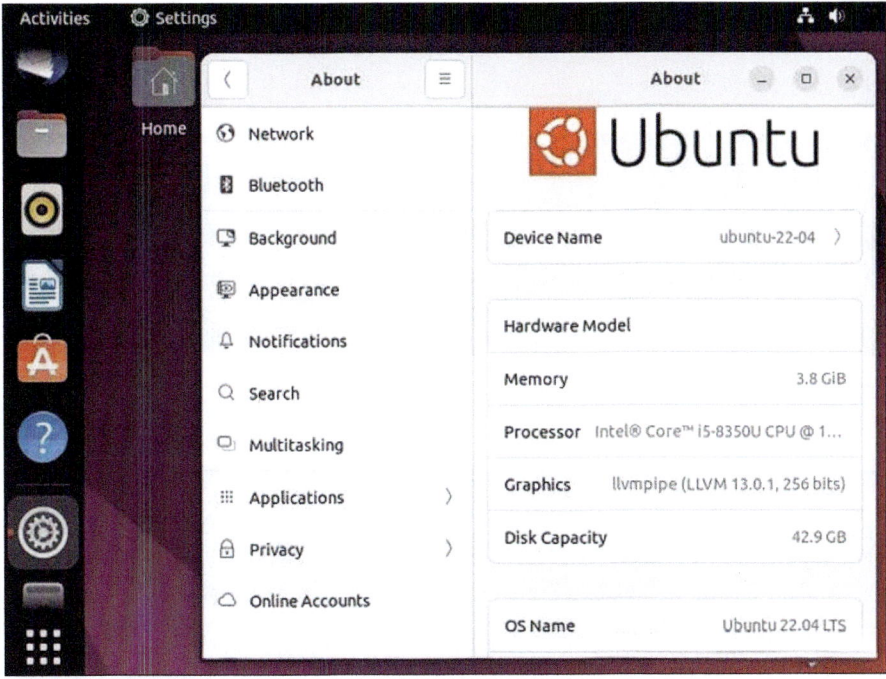

Menú de opciones en Ubuntu

3.3. Cuadros de diálogo

Por cuadro de diálogo se conoce a cualquier ventana que es abierta desde una aplicación informática con la finalidad de comunicarse e interactuar con el usuario, mostrando información o solicitándola. Entre las diferentes formas que puede adoptar un cuadro de diálogo, se encuentran la de mostrar información, informar de un error o alerta, realizar una pregunta solicitando una elección a la misma o simplemente pedir conformidad para continuar.

3.4. Línea de comando

Previamente a la utilización de las interfaces gráficas en los sistemas operativos, se trabajaba desde un entono de línea de comandos o CUI (en inglés *command-line user interface)* mediante el cual se introducían órdenes para realizar las acciones que el equipo ofrecía. Las órdenes pueden ser insertadas independientemente o agrupadas con un orden lógico en un fichero o *script* que ejecuta las órdenes que incorpora según la lógica aplicada.

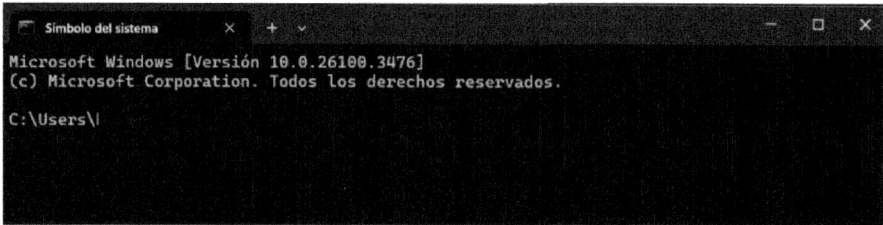

Línea de comandos de Windows

Línea de comandos de Ubuntu

 **Sabía que...**

Este tipo de interfaz se caracterizaba por ser poco amigable y orientada solo a usuarios expertos, aunque es cierto que presentaba ventajas como su potencia, flexibilidad y control total de las acciones que se podían realizar con la máquina.

4. Almacenamiento y organización de la información

La organización de los diferentes recursos y archivos de los que se dispone en el ordenador es fundamental a la hora de ir recopilándolos y almacenándolos.

Nota

Es lógico pensar que en una carpeta concreta se ubicarán documentos o archivos que tengan algo en común, ya sea por su temática o por su naturaleza o formato.

En este apartado, se conocerán las diferentes unidades de almacenamiento y los diferentes tipos de archivos que existen así como su organización en carpetas.

4.1. Unidades de almacenamiento

Las unidades de almacenamiento, también llamadas unidades de almacenamiento secundario, permiten el almacenamiento de la información que poseen los archivos con los que se trabaja cotidianamente en el equipo. Estas unidades pueden estar instaladas dentro del equipo o conectadas de un modo externo al mismo. Cada día que pasa, es necesario que estas unidades posean un mayor tamaño debido a la cantidad de información que se procesa, como fotografías, archivos de música o video. Cada sistema operativo muestra las unidades de almacenamiento que posee de alguna forma.

 Ejemplo

En *Windows 11,* el acceso a las unidades de almacenamiento se realiza desde "Este equipo" en el Explorador de archivos. En sistemas *Linux* como *Ubuntu 24.10,* se accede desde "Otras ubicaciones" en el Explorador de archivos (Nautilus).

4.2. Disco duro

Es la principal unidad de almacenamiento que posee un ordenador, en él se realizan la instalación del sistema operativo, aplicaciones y controladores de los dispositivos que haya instalados en el equipo, además de todos los archivos, como documentos de texto o contenido multimedia de que disponga el usuario. Hoy en día, es común hablar de terabytes (1024 gigabytes) cuando se hace alusión a la capacidad de almacenamiento de un disco duro. Debido a los avances en tecnología, los discos duros tienen la tendencia de ser cada día más rápidos y de mayor capacidad.

4.3. Unidades extraíbles

Las unidades extraíbles de almacenamiento cumplen una función de memoria auxiliar que permite guardar los datos para archivarlos a más largo plazo o para que puedan ser utilizados en otros equipos, de forma que sirvan de almacenamiento temporal portátil o bien de archivo de datos que no se van a necesitar en un tiempo y que actualmente están ocupando espacio en el disco duro del equipo.

 Importante

Otra utilidad esencial de las unidades extraíbles es la de realizar copias de seguridad de los datos, de forma que se tengan duplicados datos importantes ante una pérdida accidental de los datos.

Entre las unidades extraíbles más comunes, se encuentran el disquete como unidad magnética, el CD-ROM y DVD-ROM como unidades ópticas y las memorias o tarjetas *flash* como unidades extraíbles que, en el caso de los *pendrive,* se conectan al puerto USB.

4.4. Unidades de red

Una unidad de red es cualquier unidad de almacenamiento que posea un ordenador y que, además, tiene la característica de que está compartida en la red a la cual está conectado el equipo.

 Nota

Al compartir una unidad, se podrán otorgar permisos de acceso a la misma a los diferentes usuarios que haya en la red.

Una carpeta que esté compartida en la red se puede dotar con el apelativo de unidad de red en un equipo cliente si es conectada desde él mediante la opción **Conectar a unidad de red** de la barra de comandos de la ventana **Equipo.** A través de este proceso, se le asignará una unidad al recurso compartido en cuestión y su acceso se realizará mediante la unidad elegida.

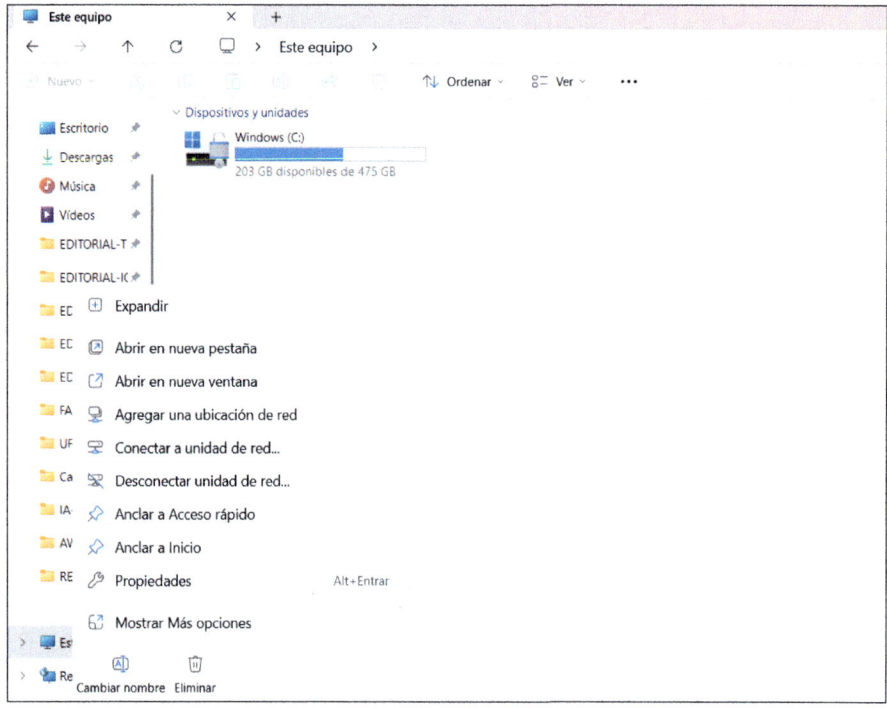

Conectar unidad de red (botón derecho en Este equipo)

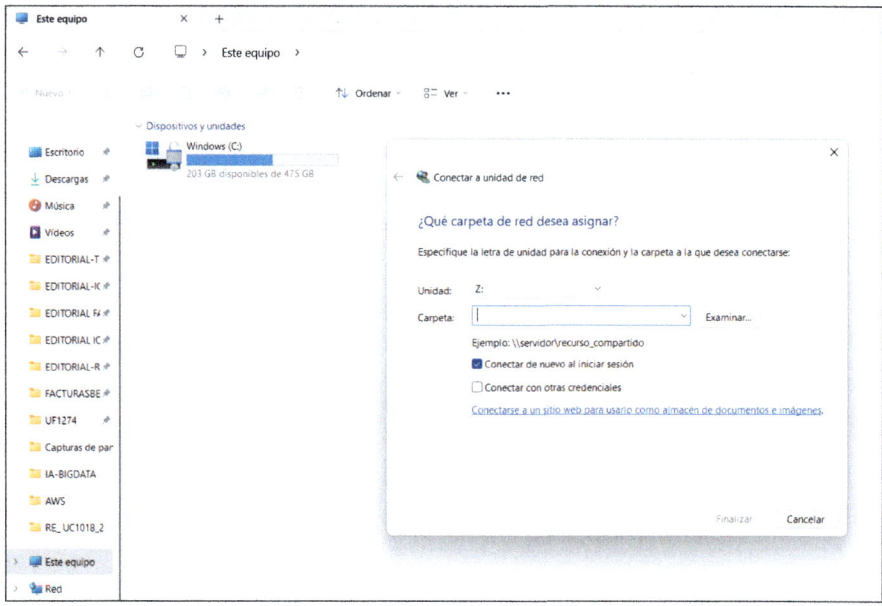

Opciones al conectar unidad de red

4.5. Archivo de la información en ficheros

La forma en que se almacena la información no es la misma en todos los sistemas. El primer sistema de archivos empleado en *Windows* fue el sistema de archivos FAT, el cual utiliza una tabla de asignación de archivos (en inglés *File Allocation Table).*

La definición de tabla de asignación de archivos se basa en un conjunto de datos almacenados que contienen la información del estado de cada clúster de una partición dada como la dirección del siguiente clúster, la indicación de fin de fichero o fin de lista, la utilización de caracteres especiales para indicar clústeres defectuosos o reservados y el número cero en caso de clústeres libres.

Cada entrada posee un tamaño que se determina en función del tipo de FAT empleado (FAT16 que posee 16 bits o FAT32 con 32 bits).

Sabía que...

El tamaño máximo que puede poseer una partición viene determinado por el tamaño de cada clúster, con lo que al formatear una unidad de disco se deberá indicar el tipo de sistema de archivos que se utiliza.

En la actualidad, se utiliza otro sistema de archivos denominado NTFS, *(New Tecnology File System),* con el que se mejora el sistema de archivos FAT. NTFS permite el uso de nombres largos, distingue entre mayúsculas y minúsculas y, sobre todo, se gana en seguridad, dado que soporta la definición de atributos para los ficheros, eficiencia y rendimiento.

Para sistemas *Linux,* se emplean sistemas de archivos como Ext2, Ext3, Ext4, XFS o ReiserFS.

4.6. Tipos de ficheros

Debido a la cantidad de programas que se desarrollan con el paso del tiempo, es posible encontrar muchos de ellos que trabajan con tipos de archivos a los que se puede llamar nativos y que perduran con el tiempo. Sin embargo, existen otros que generan formatos de archivos nuevos y específicos de cada aplicación. El tipo de un archivo puede ser localizado a simple vista por el icono que muestra el sistema operativo o mediante su extensión, que suele estar formada por varias letras después de un punto y la cual puede dar alguna pista de la naturaleza del fichero que se está tratando, aunque se debe recordar que la extensión de un archivo es parte de su nombre.

A modo de resumen, se citan los diferentes tipos de archivo más usuales:

- Ficheros de texto: TXT, DOC, RTF o PDF.
- Ficheros web: HTML, HTM, ASP, CSS o XML.
- Ficheros de imagen: GIF, JPG, TIFF, PNG, BMP, o ICO.
- Ficheros de audio: WAV, MID, MP3, WMA, CDA o AIF.
- Ficheros de vídeo: AVI, MOV, MPEG, MPG o QT.
- Ficheros de sistema: EXE, BAT, INI, DAT, LOG, BIN, ISO, ZIP, RAR o TAR.

 Ejercicio práctico

Relacione cada formato de archivo con el tipo que corresponda:

Imagen-Video-Audio-Texto

DOC-JPG-WAV-MP3-AVI-RTF-MPEG-MOV-GIF-PDF-TIFF-PNG-MID-BMP

SOLUCIÓN

- Imagen: JPG, GIF, TIFF, PNG y BMP.
- Vídeo: AVI, MPEG y MOV.
- Audio: WAV, MP3 y MID.
- Texto: DOC, RTF y PDF.

4.7. Organización en carpetas o directorios

Las carpetas o directorios son zonas del disco donde se almacenan los ficheros. Se trata de estructuras jerárquicas, con lo que dentro de cada carpeta se podrán encontrar más carpetas y así sucesivamente. Con esto se tiene que un archivo se localizará dentro de una ruta de carpetas que se originará en el directorio raíz de la unidad en la que se encuentre.

 Ejemplo

La siguiente ruta podría ser una ruta válida para un archivo en un sistema *Windows:* C:\trabajos\informática\unidad1.doc.

En el ejemplo, se muestra cómo en el directorio raíz existe un directorio llamado trabajos y dentro de este otro llamado informática, que es el que contiene al fichero "unidad1.doc" en última instancia.

Para el caso de sistemas *Linux,* habrá que tener en cuenta que estos se organizan mediante una jerarquía de ficheros que sigue el estándar FHS *(Filesystem Hierarchy Standard),* mediante el cual se definen unos fundamentos en los que los usuarios puedan encontrar lo que buscan. El directorio origen es el directorio raíz que se representa mediante una barra "/".

Los directorios más relevantes en un sistema *Linux* se muestran en la siguiente lista:

- /bin: contiene programas binarios.
- /boot: ficheros de arranque del sistema.
- /dev: ficheros de dispositivos como discos duros, lectores de DVD, tarjetas de sonido, etcétera.
- /etc: ficheros de configuración del sistema.
- /home: contiene los archivos de los usuarios.

- /lib: bibliotecas compartidas.
- /mnt: sistemas de ficheros montados.
- /media: contiene los archivos de los dispositivos y unidades montadas.
- /opt: aplicaciones estáticas.
- /proc: sistema de ficheros virtual.
- /root: directorio de inicio del usuario *root.*
- /sbin: programas binarios para la administración de sistemas.
- /tmp: contiene los archivos temporales del sistema.
- /srv: datos de los sitios servidos por el sistema.
- /usr: contiene datos compartidos de solo lectura.
- /var: ficheros de variables, directorio raíz, bases de datos, *logs,* servidores web o ftp.

 Ejemplo

Si se está situado en la carpeta personal, buscará documentos y ficheros dentro de las carpetas, y si se utiliza el cuadro de búsqueda del menú Inicio, buscará programas instalados en este menú.

4.8. Funciones básicas de exploración y búsqueda de archivos y carpetas o directorios

Una de las principales funciones del explorador y quizá la que se utiliza con mayor frecuencia es buscar archivos y carpetas en las unidades de almacenamiento del PC mediante el despliegue de las carpetas del árbol de directorios. Para facilitar las búsquedas, *Windows* ofrece lo que se denomina la función de *Búsqueda de Windows,* mediante la que se permitirá buscar equipos en la red, personas e incluso páginas en Internet, además de archivos y carpetas.

Una de las características más interesantes de la aplicación de búsqueda es que tiene en cuenta el lugar desde donde se realiza la búsqueda y ofrece los resultados acordes a ello.

Se puede acceder a la aplicación de búsqueda por distintos caminos, que además, permitirán realizar distintos tipos de búsqueda:

- Búsqueda desde el menú **Inicio.**
- Búsqueda en el **Explorador de *Windows.***
- Búsqueda desde un cuadro de diálogo.

5. Operaciones usuales con ficheros y carpetas

Al realizar cualquier trabajo con ficheros o carpetas, el sistema operativo facilita una serie de operaciones que se pueden realizar con ellos, como son las que se explican a continuación.

5.1. Creación de ficheros y carpetas

El sistema operativo posee gran cantidad de ficheros y carpetas que son generadas en su instalación. El usuario podrá crear los ficheros y carpetas que necesite de un modo fácil y sencillo.

En sistemas operativos basados en *Windows,* se podrá hacer clic con el botón derecho del ratón en cualquier ventana del explorador y seleccionar el submenú **Nuevo** y, a continuación, la opción **Carpeta.** Además, en este submenú aparecen una serie de aplicaciones que están instaladas en el sistema y que, al seleccionarlas, abrirán una instancia de la aplicación en cuestión y se creará un documento en blanco de la misma para comenzar con su edición. Seguidamente, se especifica el nombre.

 Nota

Si en la aplicación de la cual se pretende generar un fichero no aparece en el citado submenú, se procede a ejecutarla desde la sección de programas del menú Inicio y se crea el documento en blanco desde las opciones de la aplicación.

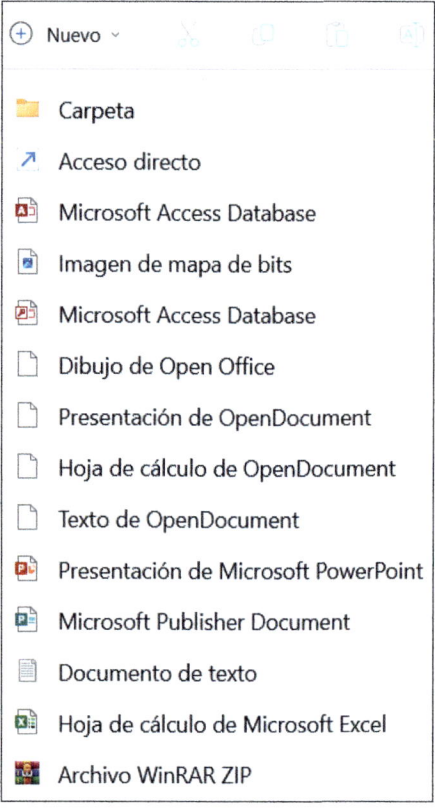

Crear Nueva carpeta en Windows 11

En sistemas basados en *Linux,* el procedimiento es similar, aunque las opciones del menú contextual que aparecen son **Crear una carpeta** o **Crear un documento vacío** que, posteriormente, se abrirá con la aplicación elegida.

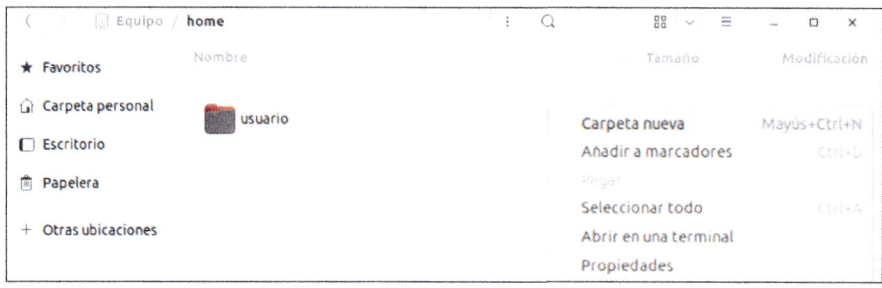

Crear nueva carpeta en Ubuntu 24.10

5.2. Renombrar ficheros y carpetas

El nombre de un archivo o de una carpeta no es perpetuo, sino que se puede modificar si se toma la decisión de hacerlo. Para ello, se selecciona el fichero o carpeta en cuestión y se pulsa el botón derecho del ratón. Seguidamente, en el menú contextual que se muestra, se elige la opción **Cambiar nombre.** De otro modo, después de seleccionar el fichero o carpeta, se hace clic sobre la opción de menú **Archivo** y elige la opción **Cambiar nombre.** Además de estos métodos, se puede renombrar un archivo seleccionándolo y pulsando la tecla [F2], con esto el nombre se volverá editable y se podrá modificar.

 Nota

Esta operación es similar tanto en sistemas *Windows* como *Linux.*

5.3. Mover o copiar ficheros y carpetas

A continuación, se van a ver las acciones más comunes realizadas sobre un sistema operativo que son mover o copiar ficheros y/o carpetas.

Mover

Es la acción mediante la cual un fichero o carpeta cambia de ubicación en el equipo. Se puede realizar de varias formas, entre ellas, mediante la combinación de las acciones **Cortar** y **Pegar,** es decir, se corta el fichero o carpeta de su ubicación original y se pega en la ubicación destino.

 **Nota**

Estas órdenes aparecen al hacer clic con el botón derecho del ratón sobre un fichero o carpeta.

Esta acción es similar a la de arrastrar el fichero o carpeta entre ambas ubicaciones.

De otro modo, después de seleccionar el fichero o carpeta, se hace clic sobre la opción de menú **Edición,** se elige la opción **Mover a la carpeta** y aparecerá un cuadro de diálogo en el que se especificará la ubicación de destino.

Copiar

De modo diferente a la acción de **Mover,** al **Copiar** un fichero o carpeta este se duplicará en otra ubicación del disco duro. Para ello, se selecciona el fichero o carpeta y, mediante la opción de menú **Edición,** se elige la opción **Copiar a la carpeta,** con la que se abrirá un cuadro de diálogo en el que se especificará el lugar donde colocar la copia.

Mediante la selección del fichero o carpeta con el botón derecho del ratón, aparecerá un menú contextual que ofrece las opciones **Copiar** y **Pegar,** mediante las que también se podrá realizar la acción.

En sistemas *Linux* como *Ubuntu 24.10,* se pueden realizar búsquedas de archivos desde el Lanzador de aplicaciones del escritorio o utilizando la opción **Buscar** dentro del Explorador de archivos (Nautilus). También es posible emplear la combinación de teclas [Ctrl] + [F] dentro del explorador para buscar archivos en una carpeta específica. Además, puede buscar archivos según su nombre o tipo de archivo directamente desde el gestor de archivos. Para ello, abra la aplicación **Archivos** desde la vista de Actividades.

5.4. Eliminación de ficheros y carpetas

Eliminar un fichero significa hacerlo desaparecer del disco duro. Por seguridad, los sistemas operativos incorporan una carpeta especial llamada **Papelera de reciclaje** a la que irán todos los archivos o carpetas eliminados, que podrán ser restaurados si se desea. Para una supresión definitiva de los ficheros o carpetas que estén alojados en la papelera de reciclaje habrá que **Vaciar la papelera.**

Para eliminar un archivo o carpeta fácilmente, solo hay que seleccionarlo y pulsar la tecla [Suprimir] del teclado o hacer clic con el botón derecho del ratón y elegir la opción **Eliminar** del menú contextual que aparece en *Windows* o **Mover a la Papelera** en *Linux.*

5.5. Realización de búsqueda de archivos

Una de las acciones más realizadas desde el sistema operativo es la de buscar archivos. Este incorpora funciones de búsqueda para agilizar dicha acción. Desde el sistema operativo *Windows 11,* se puede llevar a cabo esta acción a través de los campos de búsqueda del menú **Inicio,** del Explorador de archivos o mediante el atajo de teclado [Win] + [S] para abrir la búsqueda directamente.

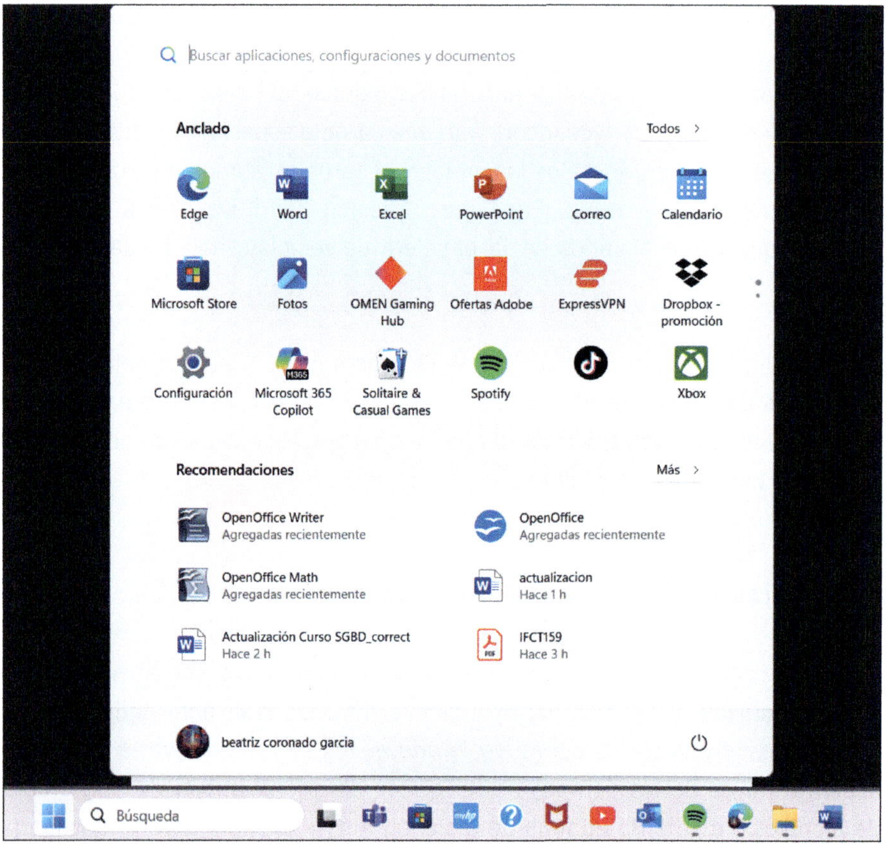

*Búsqueda de **Archivos** en Windows 11 desde menú Inicio*

*Vista de **Actividades** en Ubuntu*

6. Acceso a los recursos de la red local

Un sistema operativo facilita la compartición de recursos en una red de ordenadores.

 Definición

Recurso
Un recurso puede ser un archivo, carpeta, periférico o aplicación, es decir, cualquier elemento que pueda ser consumido por los usuarios clientes de una red.

6.1. Creación de un recurso

Para compartir una carpeta en el sistema operativo *Windows 11,* siga estos pasos:

1. Seleccione la carpeta:

   ▪ Abra el Explorador de archivos [Win] + [E].
   ▪ Localice la carpeta que desea compartir.
   ▪ Haga clic derecho sobre la carpeta y seleccione **Propiedades.**

2. Acceder a las opciones de compartición

   ▪ En la ventana de **Propiedades,** vaya a la pestaña **Compartir:**

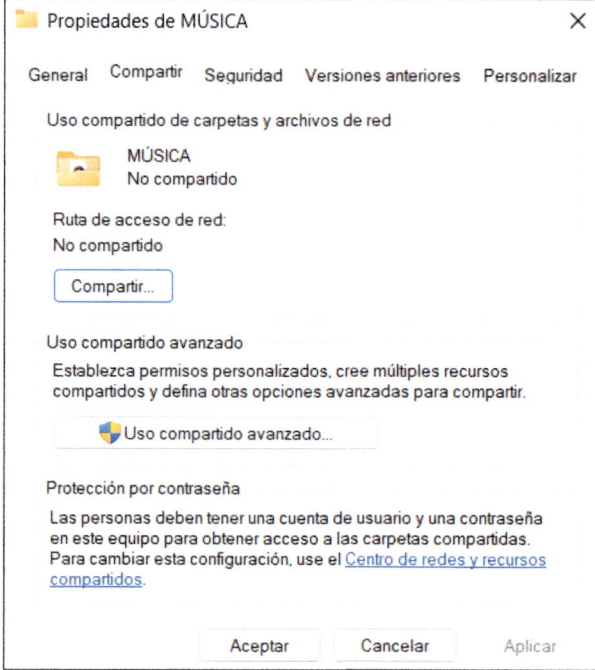

▌ Haga clic en el botón **Uso compartido avanzado:**

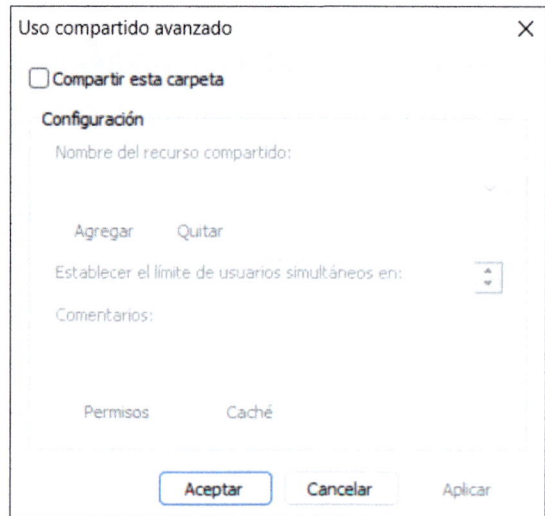

3. Configurar el nombre y permisos de la carpeta compartida:

▌ Marque la opción **Compartir esta carpeta.**
▌ Puede cambiar el nombre de red con el que aparecerá la carpeta:

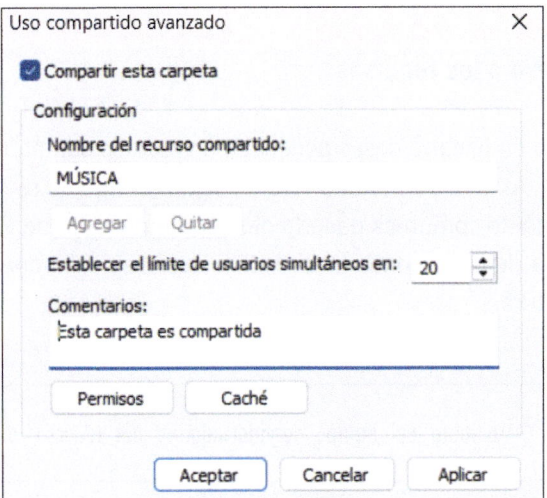

▌ Para gestionar permisos, haga clic en **Permisos,** donde podrá permitir o denegar acceso a usuarios específicos:

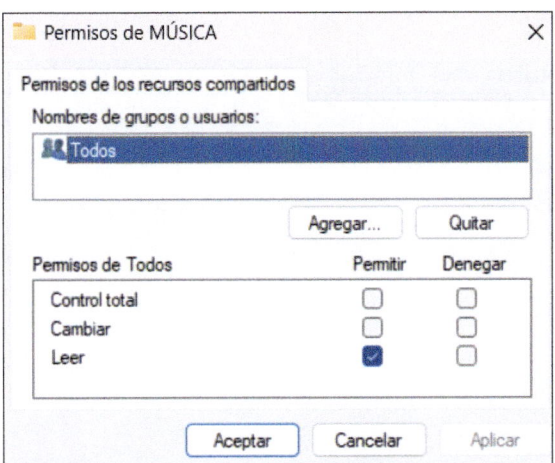

4. Habilitar el uso compartido de archivos en la red (si es necesario):

■ Si la compartición no funciona, vaya a **Configuración → Red e Internet → Configuración de red avanzada → Uso compartido de archivos e impresoras** y active la opción correspondiente.

6.2. Acceso a los recursos

Cuando un usuario desee acceder a un recurso compartido en una red de ordenadores, lo hará de forma diferente según el tipo de recurso. Para el caso de una carpeta, lo común es hacerlo desde el explorador de *Windows*, escribiendo en la barra de direcciones la dirección del mismo, la cual tendrá la siguiente nomenclatura:

\\nombre_del_equipo_servidor\nombre_del_recurso_ compartido

Si el recurso que se pretende utilizar es un periférico, como un escáner o una impresora, deberá instalarse en el ordenador, especificando en el proceso que se trata de una impresora en red.

 Nota

Se deberán proporcionar los *drivers* de la misma, aunque se puede dar el caso que *Windows* los incluya.

6.3. Permisos y bloqueos

Cada equipo de un grupo de trabajo en *Windows* debe gestionar los permisos que otorga a cada usuario para el acceso a los recursos que el equipo proporciona a la red.

Importante

Sin una cuenta de usuario con los permisos de acceso pertinentes en el equipo que proporciona los recursos a la red, ningún usuario podrá acceder a ellos.

Dentro de una misma red de *Windows,* pueden existir equipos con la seguridad por contraseña deshabilitada, en los cuales no será necesaria una cuenta de usuario para acceder a sus recursos compartidos.

Los niveles de permisos que se pueden otorgar a un archivo o carpeta compartida son los siguientes:

- **Lectura (Leer):** el usuario solo podrá ver el contenido, pero no modificarlo.
- **Lectura y escritura (Cambiar):** el usuario podrá ver el contenido y además modificarlo.
- **Control total (Propietario):** es el nivel de permisos que obtiene el usuario que ha compartido el recurso, el cual no tiene restricciones para el mismo.

Aplicación práctica

Describa el proceso a seguir para compartir una carpeta en el sistema operativo *Windows 11.*

Continúa en página siguiente >>

<< Viene de página anterior

SOLUCIÓN

Para compartir una carpeta en *Windows 11*, primero abra el Explorador de archivos [Win] + [E] y localice la carpeta que desee compartir. Luego, haz clic derecho sobre ella y seleccione **Propiedades**. En la ventana que aparece, dirígete a la pestaña **Compartir** y haga clic en **Uso compartido avanzado**. Active la casilla "Compartir esta carpeta" y, si lo desea, cambie el nombre con el que aparecerá en la red.

Para gestionar permisos, haga clic en **Permisos,** donde puede definir qué usuarios tendrán acceso y qué tipo de permisos tendrán (lectura, escritura o control total). Si necesita compartir la carpeta con un usuario específico, usa la opción **Uso compartido**, selecciona el usuario o grupo y define su nivel de acceso. Finalmente, para asegurar que el equipo, permite la compartición de archivos, vaya a **Configuración → Red e Internet → Configuración de red avanzada → Uso compartido de archivos e impresoras** y active la opción correspondiente. Con estos pasos, la carpeta quedará accesible para otros dispositivos en la misma red.

---

7. Personalización y configuración

Una de las características que más agradan a los usuarios de los sistemas operativos actuales es que estos brindan una capacidad de configuración al usuario casi a medida, tanto para los componentes del sistema como en diseño y estética.

7.1. Personalización del entorno

Para realizar cambios en la configuración de un sistema operativo *Windows 11*, se debe acceder a la aplicación **Configuración** [Win] + [I]. Dentro del menú, seleccionar la opción **Personalización,** donde se pueden modificar aspectos como el fondo de pantalla, los colores, temas, fuentes y la barra de tareas.

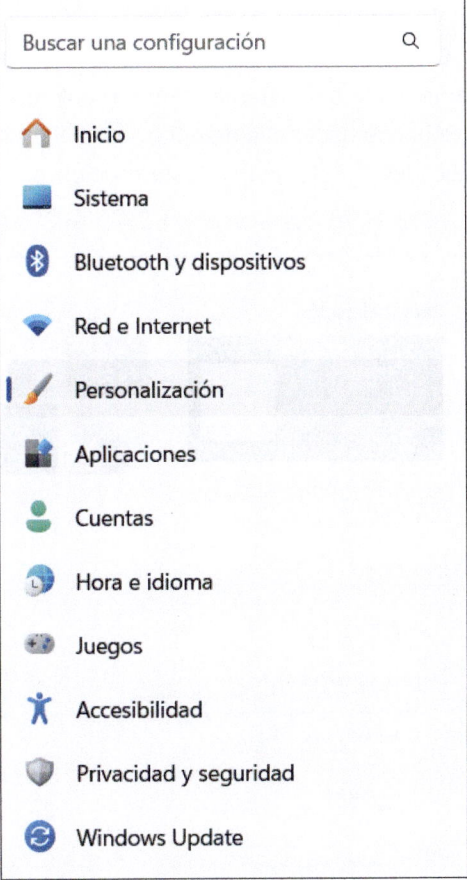

Personalización en Windows 11

❓ Sabía que...

Un sistema operativo permite personalizar su interfaz de usuario mediante todo tipo de recursos de manera sorprendente, pudiendo cambiar el fondo de escritorio, los colores de las ventanas, los sonidos o el protector de pantalla, entre otros.

En *Windows 11,* la personalización de la apariencia del sistema se realiza desde la aplicación **Configuración,** en la sección **Personalización.** Desde allí, es posible ajustar la apariencia del sistema, cambiar colores, temas y fondos de pantalla. También se puede hacer clic derecho sobre el escritorio y seleccionar **Personalizar** para acceder directamente a estas opciones.

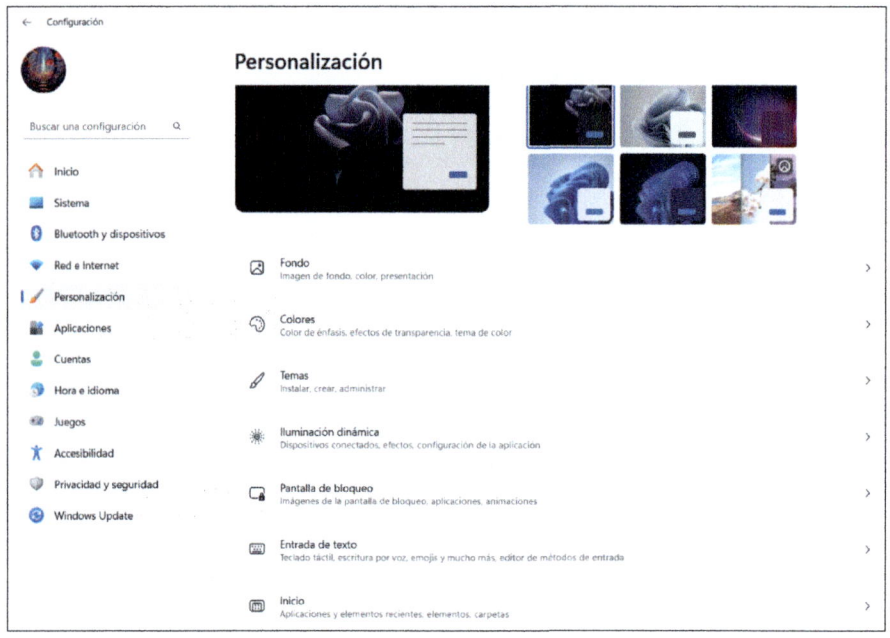

*Elementos de la ventana **Personalización** de Windows 11*

7.2. Personalización y uso de los periféricos básicos (monitor, teclado, ratón)

A continuación, se va a ver cómo se pueden personalizar los periféricos tales como el teclado, monitor y ratón para ajustarlos a un uso más personalizado.

Monitor

Debido a que cada usuario dispone de unos dispositivos *hardware* y el mercado es muy extenso y variado, no todos los usuarios poseerán monitores de los mismos tamaños y características.

Nota

Es por ello que el sistema operativo se adapta a cada *hardware,* además de por la instalación de sus controladores, por la configuración de sus características.

Opciones del monitor como la resolución, el color o el brillo se configurarán en el sistema *Windows 11* mediante la categoría ***Pantalla*** de la sección **Sistema del menú de Configuración.**

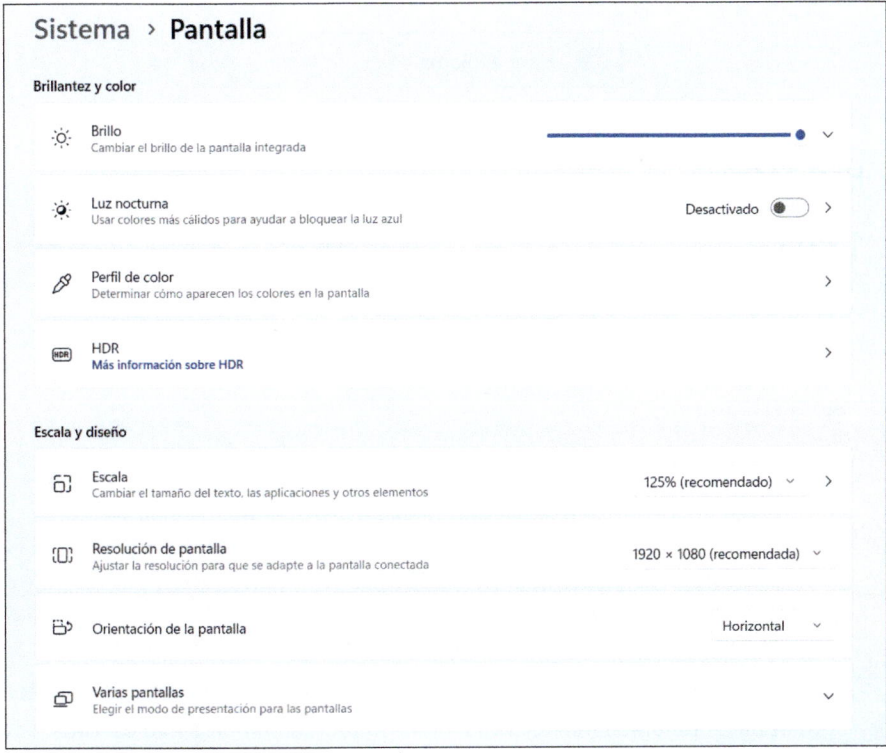

Ventana Pantalla en Windows 11

Teclado

La configuración del teclado en *Windows 11* se puede realizar desde la aplicación Configuración [Win] + [I]. Para acceder:

1. Ir a Configuración [Win] + [I]:

2. Seleccionar Hora e idioma y luego Escritura:

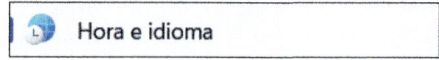

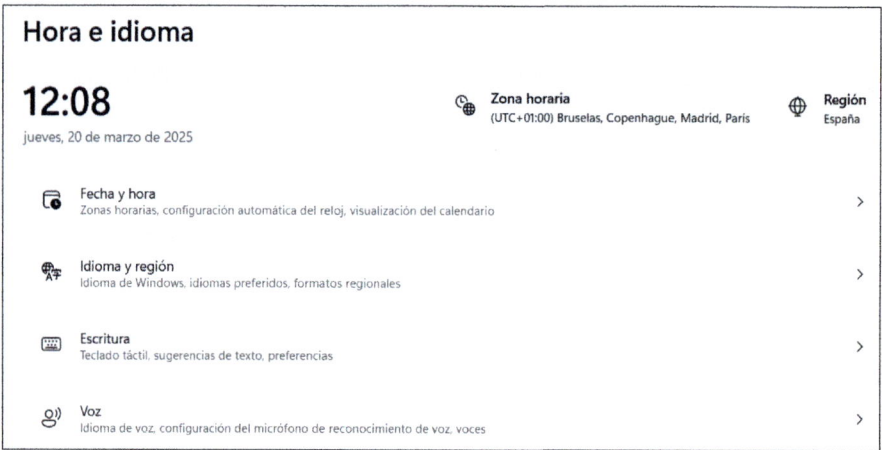

3. Desde esta sección, se pueden ajustar opciones como la corrección automática de palabras mal escritas, el resaltado de palabras mal escritas, las sugerencias de texto en el teclado físico y multilingües, así como la configuración avanzada del teclado para personalizar su comportamiento.

Para ver los dispositivos conectados, se puede acceder a **Configuración →** **Bluetooth y dispositivos → Dispositivos,** donde se muestran los teclados instalados en el sistema.

Ratón

Con el ratón, se da un caso similar al del teclado. La configuración se realiza desde la aplicación Configuración [Win] + [I]. Para acceder:

1. Abrir Configuración [Win] + [I].
2. Ir a **Bluetooth y dispositivos → Mouse:**

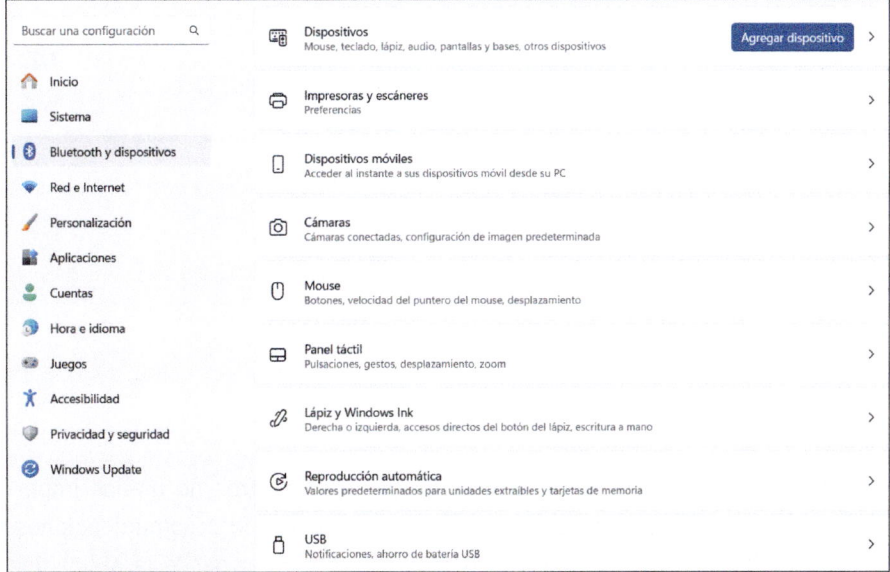

3. Desde aquí, se pueden ajustar el botón primario, la velocidad del puntero, la dirección del desplazamiento y otras opciones para personalizar su uso según las necesidades del usuario:

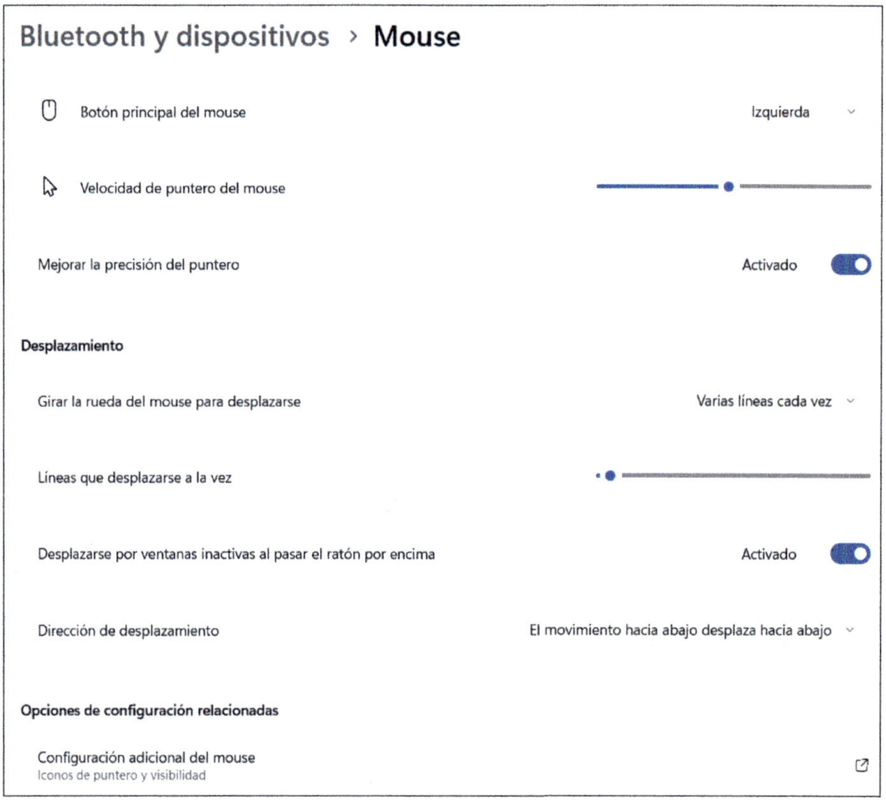
Bluetooth y dispositivos › Mouse
Botón principal del mouse
Izquierda
Velocidad de puntero del mouse
Mejorar la precisión del puntero
Activado
Desplazamiento
Girar la rueda del mouse para desplazarse
Varias líneas cada vez
Líneas que desplazarse a la vez
Desplazarse por ventanas inactivas al pasar el ratón por encima
Activado
Dirección de desplazamiento
El movimiento hacia abajo desplaza hacia abajo
Opciones de configuración relacionadas
Configuración adicional del mouse
Iconos de puntero y visibilidad

7.3. Personalización y uso de otros periféricos

Además de los periféricos más comunes, existen otros no menos importantes, como los dispositivos de sonido, vídeo, impresión o comunicaciones. En *Windows 11,* estos dispositivos se pueden configurar desde la aplicación **Configuración,** accediendo a:

1. **Bluetooth y dispositivos:** para gestionar impresoras, escáneres, dispositivos de entrada y otros periféricos.

Bluetooth y dispositivos

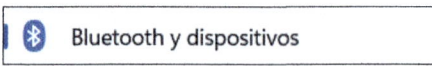

2. **Sonido:** para ajustar micrófonos y dispositivos de audio conectados.

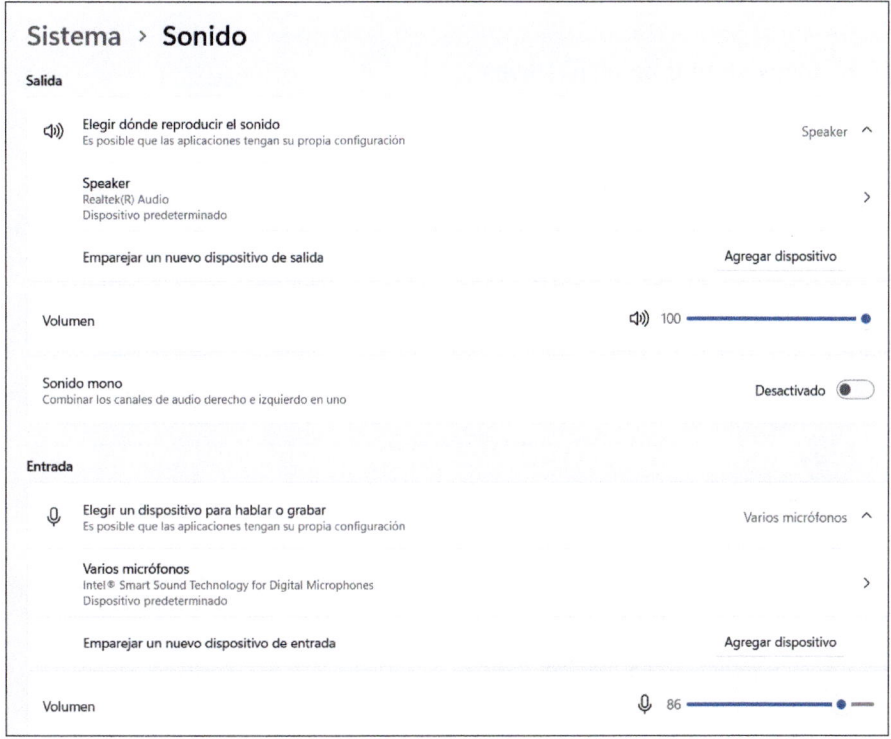

En esta sección es posible configurar tanto la salida como la entrada de audio. En salida, se puede elegir el dispositivo de reproducción predeterminado, ajustar el volumen, activar o desactivar el sonido mono y emparejar un nuevo dispositivo de salida. En entrada, se puede seleccionar el micrófono o dispositivo de grabación, modificar el volumen del micrófono y emparejar un nuevo dispositivo de entrada. Además, en las **Opciones avanzadas,** se pueden solucionar problemas de sonido, gestionar todos los dispositivos de audio, acceder al mezclador de volumen para ajustar el sonido por aplicación y configurar más opciones de sonido según las necesidades del usuario.

3. **Red e internet:** para la configuración de módems o dispositivos de comunicación en red.

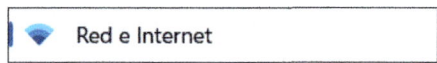

7.4. Administrador de dispositivos

El **Administrador de dispositivos** es una herramienta que permite gestionar los diferentes dispositivos instalados en el equipo. Desde aquí, se pueden actualizar o desinstalar *drivers,* modificar la configuración de *hardware* o deshabilitar dispositivos según sea necesario.

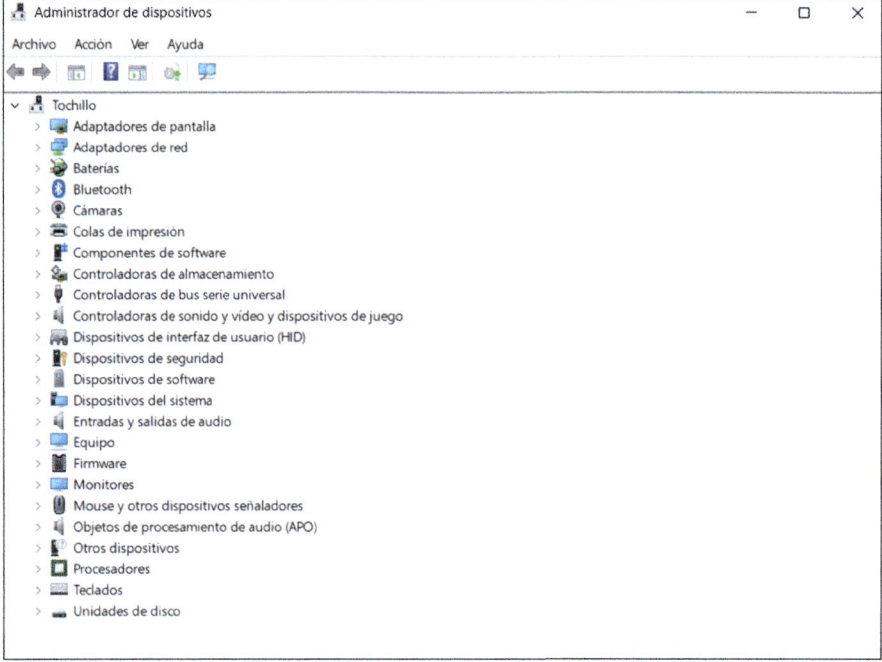

Administrador de dispositivos en Windows 11

El **Administrador de dispositivos** se puede abrir de varias formas en *Windows 11*, siendo las más rápidas:

1. Desde el menú rápido:

▪ Presionar [Win] + [X] y seleccionar **Administrador de dispositivos:**

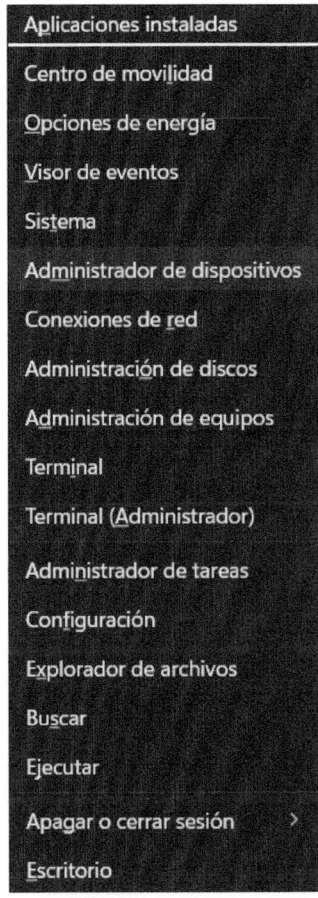

2. Desde la búsqueda:

▪ Escribir "Administrador de dispositivos" en la barra de búsqueda del menú Inicio y hacer clic en el resultado:

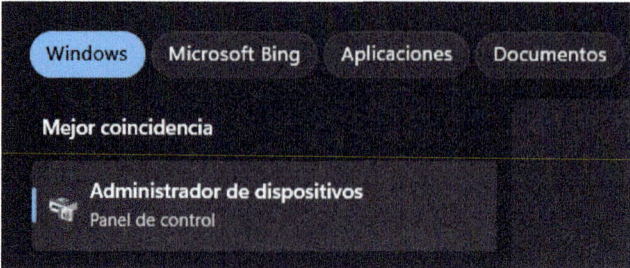

3. Desde el Explorador de archivos:

▮ Hacer clic derecho sobre **Este equipo → Administrar → Administrador de dispositivos;**

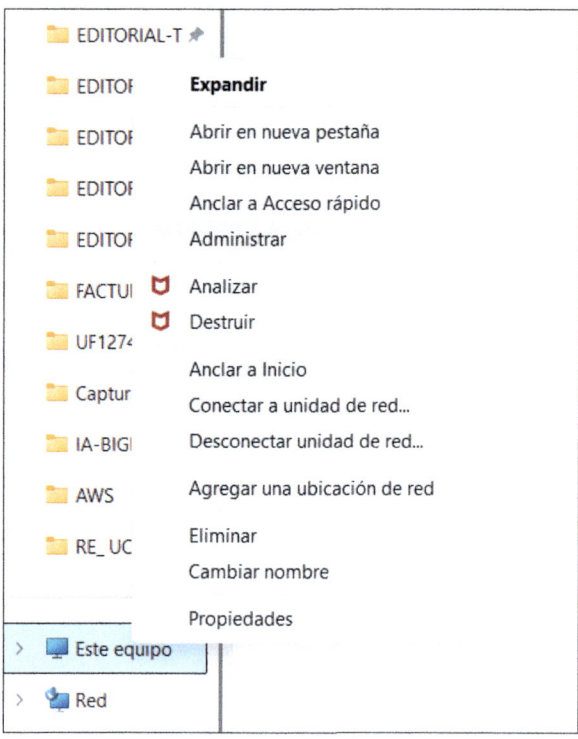

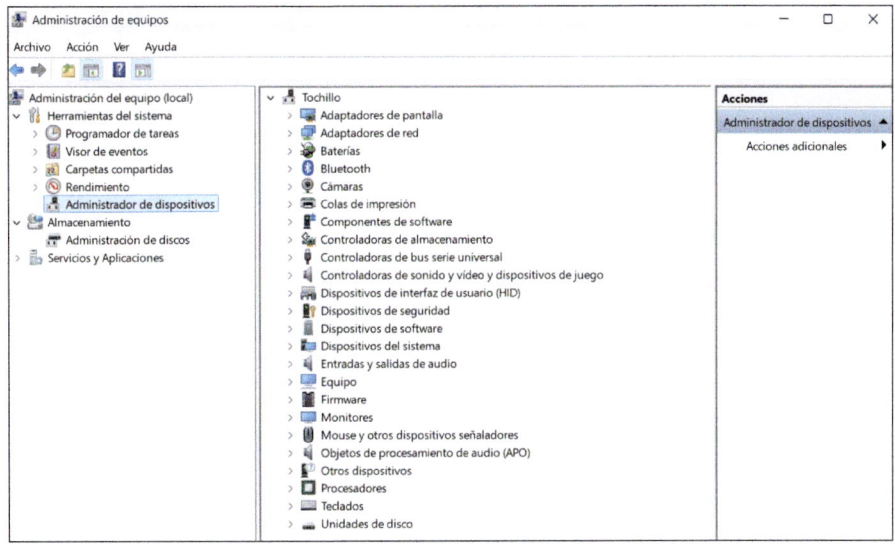

7.5. Administrador de impresión

Para acceder a la administración de impresión, se puede seguir uno de los siguientes métodos:

1. Desde Configuración:

- Abrir Configuración [Win] + [I].
- Ir a **Bluetooth y dispositivos** → **Impresoras y escáneres:**

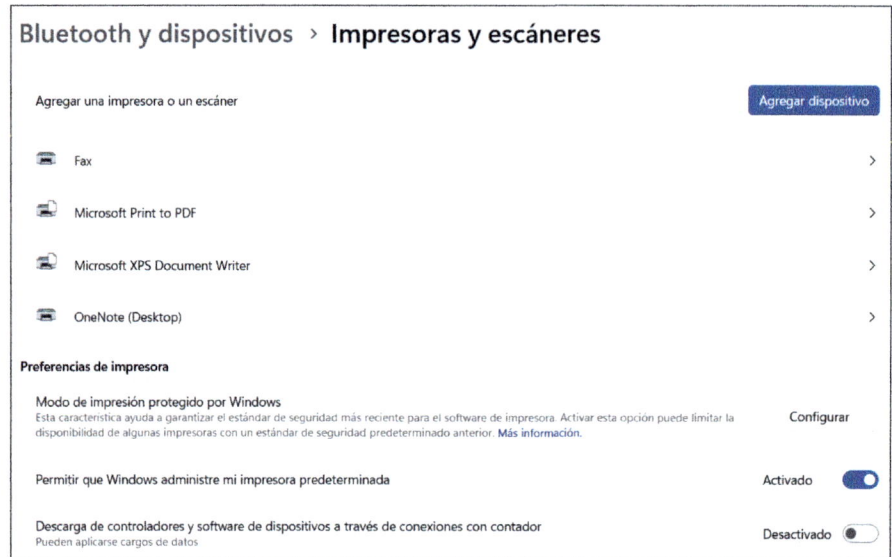

■ Seleccionar una impresora y acceder a las opciones avanzadas de administración:

2. Desde el Panel de control:

▮ Abrir el Panel de control y dirigirse a **Hardware y sonido → Dispositivos e impresoras:**

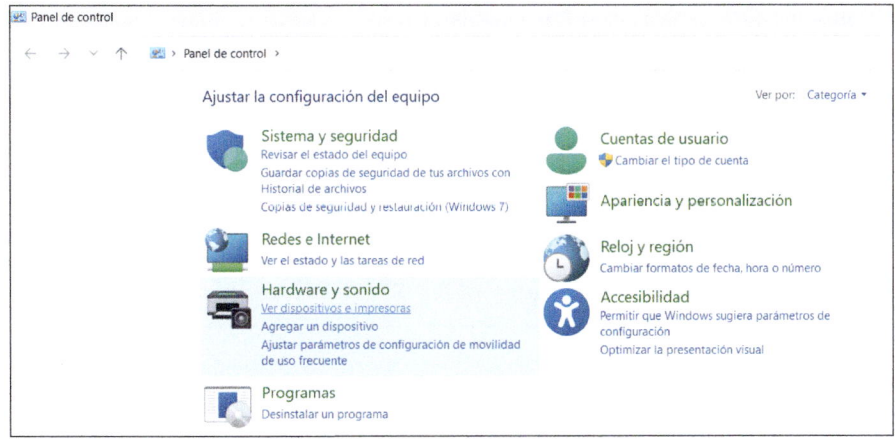

▮ Desde esta sección, se pueden añadir nuevas impresoras, ya sean locales o en red, y gestionar las ya instaladas.

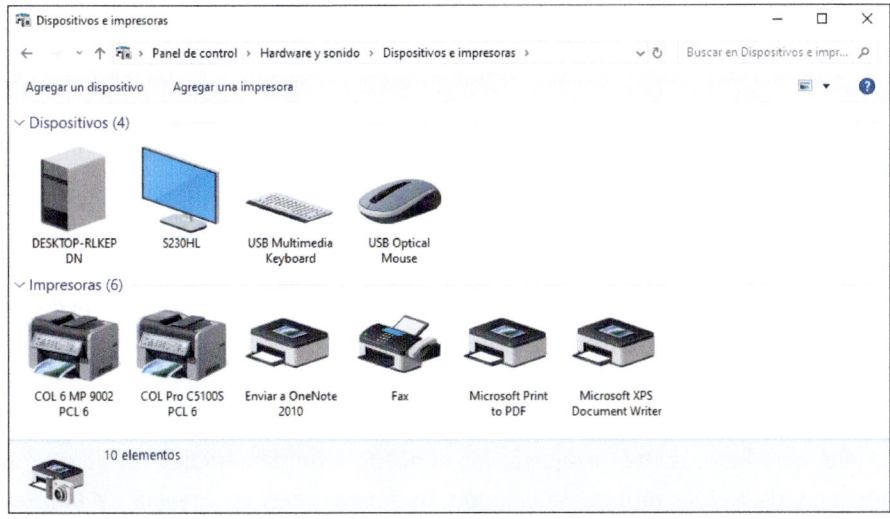

*Ventana **Dispositivos e Impresoras** de Windows 11*

Aplicación práctica

Determine qué sistema operativo *(Windows 11 o Ubuntu 24.10)* se adapta más a los siguientes conceptos:

Menú Inicio, Gestión de discos, Monitor del sistema, Gestor de paquetes y Configuración del sistema.

SOLUCIÓN

Windows 11: Menú Inicio, Gestión de discos y Configuración del sistema.

Ubuntu 24.10: Monitor del sistema y Gestor de paquetes.

8. Resumen

En esta unidad, se ha aprendido un poco más sobre las características y capacidades de un sistema operativo, repasando sus funciones, los procesos de apagado/encendido y conociendo la interfaz del mismo gracias a los componentes que forman parte de su entorno gráfico, como ventanas, menús o cuadros de diálogo.

A su vez, se han presentado las diferentes unidades de almacenamiento de las que el usuario puede servirse para organizar los recursos y la información en general ubicada en el equipo y la forma en que se estructuran los ficheros en ellas mediante carpetas o directorios, exponiendo tanto los diferentes sistemas de archivos como las operaciones básicas que se realizan sobre ellos.

Entre las operaciones más usuales que se han visto, se encuentran la creación de ficheros y carpetas, cambiar el nombre de los mismos, moverlos o copiarlos en otras ubicaciones del equipo, eliminarlos o realizar búsquedas.

Por otro lado, se han expuesto los conceptos fundamentales por lo que a recursos de red se refiere, recogiendo las operaciones de creación y acceso a los mismos y conociendo los diferentes tipos de permisos que se pueden encontrar.

Por último, se ha descrito cómo personalizar el sistema operativo mediante la configuración del entorno de trabajo, tanto estética como funcionalmente, conociendo el uso de los periféricos básicos, el administrador de dispositivos y de impresión.

Ejercicios de repaso y autoevaluación

1. ¿Cuál de las siguientes funciones no es básica para un sistema operativo?

    a. Ejecución de programas.
    b. Operaciones de E/S.
    c. Gestión de proyectos.
    d. Detección de errores.

2. ¿Por qué se caracteriza una interfaz GUI?

    a. Sirve de guía al usuario.
    b. Utiliza un entorno gráfico.
    c. Utiliza un entorno genérico.
    d. Está basado en la consola de comandos.

3. ¿Cuál de los siguientes es un contenedor visual de información que facilita la interfaz, el sistema operativo y el usuario?

    a. Menú.
    b. Cuadro de diálogo.
    c. Línea de comandos.
    d. Ventana.

4. ¿Desde dónde muestran *Windows 11* y *Ubuntu 24.10* sus unidades de almacenamiento respectivamente?

    a. Desde Este equipo y Lugares.
    b. Desde Este equipo y Otras ubicaciones.
    c. Desde Equipo y Otras ubicaciones
    d. Desde Mi PC y el explorador.

5. **¿Cuál de los siguientes directorios es incorrecto?**

   a. /bin: contiene programas binarios.
   b. /mnt: sistemas de ficheros montados.
   c. /usr: contiene los archivos de los usuarios.
   d. /root: directorio de inicio del usuario *root.*

6. **¿Qué tipo de unidad de almacenamiento cumple mejor la función de copia de seguridad?**

   a. Las unidades de red.
   b. Las unidades extraíbles.
   c. Los discos duros.
   d. Las memorias RAM.

7. **¿Con cuál de las siguientes teclas se puede renombrar un archivo?**

   a. [F1].
   b. [ALT] + [F2].
   c. [CTRL] + [F1].
   d. [F2].

8. **¿Cuál de los siguientes niveles de permisos es erróneo?**

   a. Solo escritura.
   b. Solo lectura.
   c. Lectura y escritura.
   d. Propietario.

9. **¿Cuál de las siguientes características no se corresponde con el administrador de dispositivos?**

   a. Se podrán actualizar los *drivers* de los dispositivos.
   b. Se podrá deshabilitar un dispositivo.
   c. Muestra los dispositivos instalados en el equipo.
   d. Muestra los dispositivos desactualizados del equipo.

10. ¿Qué se entiende por Retraso de la repetición?

    a. El retardo provocado al quedar poca batería en el ratón.

    b. Tiempo que transcurrirá entre una repetición y la siguiente.

    c. Velocidad a la que empezará a repetirse una tecla si la mantiene pulsada.

    d. El tiempo que tarda el cursor en parpadear.

Capítulo 4
Dispositivos multimedia

Contenido

1. Introducción

En este capítulo, se van a introducir los diferentes conceptos que se necesitan para abordar los temas que rodean a los dispositivos multimedia, desde sus funciones, métodos de acceso, configuración, utilidad y tipos.

El traspaso de información es algo que hoy en día prima en bastantes aspectos sobre la informática y las nuevas tecnologías en general. Un dispositivo multimedia ayudará a la creación, edición y manipulación de información multimedia, con la finalidad de ser consumida en aparatos electrónicos como televisores, equipos de música y reproductores en general.

A lo largo del capítulo, se verán los diferentes formatos que existen para cada recurso y con qué aplicaciones pueden ser manipulados.

2. Acceso a los dispositivos multimedia

Dado que existe una exagerada cantidad de dispositivos multimedia, se quiere hacer la distinción entre los dispositivos multimedia que forman parte de un equipo informático, ya sean internos o externos, como tarjetas de vídeo o sonido, y los dispositivos multimedia que no forman parte de él, pero que se conectan al mismo para realizar operaciones de intercambio de archivos o configuración.

 Ejemplo

Dispositivos que no forman parte del equipo son, entre otros, los reproductores portátiles de música y vídeo, teléfonos, cámaras fotográficas y videocámaras.

En cuanto a los dispositivos multimedia internos al equipo, el modo de acceso a la configuración de los mismos se realiza a través del sistema operativo o del propio *software* de instalación que proporcione el fabricante.

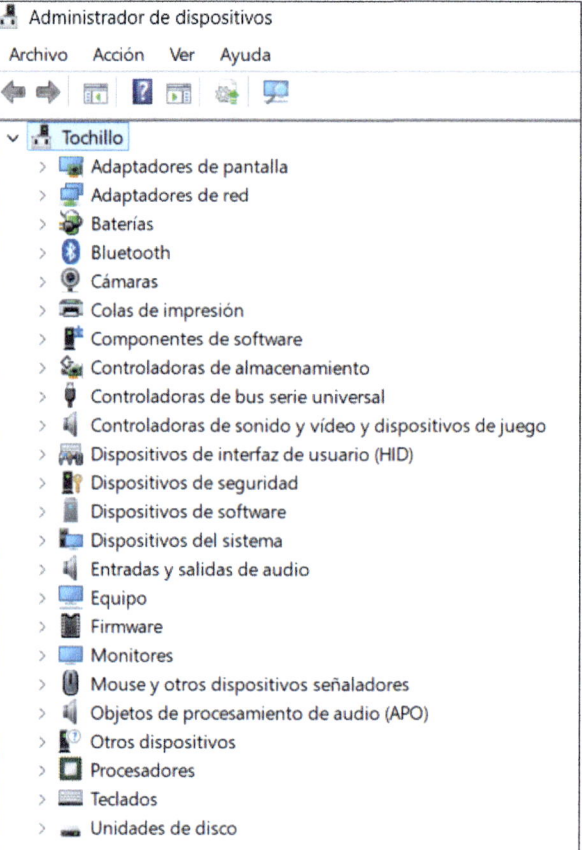

Ventana de administrador de dispositivos en Windows 11

Por otro lado, los dispositivos multimedia enfocados a un uso portable generalmente son conectados al equipo y el sistema operativo los reconoce y se encarga de instalar el *software* necesario para su funcionamiento.

 Nota

En caso contrario, se utilizarán los *drivers* proporcionados por el fabricante.

Lo lógico es que se genere en el equipo una carpeta de acceso al dispositivo mediante la cual se facilita el intercambio de información entre el dispositivo multimedia y el ordenador. El puerto USB es quizás el más utilizado para establecer comunicación entre ambos.

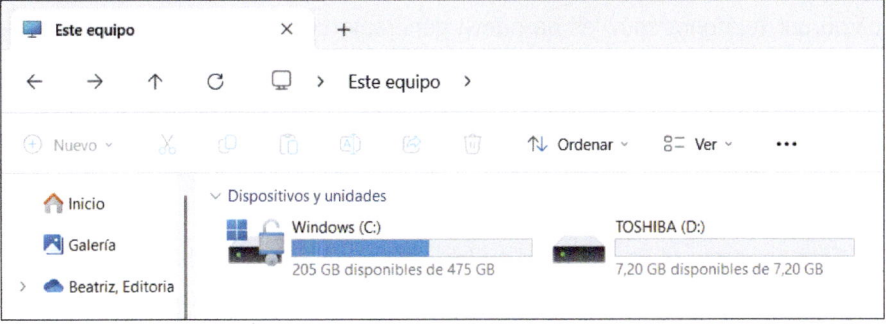

Acceso a dispositivos multimedia

En *Windows 11,* para acceder a los dispositivos multimedia portátiles, como discos duros externos, memorias USB, reproductores de música o cámaras digitales, se debe abrir el Explorador de archivos [Win] + [E] y dirigirse a la sección Este equipo, donde aparecerán listados bajo la categoría **Dispositivos y unidades.**

 Nota

Para expulsar un dispositivo de forma segura, se debe hacer clic en el icono de expulsión de *hardware* en la barra de tareas y seleccionar el dispositivo correspondiente.

3. Procedimientos de intercambio de información multimedia entre equipos y dispositivos

Es común estar en posesión de multitud de archivos multimedia, como fotografías, vídeos o archivos de música provenientes tanto de descargas como de capturas realizadas por medio de cámaras y videocámaras digitales, así como por teléfonos móviles de nueva generación, que proporcionan una calidad similar a las cámaras digitales.

Todo este material multimedia es necesario procesarlo y difundirlo entre los diferentes equipos y dispositivos digitales portátiles de los que se dispone.

Este apartado se va a centrar en las diferentes formas de hacerlo.

3.1. Bibliotecas

Hoy en día, es común hablar del concepto de biblioteca. En sistemas *Windows,* las bibliotecas se generan a través de la aplicación *Windows Media Player,* mediante la cual se permite la creación de *Listas de reproducción,* siendo estas listas de archivos multimedia que el usuario organiza a su criterio para su reproducción.

 Definición

Biblioteca
Lugar donde se encuentran organizados y clasificados los archivos multimedia, tanto de vídeo, fotos e imágenes como de música.

El reproductor multimedia de *Windows* busca los archivos multimedia que se van agregando a carpetas del equipo para incorporarlos a las bibliotecas de *Windows.* Para acceder a la ventana de **Biblioteca,** se abrirá el **Reproductor de**

Windows Media y, mediante el botón **Ir a biblioteca** de la ventana de **Reproducción en curso,** se podrán clasificar y organizar en **Listas de Reproducción** todos los archivos multimedia del equipo.

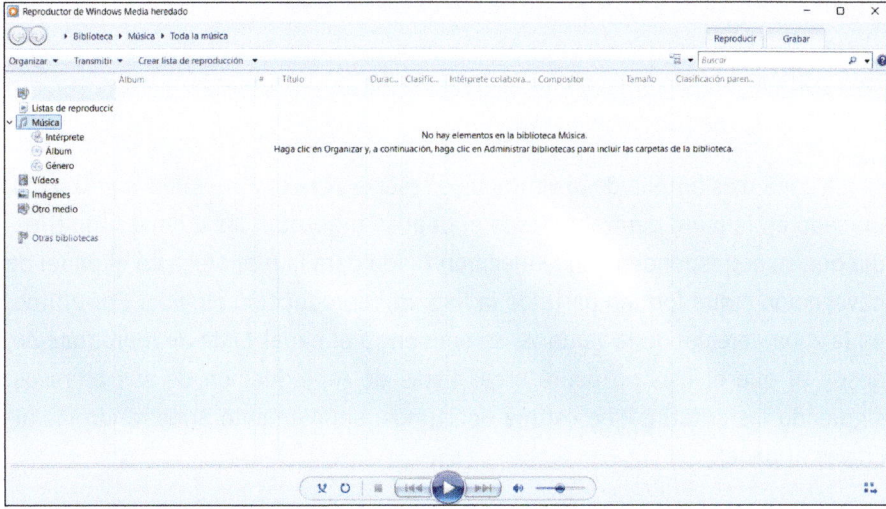

Reproductor de Windows Media Player Legacy

La vista del reproductor multimedia que muestra la **Biblioteca** se estructura en varias zonas claramente diferenciables. La primera de ellas es la ***Barra de navegación,*** situada en la zona superior de la ventana y que incorpora unos botones de exploración que permiten elegir qué elementos de la biblioteca se mostrarán en la zona de visualización.

Por otro lado, se tiene el ***Panel de navegación*** de la biblioteca, que se localiza en su zona izquierda y desde el que se podrá seleccionar el tipo de archivo multimedia que se pretende visualizar entre música, videos, imágenes, televisión grabada y otros medios.

 **Nota**

Los archivos se podrán mostrar eligiendo un filtro o criterio de organización, como el intérprete, álbum o género al que pertenezca el recurso multimedia.

La zona más amplia de la ventana se reserva para el ***Panel de visualización,*** ubicado en la parte central y desde el cual se presentan los archivos multimedia que se corresponden con la elección fijada para la biblioteca en el panel de navegación o que formen parte de la lista de reproducción elegida. Por último, en la zona derecha de la ventana, se encuentra el panel ***Lista de reproducción,*** desde el que el usuario podrá crear listas de reproducción de sus archivos, siguiendo los criterios que estime oportunos, simplemente arrastrando los archivos al panel.

En *Windows 11* el proceso de sincronización y gestión de dispositivos multimedia ha cambiado en comparación con versiones anteriores. A continuación, se explica cómo funciona en la actualidad:

1. Sincronización con dispositivos multimedia (MP3, MP4, etc.):

   - *Windows Media Player* ya no tiene una pestaña de sincronización dedicada como en versiones anteriores, y la gestión de listas de reproducción se realiza en la nueva aplicación Reproductor multimedia o en aplicaciones de terceros.
   - Para transferir archivos multimedia a dispositivos portátiles, se debe hacer manualmente a través del Explorador de archivos, copiando y pegando los archivos en la unidad del dispositivo (por ejemplo, un reproductor MP3 conectado por USB).

2. Difusión de archivos multimedia en la red:

■ En *Windows 11,* el Reproductor multimedia permite compartir contenido a través de la red, pero ya no genera accesos directos visibles como en versiones antiguas de *Windows.*

■ Para habilitar la transmisión de medios, se debe ir a **Panel de control → Redes e Internet → Centro de redes y recursos compartidos → Configuración avanzada de uso compartido,** donde se puede activar la Transmisión de contenido multimedia para compartir archivos con otros dispositivos en la misma red.

3.2. *Rhythmbox*

Como alternativa dentro del *software* libre para la reproducción de música y la gestión de bibliotecas multimedia, *Rhythmbox* es el reproductor predeterminado en *Ubuntu 24.10.* Su principal función es la de reproductor musical, permitiendo la organización de archivos de audio almacenados localmente y la creación de listas de reproducción. Además, incorpora compatibilidad con dispositivos iOS y Android, facilitando la sincronización de bibliotecas mediante transferencia de archivos manual desde Archivos (Nautilus).

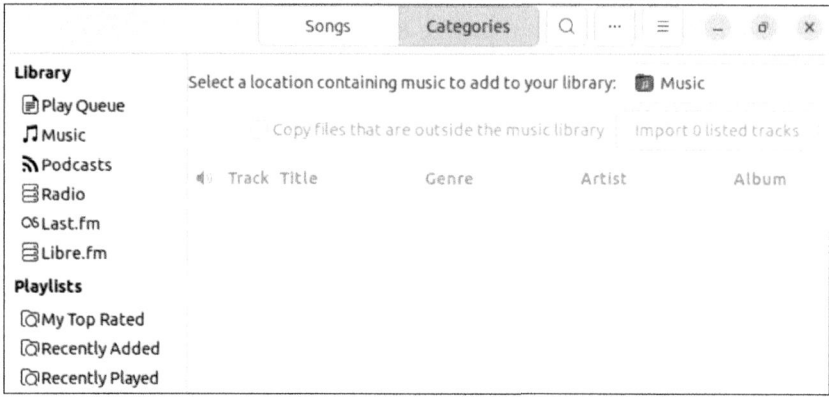

Reproductor multimedia Rhythmbox

A diferencia de versiones anteriores, *Ubuntu One Music Store* ya no está disponible, por lo que la opción de compra de música integrada ha sido eliminada. Sin embargo, *Rhythmbox* mantiene su compatibilidad con servicios de radio digital y la posibilidad de expandir sus funciones mediante *plugins.*

Por otro lado, en *Ubuntu 24.10* existen alternativas como *Lollypop,* un reproductor moderno con una interfaz más intuitiva, y *Clementine,* basado en *Amarok,* que permite sincronizar bibliotecas con servicios en la nube. También se puede utilizar *VLC Media Player,* que, aunque es más conocido como reproductor de vídeo, admite la organización y reproducción de archivos de música.

 Nota

Al igual que en versiones anteriores con *Windows Media Player, Rhythmbox* permite la creación de listas de reproducción con opciones de filtrado avanzadas. A través de su sistema de gestión de bibliotecas, es posible organizar canciones por género, artista o álbum, facilitando la navegación dentro del catálogo musical del usuario.

Otros atractivos de la aplicación son la descarga y reproducción de *podcasts,* método por el cual se facilita la distribución de archivos multimedia, principalmente audio y vídeo, mediante la suscripción a ciertos servicios de redifusión *RSS,* permitiendo al usuario reproducir los archivos en el momento que este elija.

RSS

3.3. *iTunes*

iTunes es una aplicación desarrollada por Apple originalmente destinada a la reproducción y gestión de contenido multimedia. Además de permitir la organización de bibliotecas de música y video, durante años fue el principal *software* para la sincronización de dispositivos Apple, como *iPod, iPad* y *iPhone.* También incluía la *iTunes Store,* una tienda digital donde los usuarios podían adquirir música, películas, series y aplicaciones.

La última versión de iTunes disponible es la 12.13.6.1.

Sin embargo, a partir de *macOS Catalina (2019), iTunes* fue descontinuado en Mac y reemplazado por aplicaciones separadas: *Apple Music, Apple TV* y *Apple Podcasts,* dejando de ser la herramienta principal para la gestión de contenido en estos dispositivos.

Por lo tanto, aunque *iTunes* sigue estando disponible y es funcional en ciertas plataformas, Apple está enfocándose en estas nuevas aplicaciones para la gestión y reproducción de contenido multimedia.

3.4. P2P

Uno de los métodos de información multimedia más extendido, a la par que cuestionado, es el denominado red *Peer to peer* o *P2P*. Con él, se pueden difundir archivos multimedia a través de una red de ordenadores o Internet, de manera que cada equipo informático trabaja como cliente y servidor al mismo tiempo.

De este modo, es posible que un usuario esté suministrando a otros parte o la totalidad de un archivo multimedia que se encuentra en su disco duro a la vez que otro usuario se los suministra a él.

 Sabía que...

Este tipo de red es también denominada "Red de igual a igual" por lo explicado anteriormente de que un equipo puede trabajar como cliente y servidor al mismo tiempo, con lo que todos los usuarios de la red tienen el mismo rango.

La polémica en el uso de este tipo de redes radica en que los usuarios las utilizan para compartir contenido de cualquier naturaleza, pudiendo estar este sometido a leyes de *copyright*. El usuario solo tendrá que descargar e instalar en su equipo una aplicación destinada a tal objetivo.

Red P2P

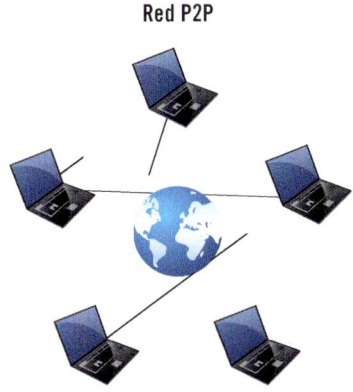

Las redes descentralizadas han evolucionado hacia modelos como *Blockchain* y redes descentralizadas de almacenamiento *(IPFS, Sia, Storj),* que aplican principios similares al P2P pero con un enfoque más seguro y descentralizado.

 **Nota**

Blockchain es una tecnología de registro distribuido que permite almacenar datos de manera segura, transparente y descentralizada. Funciona como una cadena de bloques en la que cada bloque contiene un conjunto de transacciones verificadas y enlazadas criptográficamente con el bloque anterior, lo que impide su manipulación o alteración. A diferencia de los sistemas tradicionales centralizados, en los que una entidad controla la información, en *Blockchain* los datos se replican en múltiples nodos de una red, lo que garantiza su integridad y resistencia a fraudes. Esta tecnología se ha popularizado principalmente por su uso en criptomonedas como Bitcoin y Ethereum, pero también se aplica en sectores como la logística, la ciberseguridad, los contratos inteligentes y la gestión de identidades digitales, permitiendo mayor confianza y eficiencia en diversas industrias.

3.5. Descarga directa

Una alternativa al P2P para realizar intercambio entre recursos multimedia se encuentra en la descarga directa.

Este método se basa en realizar descargas desde servidores dedicados a dicho propósito. Como ventaja sobre el P2P, cabe citar el ahorro en tiempo de espera que el usuario no malgasta durante la descarga de los archivos. Además, no es obligatoria la instalación de ningún *software* para realizar las descargas, sino que se podrán realizar desde el navegador que el sistema operativo incluye por defecto.

Descarga directa

 Nota

Es cierto que existen aplicaciones que facilitan las descargas directas, pero no se trata de algo obligado para el usuario. Por otro lado, sí es muy común que algunos servicios de descargas directas requieran de una cuenta de usuario para llevar a cabo la descarga.

 Aplicación práctica

Ordene las siguientes etapas mediante las cuales se transfiere música a un dispositivo *Apple* en *macOS* Catalina o versiones posteriores, donde *iTunes* ha sido reemplazado por *Apple Music* y *Finder* para la sincronización de archivos:

Desconectar iPhone/iPad - Sincronizar dispositivo - Agregar música a la biblioteca de Apple Music - Conectar iPhone/iPad - Crear lista de reproducción - Abrir Apple Music - Gestionar sincronización en Finder.

SOLUCIÓN

Conectar iPhone o iPad, abrir *Apple Music,* crear lista de reproducción, añadir música a la biblioteca, gestionar la sincronización desde *Finder,* sincronizar el dispositivo y desconectarlo.

4. Captura de imágenes, vídeos o sonidos

En la era digital en la que vivimos, es común tener en la posesión archivos digitales de películas, imágenes o audio que se han podido adquirir en Internet desde descargas o tiendas *online,* pero el usuario puede generar sus propios archivos multimedia, capturándolos desde el dispositivo adecuado. En los siguientes apartados, se orienta sobre cómo hacerlo y las aplicaciones informáticas que facilitan este trabajo.

4.1. Captura de imagen

Realizar capturas de imágenes es una acción sencilla que se puede realizar con los propios medios que el sistema operativo facilita, sin necesidad de instalar ninguna aplicación adicional, aunque también se verán algunas herramientas con las que realizar esta acción a través de métodos algo más sofisticados.

Esta acción es conocida como *Screenshot.* Primeramente, hay que saber que gran parte de esta tarea se realiza gracias a la tecla [imprimir pantalla] o [print screen]. Al pulsar esta tecla del teclado, se almacenará gráficamente el estado actual de la pantalla del equipo.

Nota

La imagen capturada se almacena de modo temporal en el Portapapeles y se podrá recuperar desde cualquier aplicación destinada al dibujo o diseño gráfico.

Desde *Windows,* se pueden realizar capturas de pantalla o de partes de esta a través de la herramienta recortes. Para ello, una vez abierta la aplicación, se hace clic sobre el botón **Nuevo** y se elige la opción más adecuada al tipo de recorte que se necesite. Estas son las que puede observar a continuación.

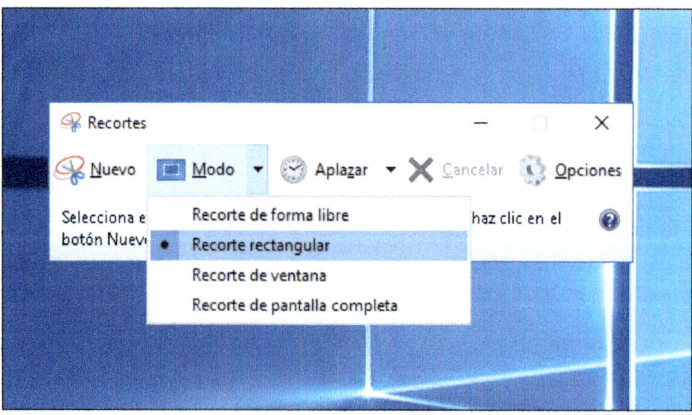

Captura de imagen con recortes

Si se eligiera el tipo **Recorte de forma libre,** se obtendría una resultado similar al de la siguiente imagen.

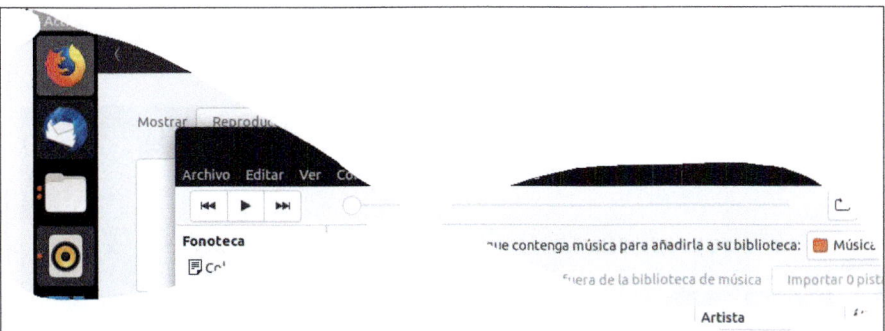

Recorte de forma libre

Si por el contrario se trabaja desde un sistema *Linux* como *Ubuntu,* se realizarán capturas de pantalla desde la propia aplicación que el sistema operativo destina a tal fin, denominada **Capturar pantalla,** con la simple configuración de elegir el tipo de captura y haciendo clic sobre el botón del mismo nombre que la aplicación.

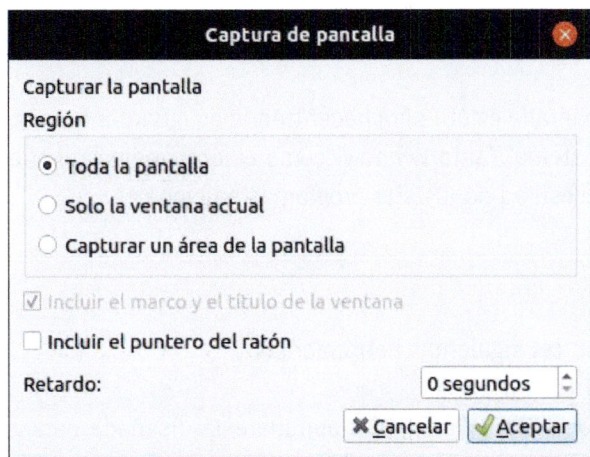

Capturar pantalla en Ubuntu

Desde el gestor de paquetes *Synaptic* de *Ubuntu,* se podrán realizar descargas de aplicaciones como Captura de pantalla, destinada a realizar capturas de toda la pantalla, de una sección de la misma o de una ventana concreta.

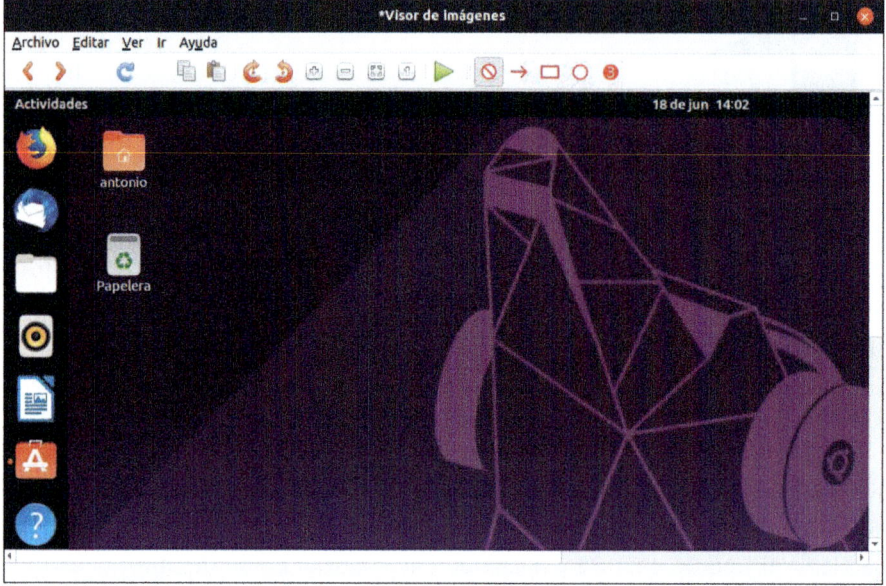

Captura de pantalla

4.2. Captura de vídeo

Grabar la pantalla es útil para hacer tutoriales, guardar reuniones o registrar errores en el sistema. Tanto *Windows* como *Ubuntu* incluyen herramientas para hacerlo sin necesidad de instalar programas adicionales.

En *Windows 11*

Se destacan las siguientes herramientas:

- **Xbox Game Bar [Win] + [G]:** aunque está diseñada para grabar juegos, funciona en cualquier aplicación y permite capturar vídeo con sonido.

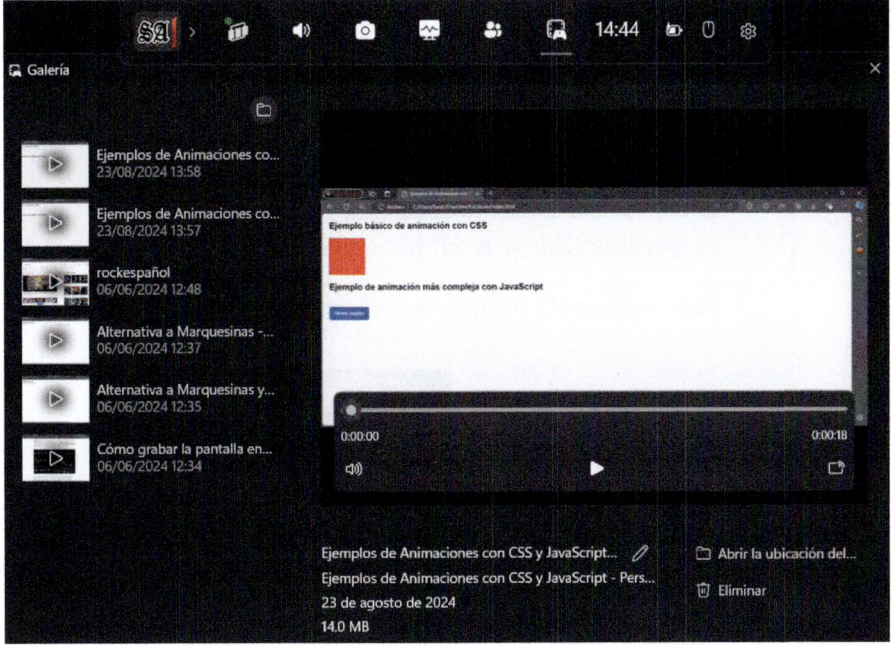

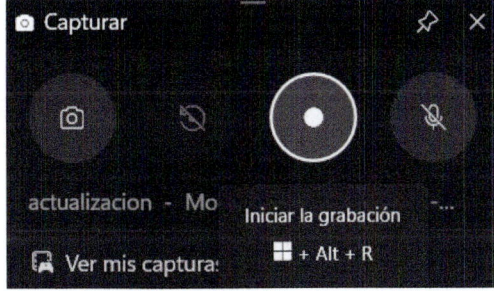

Iniciar grabación en Xbox Game Bar

- **Herramienta Recortes (en versiones recientes):** ahora permite grabar la pantalla, aunque con opciones básicas.

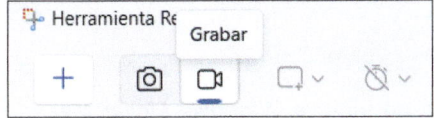

- **PowerPoint:** increíblemente, *PowerPoint* tiene una función de grabación de pantalla, ideal para presentaciones.

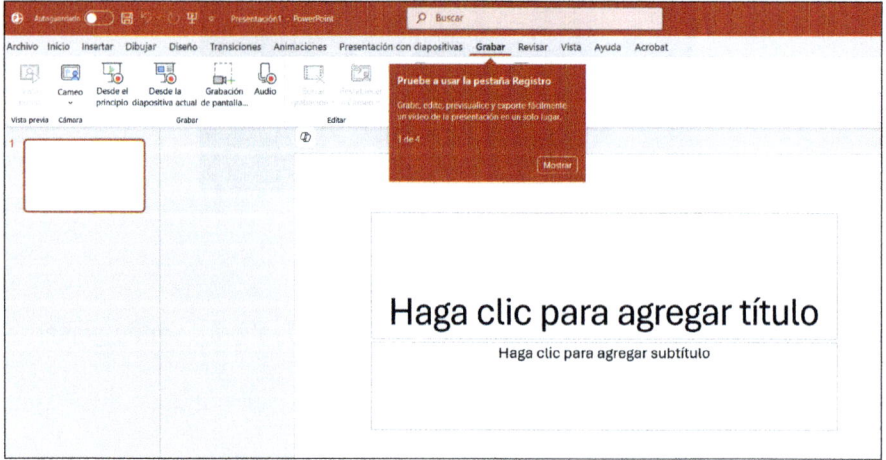

Windows ya no incluye *Windows Movie Maker,* que fue descontinuado hace años. En su lugar, se recomienda utilizar *Clipchamp* (incluido en

Windows 11), un editor de vídeo moderno con opciones de recorte, transiciones y efectos:

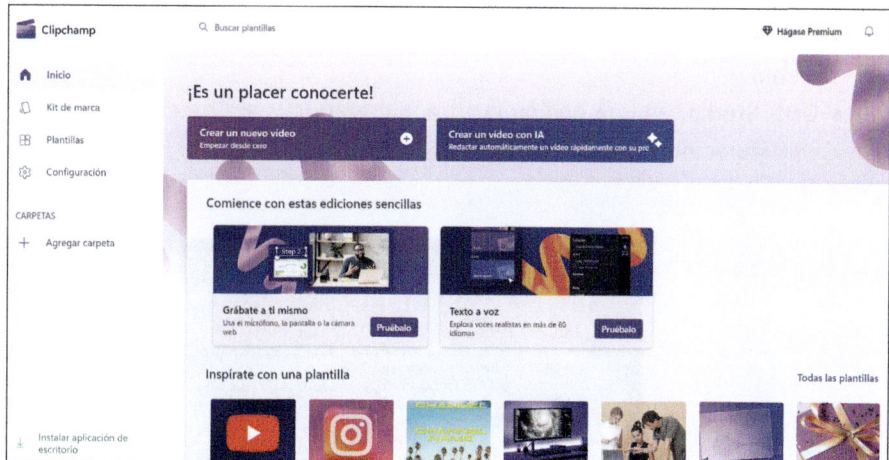

Sabía que...

Las cámaras actuales suelen grabar en 4K o incluso 8K, almacenando los videos en tarjetas SD, discos duros SSD o directamente en la nube, facilitando su transferencia y edición.

Por otro lado, para grabar la pantalla con más opciones avanzadas, se pueden utilizar herramientas externas como:

- **OBS Studio:** *software* gratuito y de código abierto para grabación y transmisión en vivo.
- **Bandicam:** recomendado para capturar juegos y videos en alta calidad.
- **Camtasia:** opción profesional con herramientas avanzadas de edición.

En *Ubuntu 24.10*

Se destacan las siguientes herramientas:

- **Atajos de teclado [Ctrl] + [Alt] + [Shift] + [R]:** activa la grabación de pantalla sin necesidad de programas adicionales.
- **GNOME Screen Recorder:** viene integrado y permite grabar en formato WebM.
- **OBS Studio:** es una opción avanzada y gratuita para quienes necesitan configuraciones personalizadas.

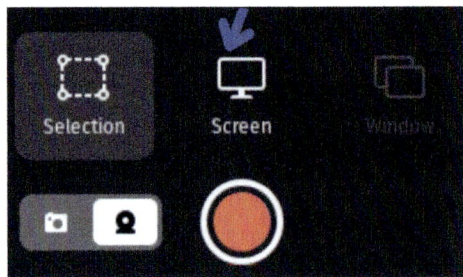

Grabar en Ubuntu

Ambos sistemas permiten grabar sonido junto con el vídeo y, si se necesita más personalización, *OBS Studio* es la mejor opción multiplataforma.

Para la edición de vídeo en *Ubuntu 24.10,* se dispone de diversas aplicaciones, tanto para usuarios principiantes como para profesionales:

- **OpenShot:** para usuarios que buscan una herramienta sencilla pero potente, con una interfaz intuitiva y soporte para múltiples formatos de archivo.

■ **DaVinci Resolve:** una solución profesional con capacidades avanzadas de edición, etalonaje y efectos visuales. Requiere *hardware* compatible y es más exigente en recursos del sistema.

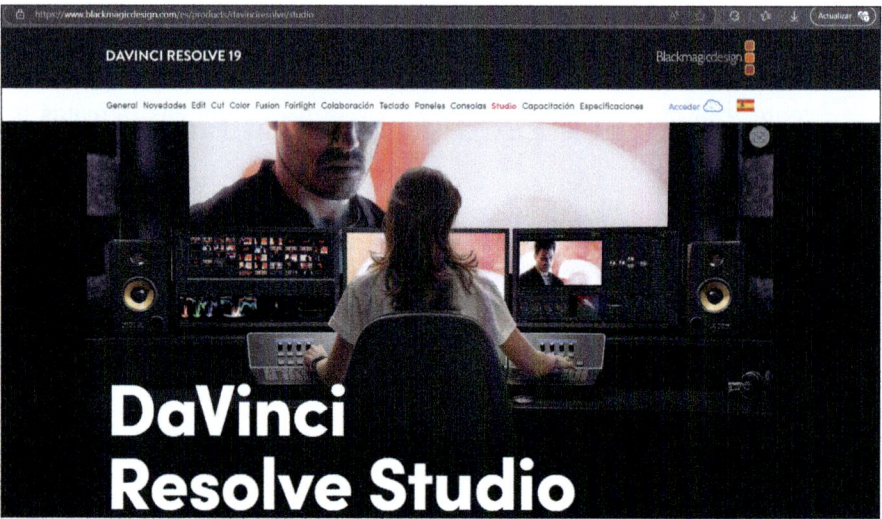

4.3. Captura de sonido

Grabar audio puede ser útil para guardar reuniones, tomar notas de voz o capturar música. Ambos sistemas ofrecen herramientas sencillas para ello.

En *Windows 11*

■ **Grabadora de sonido:** aplicación integrada que permite grabar desde el micrófono y guardar en diferentes formatos.

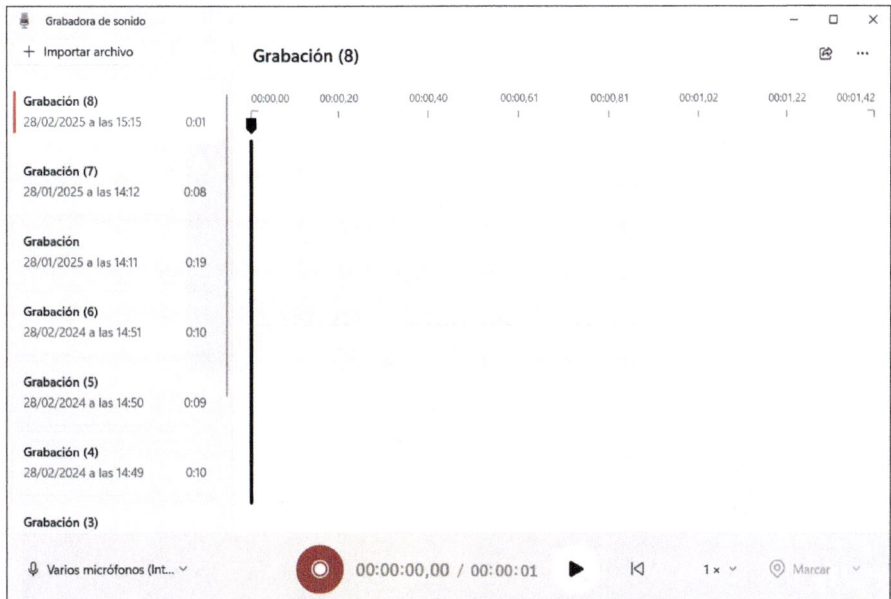

Grabadora de sonido en Windows 11

- ■ **Xbox Game Bar [Win] + [G]:** permite grabar audio del sistema y micrófono al mismo tiempo.

- **Audacity:** programa gratuito para grabar y editar sonido con opciones avanzadas.

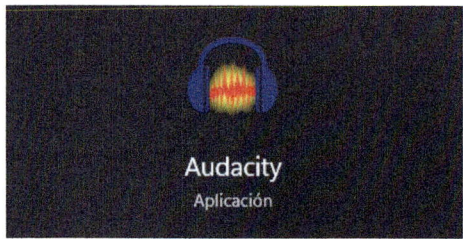

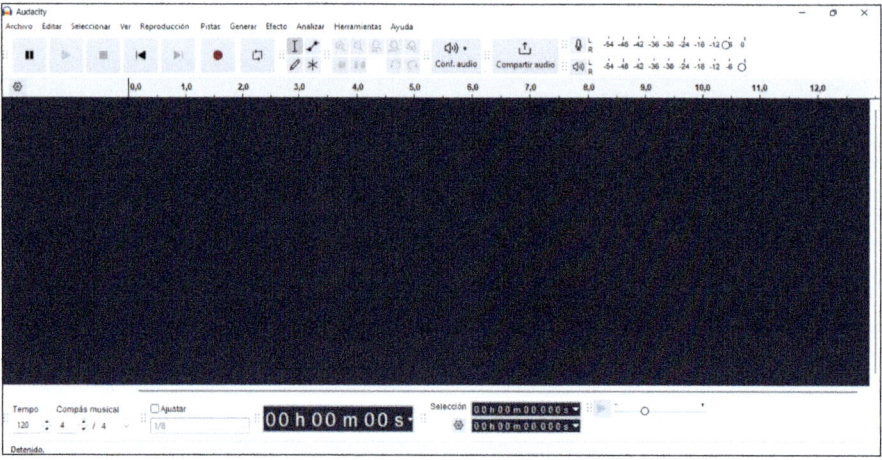

Interfaz de Audacity

En *Ubuntu 24.10*

En *Ubuntu 24.10,* se encuentran se pueden usar las siguientes herramientas:

- **Grabador de sonido GNOME:** permite grabar desde el micrófono y guardar los archivos en diferentes formatos.
- **OBS Studio:** graba audio del sistema y micrófono simultáneamente.

- ***Audacity:*** la mejor opción para grabar y editar sonido de manera profesional.

Ambos sistemas permiten capturar sonido con herramientas integradas, pero si se necesita más control y calidad, *Audacity* es una excelente alternativa gratuita.

5. Tipos de formato de archivos multimedia

Existen infinidad de formatos de archivo multimedia que dependen no solo de la naturaleza de estos, sino del programa con el que hayan sido manipulados o del dispositivo con el que hayan sido capturados.

A continuación, se expondrán los formatos más relevantes según la naturaleza del archivo, distinguiendo entre imagen, vídeo o sonido.

5.1. Formatos de imagen

Existe una gran cantidad de formatos de imagen que pueden ser utilizados para distintos fines.

 Nota

De esta diversidad, se entiende que no se empleará el mismo formato de imagen para diseñar un icono de dimensiones reducidas que se empleará para identificar un programa que para la edición del plano de un edificio o para una imagen fotográfica.

Entre los formatos de imagen que se pueden manipular con dispositivos multimedia, se encuentra la siguiente división:

- Mapa de bits o archivos rasterizados:

    - **JPEG:** formato genérico de imagen con compresión y pérdida ajustable de calidad.
    - **BMP:** formato genérico de imagen con compresión y sin pérdidas.
    - **TIFF:** formato utilizado generalmente en tiradas masivas de impresión o escáner que puede ser comprimido o no y recibir pérdida de información o no.
    - **PNG:** formato genérico de imagen con compresión y sin pérdida muy utilizado en entornos web.
    - **GIF:** formato genérico de imagen con compresión y con pérdida muy utilizado en entornos web.
    - **PSD:** formato de imagen empleado en *Adobe Photoshop* y compatible con los productos de diseño de la propia marca.
    - **PSP:** formato de imagen empleado en *Paint Shop Pro* y muy poco compatible con otras aplicaciones comerciales.

- Formatos vectoriales:

    - **AI:** formato utilizado por *Adobe Ilustrator.*
    - **CDR:** formato utilizado por *Corel Draw.*
    - **DWG:** formato utilizado por *AutoCAD.*
    - **FH:** formato utilizado por *FreeHand.*
    - **FLA:** formato utilizado por *Adobe Flash.*
    - **PS:** formato creado por Adobe orientado a la impresión.
    - **SWF:** formato creado por Macromedia que muestra presentaciones o animaciones vectoriales.

Recuerde

Existe un *software* específico para editar los archivos de imagen denominados mapas de bits y otro *software* distinto para los gráficos vectoriales.

5.2. Formatos de vídeo

En cuanto a formatos de vídeo, se debe tener en cuenta que en ocasiones se tiende a confundir el formato de un archivo de vídeo con el formato contenedor, que, además de contener varios tipos de datos comprimidos a través de *codecs,* incorpora información del archivo, como subtítulos, capítulos, metadatos y la información de sincronización necesaria para reproducir el archivo.

Definición

Códec
Aplicación mediante la cual un archivo multimedia se codifica y decodifica o comprime y descomprime con la finalidad de transformar un archivo de datos o señal para su reproducción en diferentes medios como dispositivos multimedia o internet.

El formato de vídeo ha evolucionado con el tiempo, adaptándose a nuevas tecnologías y necesidades de transmisión y almacenamiento. Actualmente, los formatos más utilizados para la reproducción y almacenamiento de vídeo son los siguientes:

Los formatos de vídeo más destacados son los siguientes:

- **MP4 (MPEG-4 Part 14):** es el formato más popular en la actualidad debido a su alta compatibilidad con reproductores, dispositivos móviles y plataformas en línea. Soporta compresión eficiente y puede contener vídeo, audio y subtítulos.
- **MOV** *(quicktime movie):* desarrollado por Apple, es similar a MP4 y ampliamente utilizado en *macOS* y aplicaciones de edición de vídeo como *Final Cut Pro* y *Adobe Premiere.*
- **AVI** *(audio video interleave):* Creado por Microsoft, fue muy popular en el pasado, aunque hoy en día es menos eficiente en términos de compresión y tamaño de archivo.
- **WEBM:** formato de código abierto desarrollado por Google, optimizado para reproducción en navegadores y plataformas web como YouTube.
- **MPEG** *(moving picture experts group):* contiene varias versiones como MPEG-2 (usado en DVD) y MPEG-4 (utilizado en *streaming* y almacenamiento).

Los formatos de vídeo más utilizados como contenedores son:

- **MP4 y MOV,** mencionados anteriormente.
- **MKV** *(matroska video):* formato contenedor de código abierto, muy usado en vídeos de alta calidad debido a su capacidad para almacenar múltiples pistas de audio, subtítulos y metadatos en un solo archivo.
- **WEBM:** ideal para contenido en línea, ya que ofrece alta calidad con menor tamaño de archivo.
- **AV1:** formato de nueva generación de código abierto, desarrollado por AOMedia, que ofrece mejor compresión que H.264 y H.265, y está diseñado para la transmisión de contenido en plataformas como Netflix y YouTube.
- **3GP:** aunque ha perdido relevancia, sigue siendo usado en dispositivos de baja capacidad para almacenar y transmitir vídeos móviles.
- **OGG (OGV):** utilizado en contenido de código abierto, es una opción para vídeos sin patentes comerciales, aunque menos común en comparación con MP4 o MKV.

5.3. Formatos de sonido

Al igual que ocurre con las imágenes, los sonidos también cuentan con una extensa variedad de formatos con los que se puede trabajar.

 Nota

En cuanto a sus formatos, se pueden diferenciar, además de la finalidad con la que se pretenda utilizar dicho sonido, el dispositivo con el que se vaya a reproducir.

Entre los formatos de sonido más conocidos que es posible manipular con dispositivos multimedia, se encuentran los siguientes:

- Comprimidos y con pérdida de información:

    - **MP3:** se trata del formato de sonido más extendido, dado a que su compresión hace disminuir el tamaño del archivo sin perjudicar notablemente su calidad.
    - **AAC:** formato comprimido utilizado en trabajos con varios canales de audio.
    - **WMA:** formato propiedad de Microsoft, que ha desarrollado una versión sin pérdida de información.

- Comprimidos o no y sin pérdida de información:

    - **WAV:** formato de audio digital de alta calidad y de uso profesional.
    - **MIDI:** formato orientado a vincular a ordenadores con dispositivos electrónicos musicales para la creación de sonidos.
    - **OGG:** formato de orientado al *streaming,* para audio se utiliza con extensión OGA.
    - **AIFF:** formato actualmente muy utilizado en sistemas Apple, se trata junto a WAV de los más extendidos.

■ **FLAC:** códec de audio libre sin pérdidas usado en ediciones de calidad y para respaldo de información.

 Ejercicio práctico

Relacione los siguientes formatos con el tipo de archivo que representan.

Formatos:

FLAC-PSD-OGV-MKV-JPEG-AI-WAV-TIFF-DWG-3GP-PS-MP4-OGA-BMP-AIFF-PNG-SWF-MOV-MP3-AVI-MIDI-FLA-CDR

Tipos de archivos:

■ Mapa de bits o archivos rasterizados.
■ Gráficos vectoriales.
■ Formatos de vídeo.
■ Contenedores de vídeo.
■ Sonidos comprimidos y con pérdida de información.
■ Sonidos comprimidos o no y sin pérdida de información.

SOLUCIÓN

■ Mapa de bits o archivos rasterizados: PSD, JPEG, TIFF, BMP, PNG.
■ Gráficos vectoriales: AI, DWG, PS, SWF, FLA, CDR.
■ Formatos de vídeo: AVI.
■ Contenedores de vídeo: OGV, MKV, 3GP, MP4, MOV, AVI.
■ Sonidos comprimidos y con pérdida de información: MP3.
■ Sonidos comprimidos o no y sin pérdida de información: FLAC, WAV, OGA, AIFF, MIDI.

6. Aplicaciones multimedia

Además de las aplicaciones mediante las cuales el usuario puede hacerse con material multimedia a través de su captura, existe otro conjunto de aplicaciones con las que tratar y manipular ese material con la finalidad de realizar una producción final. En este caso, también se analizarán haciendo distinción entre imágenes, vídeos y sonidos.

6.1. Aplicaciones para imágenes

Como ya se ha visto, existe una división en cuanto a archivos gráficos que los divide en mapas de bits o archivos de imagen rasterizados y archivos gráficos vectoriales. A continuación, se van a analizar varias aplicaciones para ambos casos, tanto en sistemas *Windows* como *Linux.*

Las aplicaciones de retoque para mapa de bits son:

Paint

Este programa es un sencillo editor gráfico ofrecido por *Windows* con el que dibujar y modificar imágenes.

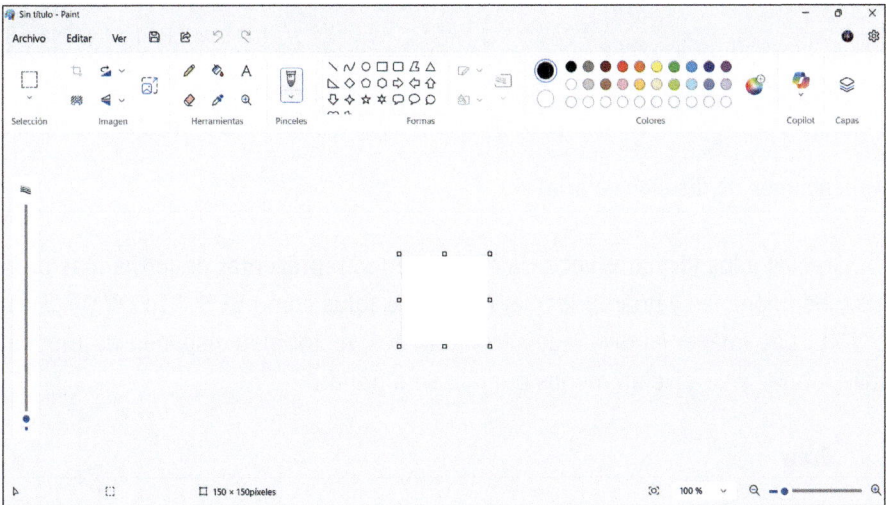

Paint en Windows 11

GIMP

Aplicación libre de retoque de imagen multiplataforma mediante la que se pueden procesar gráficos y fotografías digitales, permite la aplicación de capas y el procesamiento por lotes, características que demuestran la potencia de la aplicación.

Retoque de imagen con GIMP

Aplicaciones de diseño vectorial

Gracias a los formatos vectoriales se pueden representar de forma más precisa las imágenes y guardarlas bajo formatos tales como EPS, PDF, WMF, SVG o VML. Las imágenes diseñadas con formatos vectoriales disponen de mucha más nitidez y se pixelan menos cuando se amplían.

Draw

Se trata de un editor de gráficos vectoriales multiplataforma perteneciente a la suite libre de ofimática *OpenOffice.*

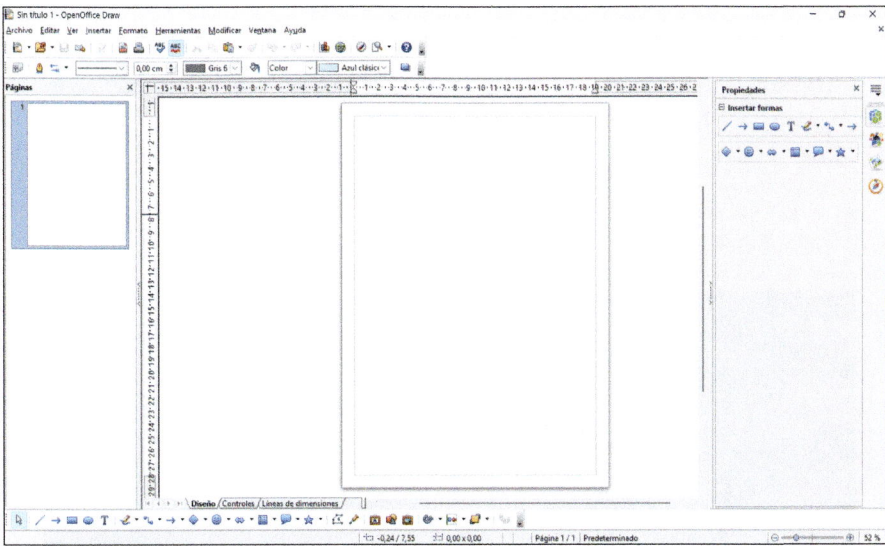

Diseño con OpenOffice Draw

Inkscape

Editor multiplataforma de gráficos vectoriales y de código abierto, cuyas características incluyen formas, trazos, texto, marcadores, clones, mezclas de canales alfa, transformaciones, gradientes, patrones y agrupamientos.

 ## Recuerde

Existe una división en cuanto a archivos gráficos que los divide en mapas de bits o archivos de imagen rasterizados y archivos gráficos vectoriales.

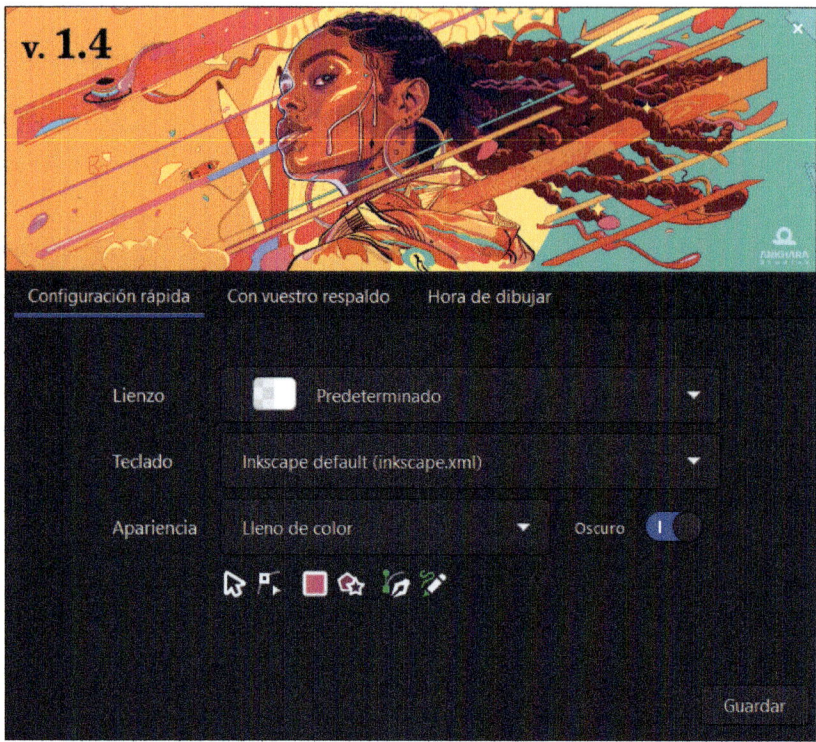

Diseño con Inkscape

6.2. Aplicaciones para sonido

Al igual que para los formatos, las aplicaciones de audio pueden estar orientadas a una serie de acciones que determinarán o restringirán el formato final del audio generado o editado.

Entre las aplicaciones de edición de audio existentes, destacan las siguientes.

Audacity

En este caso, se trata de una aplicación de edición multiplataforma y libre. Destacan la grabación de audio en tiempo real, edición de archivos de audio en pistas múltiples, la conversión entre formatos de audio y la adición de efectos sonoros a los archivos.

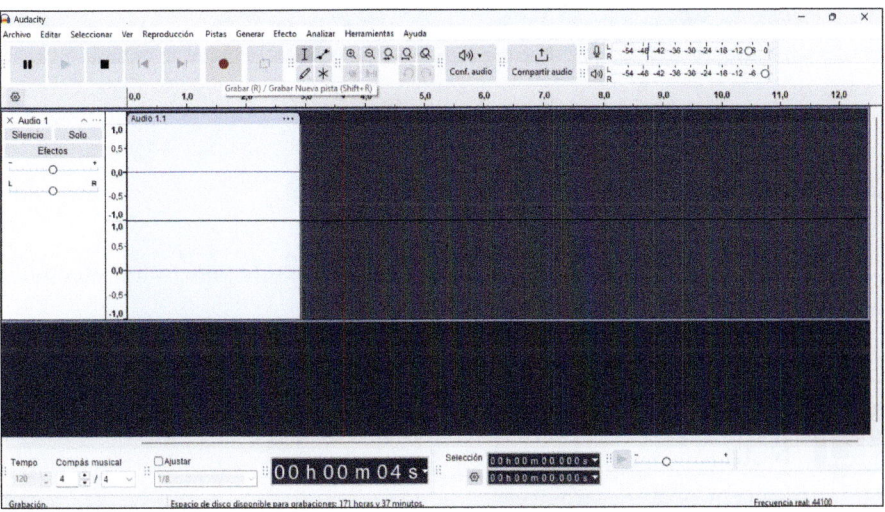

Edición de audio con Audacity

WavePad

Este *software* de edición de audio es una opción profesional para *Windows* y *Mac*. Permite grabar y editar música, voz y otras grabaciones de audio. Ofrece funciones como cortar, copiar y pegar partes de grabaciones, así como añadir efectos como eco, amplificación y reducción de ruido.

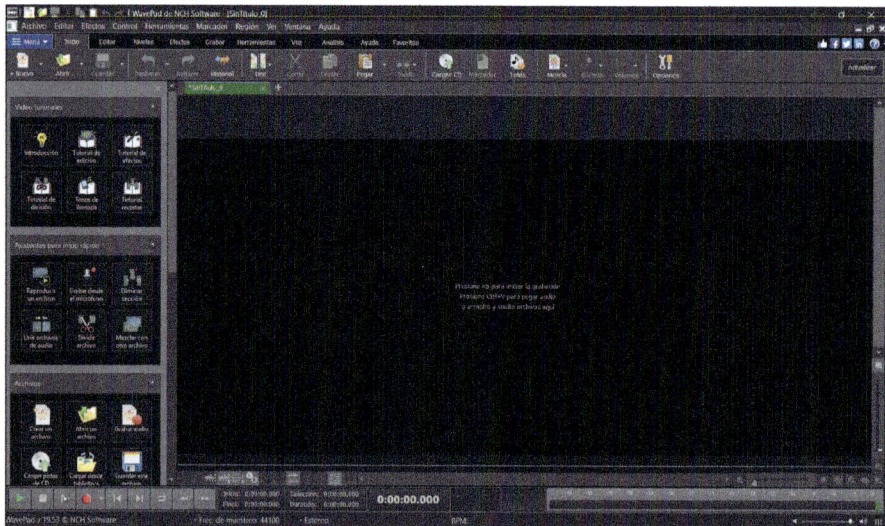

Edición de audio con WavePad

6.3. Aplicaciones para vídeo

Del mismo modo, se empleará una aplicación concreta para editar un archivo de vídeo del formato deseado.

 Nota

La mayoría de las aplicaciones de creación y edición de vídeo admiten la importación de multitud de formatos, pero se puede dar el caso que se requiera de alguna aplicación propietaria para la edición de algún formato concreto.

Entre las aplicaciones de vídeo que se pueden utilizar tanto para la captura como para la edición, están las que incorpora la suite *AVS* para contenido multimedia, como:

AVS Video Recorder

Aplicación de captura mediante la que se transfiere el contenido grabado con una videocámara hasta el ordenador para su posterior tratamiento.

AVS Video Editor

Desde esta aplicación, se realiza la edición de cualquier grabación efectuada con una videocámara y que se encuentre en bruto. Se podrán recortar, cortar, dividir, unir, girar y mezclar fragmentos de vídeo y añadir efectos y transiciones. Por último, se publicarán los resultados al formato deseado.

Edición de vídeo con AVS Video Editor

Sabía que...

Existen aplicaciones de ámbito multimedia basadas en la licencia GNU GPL, que se basa en la libre distribución, modificación y uso de las mismas sin necesidad de tener que adquirir una licencia propietaria de ningún *software* de pago.

Aplicación práctica

A continuación, se especifican diversas herramientas que permiten realizar tareas multimedia en *Windows 11* y *Ubuntu 24.10*. Se deberá seleccionar una aplicación para cada entorno según la acción a realizar, ya sea para capturar vídeo, grabar audio o editar contenido multimedia.

Las funciones incluyen captura y edición de vídeo, grabación de la pantalla, edición avanzada de video, grabación de sonido con micrófono y mezcla de audio.

SOLUCIÓN

Caso	*Windows 11*	*Ubuntu 24.10*
Captura de pantalla en vídeo	Herramienta Recortes (snipping tool)	Grabador de Pantalla GNOME
Grabación de pantalla para juegos	Xbox Game Bar	OBS Studio
Edición de vídeo básica	Clipchamp	OpenShot
Edición de vídeo avanzada	Camtasia / DaVinci Resolve	Shotcut / DaVinci Resolve
Grabación de sonido con micrófono	Grabadora de sonido / Xbox Game Bar	Sound Recorder GNOME
Edición y mezcla de audio	Audacity	Ardour

7. Resumen

Durante este capítulo, se ha podido comprobar que los adelantos en tecnología han provocado la aparición de nuevas aplicaciones multimedia, además de nuevos formatos de diferente naturaleza.

El intercambio de información ya no solo se realiza entre dispositivos conectados físicamente, sino que Internet y las conexiones de ancho de banda actuales favorecen la difusión de contenidos multimedia.

Sin embargo, se han expuesto los diferentes procedimientos de intercambio de información entre un ordenador y un dispositivo portable, como puede ser un teléfono móvil a través de un puerto de conexión.

Por último, se han presentado diferentes aplicaciones en diferentes sistemas operativos con los que realizar capturas, tanto de imágenes y de audio como de vídeo, y la edición, retoque y manipulación de dichos recursos.

Ejercicios de repaso y autoevaluación

1. ¿Cuál de las siguientes conexiones es más común en dispositivos multimedia?

    a. *Ethernet.*
    b. USB.
    c. *Firewire.*
    d. VGA.

2. ¿Por qué nombre se conoce el lugar donde se encuentran organizados y clasificados los archivos multimedia?

    a. Disco duro.
    b. DVD.
    c. Reproductor MP4.
    d. Biblioteca.

3. ¿Qué función de las siguientes no es propia de *iTunes?*

    a. Reproducir contenido multimedia.
    b. Difusión de archivos multimedia entre usuarios.
    c. Sincronizar con dispositivos de reproducción portátil.
    d. Comprar contenido multimedia.

4. ¿En qué se basa el P2P?

    a. Difusión de archivos multimedia a través de Internet.
    b. Reproducción de archivos multimedia a través de Internet.
    c. Descarga de archivos desde servidores dedicados a dicho propósito.
    d. Gestión de los recursos multimedia contenidos en el disco duro.

5. ¿Por qué otro nombre se conoce a las capturas de imagen?

    a. *Imageshot.*
    b. *Graphicshot.*
    c. *Screenshot.*
    d. *Printscreen.*

6. ¿Qué tipo de captura no es posible realizar desde la herramienta recortes de *Windows 11?*

    a. Recorte de forma libre.
    b. Recorte de pantalla completa.
    c. Recorte de ventana.
    d. Recorte de forma estrellada.

7. ¿Cuál de los siguientes formatos de imagen es vectorial?

    a. TIFF.
    b. PNG.
    c. CDR.
    d. PSD.

8. ¿Cuál de los siguientes formatos contenedores de vídeo se utiliza para dispositivos de pequeñas dimensiones?

    a. MOV.
    b. 3GP.
    c. MKV.
    d. AVI.

9. ¿Para qué usaría GIMP?

    a. Para editar vídeos.
    b. Para retocar imágenes.
    c. Para diseñar gráficos vectoriales.
    d. Para eliminar el ruido de un sonido.

10. ¿Cuál de las siguientes aplicaciones recomendaría para editar vídeo?

    a. *AVS Video Recorder.*
    b. *Audacity.*
    c. *AVS Video Editor.*
    d. *Inkscape.*

Capítulo 5
Elaboración de documentos con un procesador de textos

Contenido

1. Introducción

Entre las innumerables vías de comunicación que existen, se puede afirmar que la comunicación escrita es la que ha predominado a lo largo de los tiempos, asegurando así la propagación de las formas de vida de todas las culturas, así como las ideas de los grandes genios para que perduren en el tiempo. Es cierto que a lo largo de la historia se han intentado mejorar los métodos de comunicación, pero es ahora, con la era digital, cuando se observa un gran salto evolutivo, además de tecnológico, en lo que a comunicación se refiere.

Durante este capítulo se va a aprender cómo en los tiempos que corren existen herramientas informáticas que facilitan la tarea de la comunicación escrita, mediante los procesadores de textos.

Por procesador de texto se entiende un *software* de aplicación cuyo objetivo es la creación y edición de documentos de texto. Gracias a ellos, se podrá definir la estructura del documento, el formato de los textos que lo componen, la inserción de objetos complementarios, como tablas, imágenes o diagramas y con la seguridad de poder realizar análisis ortográficos y gramaticales para salvaguardar la calidad del mismo.

Para todo esto, a lo largo del capítulo se tratarán diferentes procesadores de texto, comparando y analizando cada una de sus funciones y características.

2. Estructura y características de un procesador de textos

La estructura básica en cuanto a aplicaciones enfocadas a la realización de procesamiento de textos es muy similar entre las diferentes posibilidades que se encuentran en el mercado.

Nota

El espacio de trabajo se encuentra dividido en varias zonas claramente diferenciadas, tales como: la barra de título, las barras de menú, tareas, herramientas o cinta de opciones, las reglas, el panel del documento y la barra de estado.

A continuación, se van a ver detalladamente cada una de estas zonas en los procesadores de texto *Word* y *Writer,* pertenecientes a las suites ofimáticas *Microsoft Office 2024* y *LibreOffice 25.2.1* respectivamente.

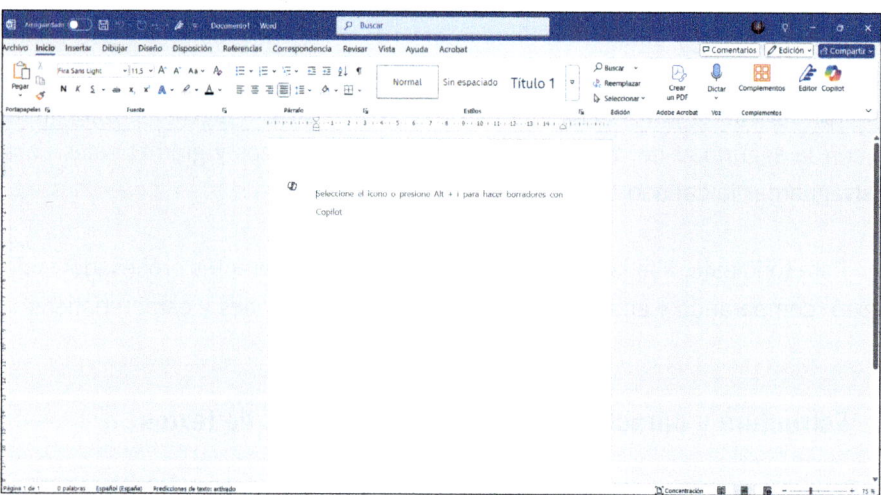

Microsoft 365 Word (2024)

LibreOffice 25.2.1

Cada una de las aplicaciones comentadas se compone de los siguientes elementos:

- **Pestaña Archivo:** es el área desde donde se accede a funciones básicas del documento, como crear uno nuevo, abrir, guardar, exportar, compartir, imprimir o salir. También proporciona opciones avanzadas para gestionar cuentas y personalizar la aplicación. Es común a *Microsoft 365 Word* y *LibreOffice Writer 25.2.1.*
- **Barra de títulos:** situada en el marco superior de la ventana, muestra el nombre del documento activo (por ejemplo, *Documento 1* si es nuevo), acompañado del nombre del programa *(Microsoft 365 Word* o *LibreOffice Writer 25.2.1)* y botones rápidos para funciones esenciales como guardar, minimizar, maximizar o cerrar. Es común a ambas aplicaciones.
- **Cinta de opciones (Ribbon):** es una interfaz exclusiva de *Microsoft 365 Word.* Organiza la mayoría de comandos mediante fichas que agrupan funcionalidades relacionadas. Además, aparecen fichas contextuales al seleccionar objetos específicos, como imágenes, gráficos o tablas.
- **Barra de menús clásica:** utilizada exclusivamente por *LibreOffice Writer 25.2.1,* proporciona acceso estructurado a comandos mediante menús desplegables tradicionales *(Archivo, Editar, Ver, Insertar,* etcétera).

- **Regla:** facilita la alineación tanto del texto como de los diferentes objetos insertados en el documento y define los márgenes de la página. Es común a ambas aplicaciones.
- **Panel del documento:** es la zona central y principal de edición, en la cual se introduce el texto y los elementos que componen el documento. Es común a ambas aplicaciones.
- **Barra de estado:** situada en la parte inferior, muestra información relevante sobre el estado actual del documento, como la posición del cursor, número de página actual, total de páginas, idioma, modo de trabajo y nivel de *zoom*. Es común a ambas aplicaciones.

3. Trabajo con documentos

A la hora de trabajar con documentos de texto, se podrán realizar multitud de operaciones que dependerán del rendimiento que se quiera obtener del documento en cuestión. Entre ellas, existen una serie de operaciones básicas y comunes a todos ellos que, a continuación, se analizan.

3.1. Creación de documentos

Para crear un nuevo documento con un procesador de textos, lo primero que hay que hacer es abrir el programa elegido. Una vez abierto el programa, hay varias opciones:

Desde la pantalla inicial

Ambas aplicaciones muestran una pantalla inicial al abrirse. En esta pantalla encontrarás claramente visible la opción **Nuevo documento** o **Documento en blanco.** Basta con hacer clic sobre esta opción para abrir un nuevo documento y empezar a trabajar inmediatamente.

Abrir documento en blanco en Word

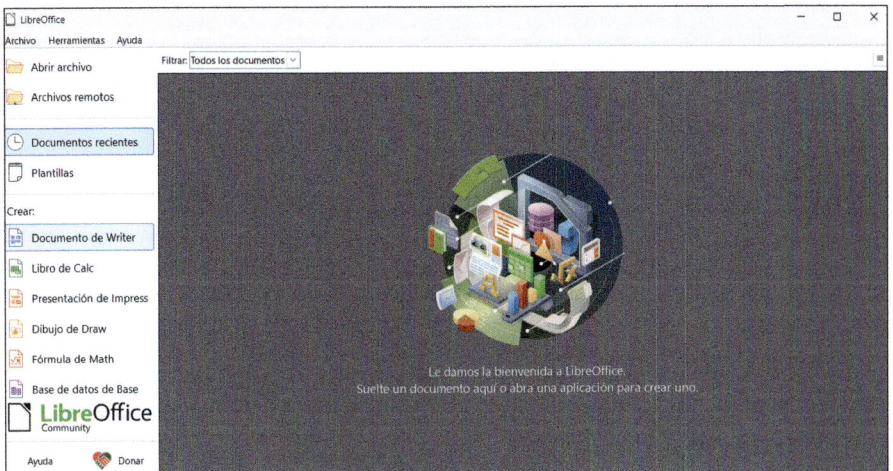

Abrir documento en LibreOffice Writer

Desde la pestaña Archivo

Tanto en *Microsoft 365 Word* como en *LibreOffice Writer 25.2.1,* se accede a la creación de un nuevo documento desde la pestaña **Archivo,** ubicada en la esquina superior izquierda. Al hacer clic en **Archivo** se desplegarán diversas opciones, siendo **Nuevo** la primera que aparece. Al pulsarla se abrirá automáticamente un documento en blanco.

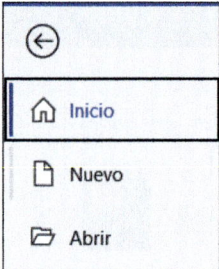

Opción de nuevo documento en
Microsoft Word

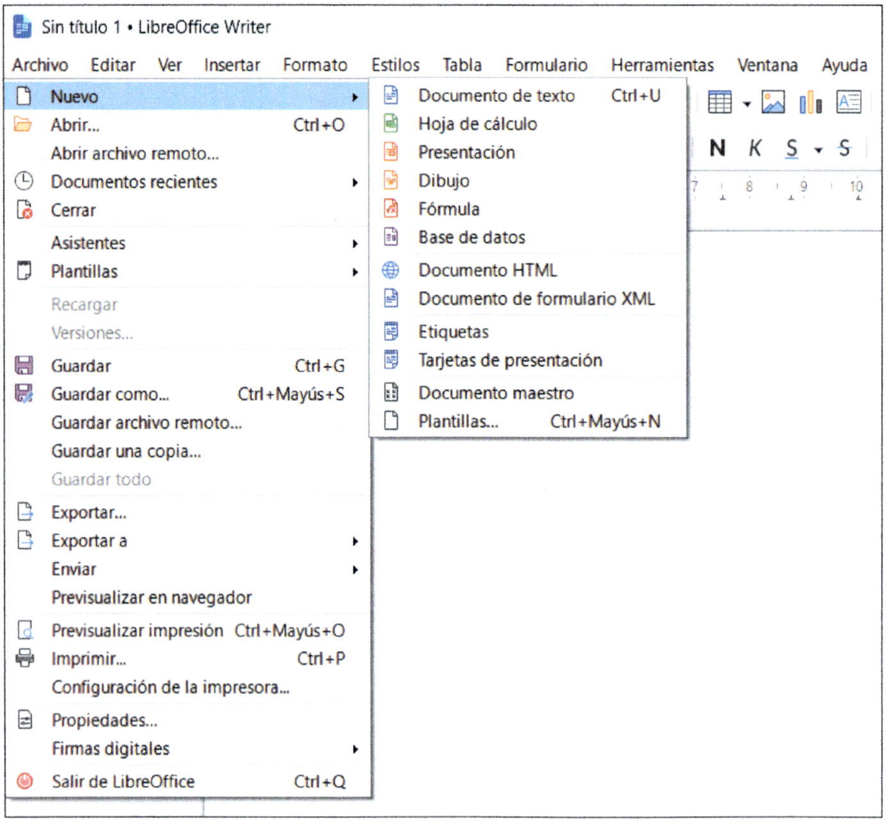

Sin título 1 • LibreOffice Writer

Archivo Editar Ver Insertar Formato Estilos Tabla Formulario Herramientas Ventana Ayuda

Nuevo ▶	Documento de texto	Ctrl+U
Abrir... Ctrl+O	Hoja de cálculo	
Abrir archivo remoto...	Presentación	
Documentos recientes ▶	Dibujo	
Cerrar	Fórmula	
Asistentes ▶	Base de datos	
Plantillas ▶	Documento HTML	
Recargar	Documento de formulario XML	
Versiones...	Etiquetas	
Guardar Ctrl+G	Tarjetas de presentación	
Guardar como... Ctrl+Mayús+S	Documento maestro	
Guardar archivo remoto...	Plantillas... Ctrl+Mayús+N	
Guardar una copia...		
Guardar todo		
Exportar...		
Exportar a ▶		
Enviar ▶		
Previsualizar en navegador		
Previsualizar impresión Ctrl+Mayús+O		
Imprimir... Ctrl+P		
Configuración de la impresora...		
Propiedades...		
Firmas digitales ▶		
Salir de LibreOffice Ctrl+Q		

N K S ▾ S

7   8   9   10

Nuevo documento en LibreOffice Writer

Mediante atajos del teclado

Una manera rápida y común en ambas aplicaciones para crear documentos nuevos es utilizar el atajo del teclado:

- En *Microsoft 365 Word:* pulsa simultáneamente las teclas [Ctrl] + [U].
- En *LibreOffice Writer 25.2.1:* pulsa simultáneamente [Ctrl] + [N].

3.2. Guardar documentos

Guardar un documento es una operación básica imprescindible para conservar nuestro trabajo, evitando que se pierda la información introducida en el procesador de textos. Las últimas versiones de *Microsoft 365 Word* y *LibreOffice Writer 25.2.1* ofrecen distintas opciones para guardar documentos de manera eficiente.

Guardar un documento nuevo

Para guardar por primera vez un documento recién creado, sigue estos pasos:

1. Haz clic en la pestaña **Archivo.**
2. Selecciona **Guardar** o **Guardar como.**
3. Elige la ubicación donde deseas almacenar tu documento (en tu PC, unidad en la nube, como *OneDrive* en *Word* o cualquier carpeta del sistema).
4. Introduce un nombre para identificar el archivo y confirma haciendo clic en **Guardar.**

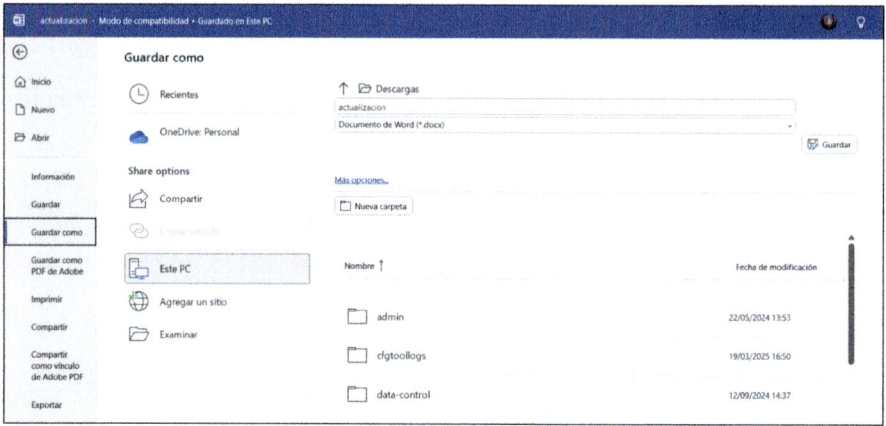

Guardar como en Microsoft Word

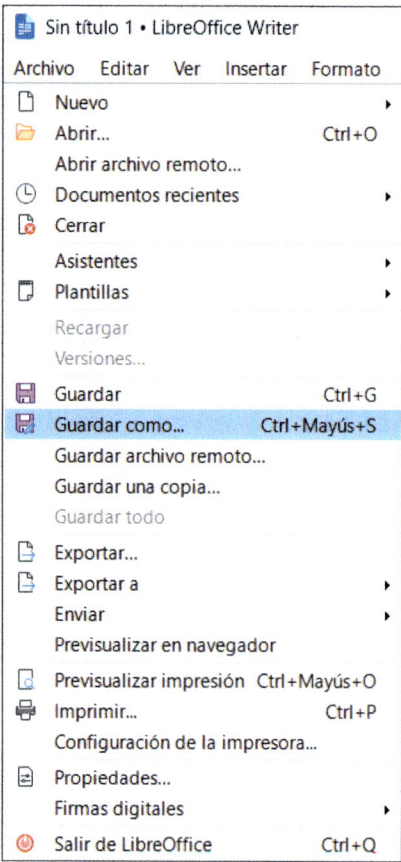

Guardar como en LibreOffice Writter

Guardar cambios posteriores

Si ya habías guardado anteriormente un documento y deseas guardar los últimos cambios, simplemente pulsa las teclas [Ctrl] + [G] (atajo válido para ambas aplicaciones) o haz clic en el icono rápido del disquete en la barra superior.

Guardar en otro formato o ubicación

Ambas aplicaciones permiten guardar el documento en diferentes formatos (por ejemplo, PDF):

1. Ve a **Archivo → Guardar como** o **Exportar.**
2. Selecciona el formato deseado (por ejemplo, PDF, ODT, DOCX).
3. Elige la carpeta de destino y guarda.

3.3. Cerrar documentos

Cerrar un documento implica finalizar temporal o definitivamente su edición sin salir del procesador de textos.

En ambos casos, si hay cambios sin guardar, aparecerá un mensaje solicitando confirmación para guardar los cambios antes del cierre.

Para cerrar un documento existe la opción rápida de pulsar el icono **Cerrar (X)** situado en la esquina superior derecha, justo debajo del cierre general de la aplicación.

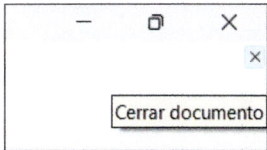

Cerrar documento en *Writer*

En *Microsoft 365 Word* también se puede usar el atajo de teclado [Ctrl]+ [F4].

Nota

Cerrar un documento no implica cerrar completamente el programa. La aplicación permanecerá abierta, facilitando la apertura inmediata de otros documentos o la creación de uno nuevo.

3.4. Abrir documentos

Abrir un documento existente es una operación frecuente y sencilla. Las versiones actuales facilitan diversas opciones para acceder rápidamente a documentos previamente guardados:

- **Desde la pantalla inicial del programa:** al abrir *Word 2024* o *LibreOffice Writer 25.2.1,* aparecen automáticamente los documentos recientes. Haz clic directamente sobre el documento deseado para abrirlo de inmediato.
- **Desde la pestaña Archivo:** el procedimiento es el siguiente:

1. Haz clic en la pestaña **Archivo.**
2. Selecciona **Abrir.**
3. Se mostrará una lista de archivos recientes, junto con una opción para explorar tu equipo o almacenamiento en la nube. Selecciona el archivo deseado para abrirlo.

Archivos recientes en Word

Abrir documentos desde el explorador de archivos del sistema

Fuera de la aplicación, puedes abrir un documento haciendo doble clic directamente sobre él desde el explorador de archivos del sistema operativo *(Windows, macOS o Linux).* Automáticamente, el archivo se abrirá en la aplicación predeterminada *(Word o Writer).*

Mediante atajos del teclado

Ambas aplicaciones cuentan con un atajo universal para abrir rápidamente documentos: Pulsa simultáneamente las teclas [Ctrl] + [A] en español [Ctrl] + [O] en teclados configurados en inglés) y aparecerá directamente la ventana para buscar el documento que deseas abrir.

4. Edición de documentos

Los procesadores de texto incorporan una extensa variedad de funciones y características que facilitan la edición de documentos. Entre ellas, destacan operaciones como el desplazamiento que el usuario realizará a lo largo del documento, la inserción del texto en las páginas del mismo, la modificación de textos ya existentes apoyándose en la acción de selección y mediante las operaciones copiar y pegar.

Importante

Todo ello puede hacerse con la seguridad de que, si se realiza alguna acción que se quisiera revocar, existe una opción para deshacer y cancelar los cambios realizados.

4.1. Desplazamiento por el documento

Cuando se elaboran documentos mediante procesadores de textos, se requerirá colocar el cursor en diferentes posiciones para insertar los caracteres que lo formen.

La colocación de caracteres es posible realizarla de diferentes formas, de las cuales se describen a continuación las más relevantes:

- **Con el ratón:** basta con situar el puntero del ratón en la posición adecuada y hacer un clic (el cursor se situará en esa posición).
- **Con el teclado:** en la siguiente tabla, se encontrará una relación entre los diferentes desplazamientos del cursor y las teclas o combinaciones de ellas que deben pulsarse para conseguir el objetivo deseado.

 Nota

Para situar el cursor en una zona nueva del documento sobre la que no existe aún contenido, se hará mediante un doble clic.

MOVIMIENTO	TECLA
Carácter anterior	
Carácter siguiente	
Línea anterior	
Línea siguiente	
Palabra anterior	[Ctrl] +
Palabra siguiente	[Ctrl] +
Principio de línea	[INICIO]
Final de línea	[FIN]
Principio de párrafo anterior	[Ctrl] +
Principio de párrafo siguiente	[Ctrl] +
Principio de ventana gráfica actual	[Ctrl] + [Alt] + [RePág]
Final de ventana gráfica actual	[Ctrl] + [Alt] + [AvPág]
Pantalla anterior	[RePág]
Pantalla siguiente	[AvPág]
Página anterior	[Ctrl] + [RePág]
Página siguiente	[Ctrl] + [AvPág]
Principio del documento	[Ctrl] + [INICIO]
Final del documento	[Ctrl] + [FIN]

4.2. Inserción de texto

Después de conocer los diferentes modos de desplazamiento existentes por un documento de texto, se puede considerar dicha acción como el paso previo a la inserción de caracteres. Simplemente, se deberá colocar el cursor en el lugar exacto donde se pretenda escribir texto y, a continuación, introducir los caracteres deseados.

 **Nota**

El modo Insertar es por defecto modo activo. De esta manera, al escribir un carácter, este desplaza al carácter o los caracteres que pudiera tener a su derecha el cursor.

4.3. Modificación o edición de texto

También se tiene el modo **Sobrescribir** que superpondrá los caracteres que se introduzcan a los que haya escritos en el documento a la derecha del cursor. De esta forma, modificará el texto existente en el documento, ya se haya escrito por error o porque se haya decidido cambiarlo.

Para eliminar texto, se puede hacer uso de la tecla **Suprimir,** que eliminará los caracteres colocados a la derecha del cursor en número equivalente a las pulsaciones de la tecla. Por otro lado, también se dispone de la tecla **Retroceder,** cuyo efecto es similar al de la tecla **Suprimir,** pero en dirección opuesta desde la posición del cursor, es decir, eliminará los caracteres colocados a la izquierda de este.

4.4. Selección de texto

Para poder hacer modificaciones de algún tipo, como cambiar la tipografía, el color, el tamaño, etcétera, a un texto ya escrito, debe seleccionarse previamente.

Los procedimientos más usuales para seleccionar texto son:

- **Arrastrar:** se sitúa el cursor al inicio del bloque del texto y se realiza un arrastre con el botón izquierdo del ratón en la dirección necesaria (normalmente hacia la derecha y hacia abajo). Al moverse, se ve cómo el bloque de texto queda resaltado en vídeo inverso.
- **Extender una selección con clic de ratón y la tecla [Mayús]:** para seleccionar un bloque de texto, se sitúa el cursor en el inicio del bloque

(hacer clic con el ratón), se mantiene pulsada la tecla [Mayús] y se sitúa el cursor con el ratón en el final del bloque de texto que se quiere seleccionar.

- **Extender una selección mediante teclas de desplazamiento:** se sitúa el cursor en el inicio del bloque a seleccionar, se pulsa y se mantiene pulsada la tecla [Mayús] y se mueve el cursor al final del bloque.
- **Seleccionar texto mediante clic de ratón:** en la siguiente tabla, se encontrarán las distintas opciones de selección utilizando el ratón y haciendo clic sobre diferentes elementos del documento.

Seleccionar	Método
Una palabra	Doble clic sobre la palabra.
Una línea	Clic en la parte izquierda de la línea.
Una oración	Pulsar la tecla [Ctrl] y, manteniéndola pulsada, hacer clic sobre cualquier carácter de la oración.
Un párrafo	Doble clic en la parte izquierda del párrafo. También triple clic en una palabra de ese párrafo.
Todo el documento	Pulsar la tecla [Ctrl] y, sin soltarla, hacer clic en la parte izquierda del documento. También triple clic en la parte izquierda (zona de margen izquierdo) del documento.

4.5. Copiar o mover texto

Durante la elaboración de documentos, se necesitará reproducir su contenido en alguna ocasión, ayudándose para ello de las opciones **Copiar, Cortar** y **Pegar.** Con ellas, se reproducirá el contenido seleccionado en otro lugar del documento o se desplazará desde su lugar de origen a otro elegido por el usuario.

Para ello, lo primero que debe hacer el usuario es seleccionar el texto que desee copiar o mover. Una vez seleccionado el texto, lo copiará y pegará, en caso de quererlo duplicar, o lo cortará y pegará, en caso de querer moverlo.

Las opciones **Copiar, Cortar** y **Pegar** están disponibles tanto en la opción de menú Edición como en la barra de herramientas del procesador de textos.

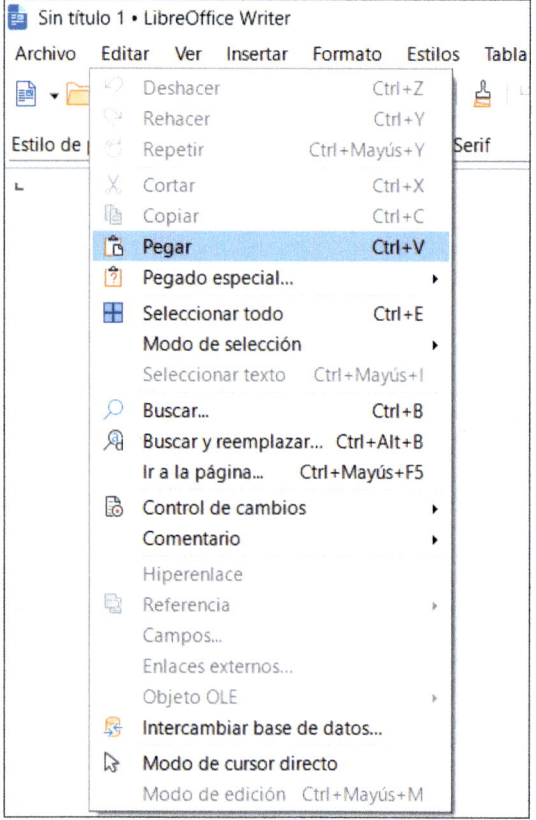

Pegar en LibreOffice Writer

Para aquellos procesadores de textos basados en cinta de opciones, como *Word 2019,* se encontrarán en la ficha Inicio.

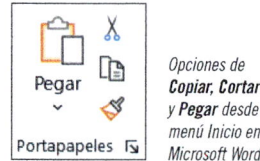

Opciones de
Copiar, Cortar
y **Pegar** desde
menú Inicio en
Microsoft Word

4.6. Cancelación de cambios

Si en algún caso el usuario se ha equivocado al realizar una actuación con el procesador de textos, puede corregirla con la opción **Deshacer,** a la que tiene acceso mediante el botón que lleva el mismo nombre, que aparece en la barra de herramientas de acceso rápido, en la barra de herramientas o desde la opción de menú **Edición.**

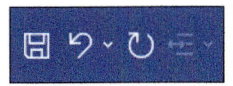

Guardar, Deshacer y Rehacer en Word

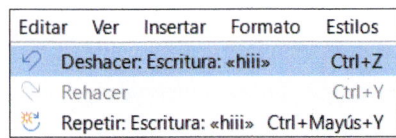

Se pueden deshacer varias actuaciones sin más, con solo pulsar varias veces sobre el botón. También se pueden utilizar las teclas [Ctrl] + [Z] para deshacer una actuación.

Una acción deshecha se puede rehacer con la opción **Rehacer,** ubicada junto a la opción **Deshacer.** También pueden utilizar las teclas [Ctrl] + [Y].

 Nota

Es claro que solo se puede rehacer algo que se ha deshecho previamente, por esto esta opción, en algunas ocasiones, está desactivada.

5. Herramientas de escritura

Una de las mayores ventajas que se obtienen en cuanto a seguridad a la hora de escribir es que los procesadores de textos ofrecen herramientas para la corrección de los mismos. Se podrán realizar análisis ortográficos y gramaticales, además del beneficio que supone como apoyo al escritor el ofrecimiento de sinónimos a las palabras escritas en el documento. Por otro lado, se facilitan unas opciones para el caso de trabajar con documentos extensos, se trata de las opciones búsqueda y reemplazo, mediante las que se podrán buscar las apariciones en el texto de un término especificado y realizar una sustitución automática en todo el documento de todas ellas por otra que se especifique.

5.1. Ortografía

Un procesador de textos posee las herramientas necesarias para garantizar que el texto escrito en un documento no tenga faltas ortográficas. En *Microsoft 365 Word* (2024), estas herramientas se configuran desde la pestaña **Archivo,** accediendo al botón **Opciones** y luego seleccionando **Revisión.** Por su parte, en *LibreOffice Writer 25.2.1,* se configuran desde el menú Herramientas, seleccionando **Opciones,** posteriormente Idiomas y regiones y finalmente la categoría **Ayudas** de escritura.

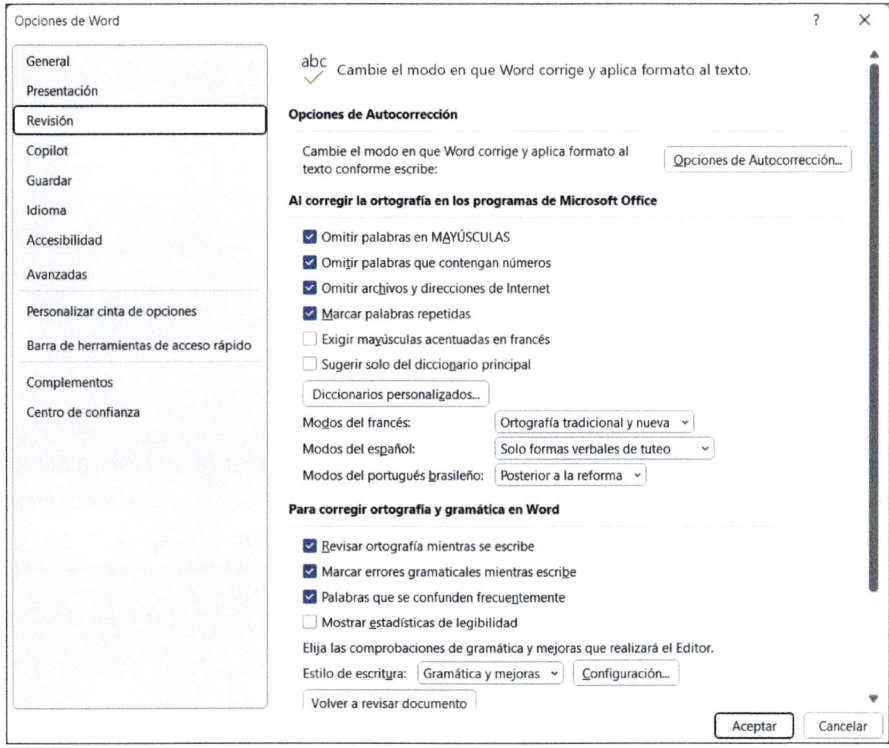

Opciones de Word para Revisión

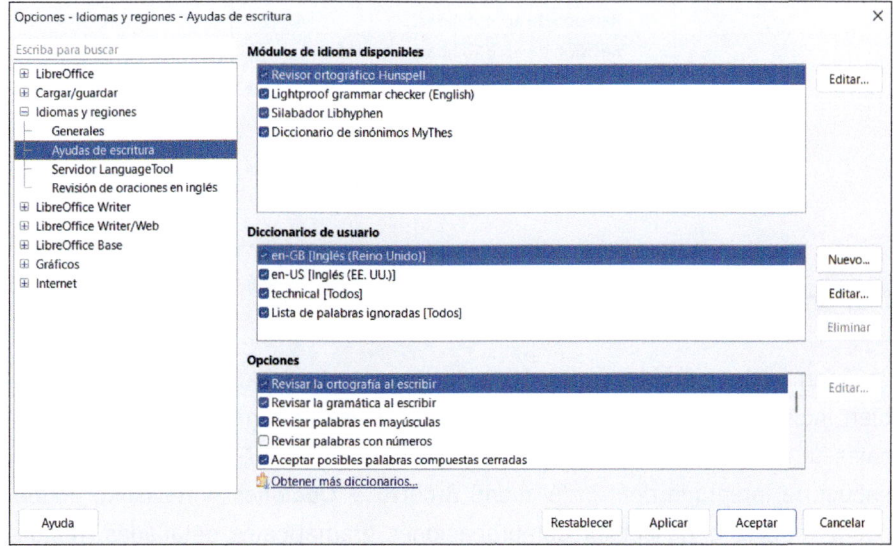

Ayudas de escritura en LibreOffice Writer

En *Microsoft 365 Word* (2024) se puede acceder rápidamente a estas funciones mediante la pestaña Revisar, situada en la cinta de opciones.

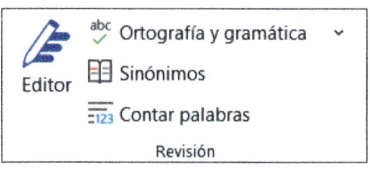

Ortografía y gramática, Sinónimos y Contar palabras en la pestaña Revisar

Además, en *LibreOffice Writer 25.2.1* se puede acceder fácilmente a estas herramientas mediante el menú **Herramientas,** donde encontrarás opciones directas como *Ortografía, Revisión ortográfica automática, Sinónimos, Idioma* y otras funciones relacionadas.

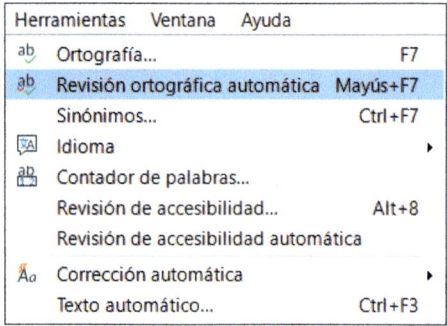

Ortografía, Revisión ortográfica automática, Sinónimos e Idioma en el menú herramientas de Libre Office Writer

5.2. Gramática

Además de la revisión ortográfica, los procesadores de texto actuales también incluyen herramientas avanzadas para revisar y corregir errores gramaticales en los documentos. En *Microsoft 365 Word (2024),* esta herramienta se encuentra integrada dentro del menú **Archivo → Opciones → Revisión,** donde podrás activar o desactivar comprobaciones gramaticales detalladas, recibir sugerencias de estilo o claridad, así como recomendaciones avanzadas impulsadas por inteligencia artificial mediante Copilot.

Por otro lado, en *LibreOffice Writer 25.2.1,* la revisión gramatical está disponible mediante extensiones específicas como *LanguageTool,* accesibles desde el menú **Herramientas → Opciones → Idiomas** y regiones proporcionando correcciones gramaticales avanzadas y sugerencias para mejorar la redacción del texto.

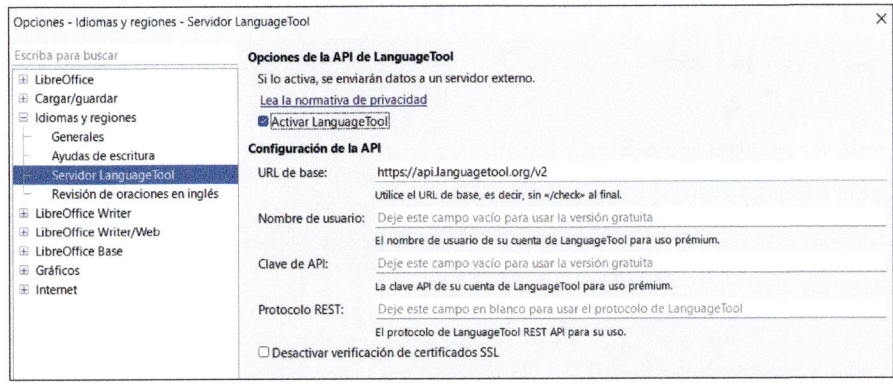

LanguageTool en LibreOffice Writer 25.2.1

5.3. Búsqueda y reemplazo de texto

Buscar y reemplazar texto es una función práctica y muy útil para agilizar la edición de documentos extensos, permitiendo localizar y modificar fácilmente palabras, frases o incluso formatos específicos. En *Microsoft 365 Word,* la búsqueda y reemplazo de texto se realiza desde la pestaña Inicio, haciendo clic en el botón **Reemplazar.** Una vez abierto el cuadro de diálogo, se introduce la palabra que se quiere buscar y el texto por el que se desea reemplazar, permitiendo aplicar el cambio uno por uno o reemplazar todas las coincidencias directamente:

En *LibreOffice Writer 25.2.1,* la función está disponible en el menú **Editar →** **Buscar y reemplazar.** Aparecerá una ventana similar donde se introducen los términos de búsqueda y reemplazo, además de opciones avanzadas para búsquedas más específicas:

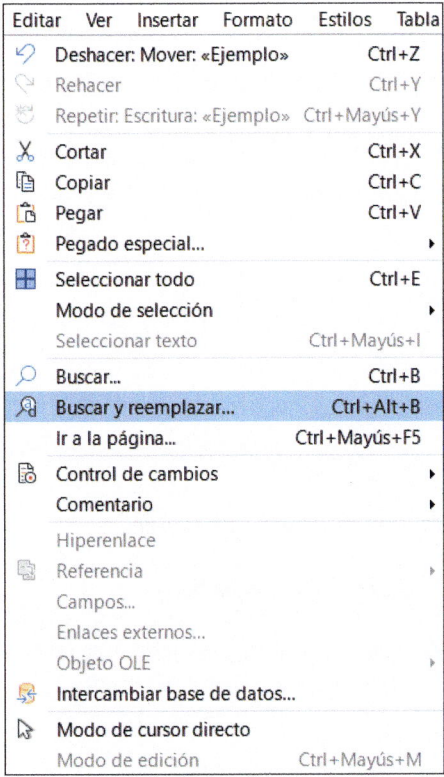

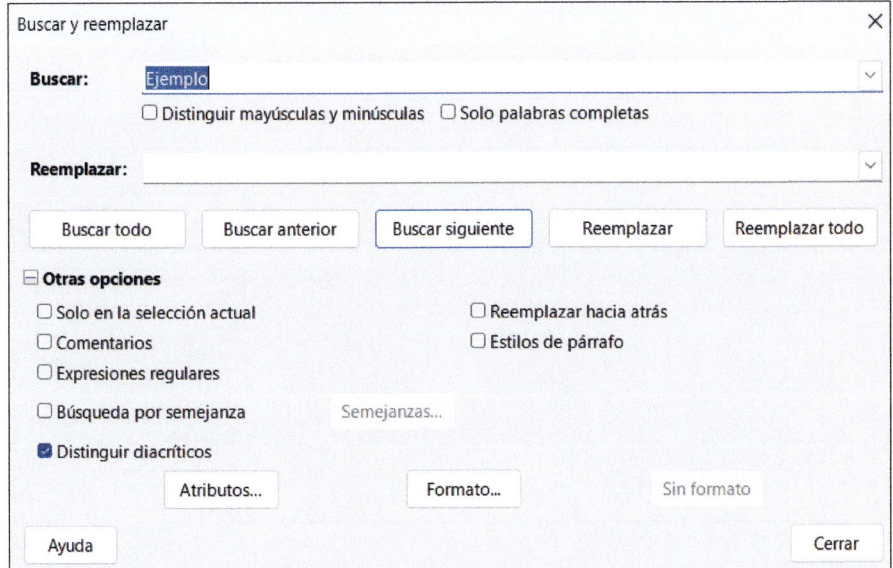

Definición

Si se ha introducido mal un término por error y resulta que el número de apariciones en el documento es elevado, mediante la herramienta Reemplazar se corregirá el error en cuestión de segundos.

Aplicación práctica

Cree un documento de texto con la siguiente oración:

"Pasaremos las bacaciones en la casa de la sierra."

A continuación, utilice la herramienta de corrección ortográfica para corregirla. Seguidamente, busque algún sinónimo para la palabra "sierra".

SOLUCIÓN

En primer lugar, se corrigen los errores ortográficos:

Pasamos las bacaciones en la casa de la sierra|

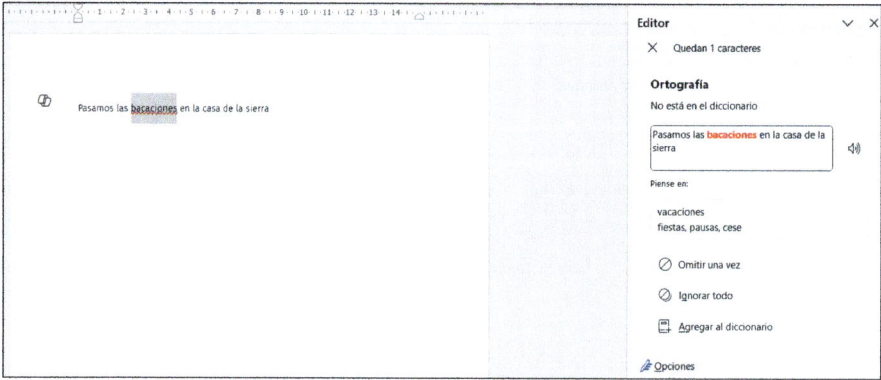

Continúa en página siguiente >>

<< Viene de página anterior

Seguidamente, se buscan sinónimos para la palabra "sierra":

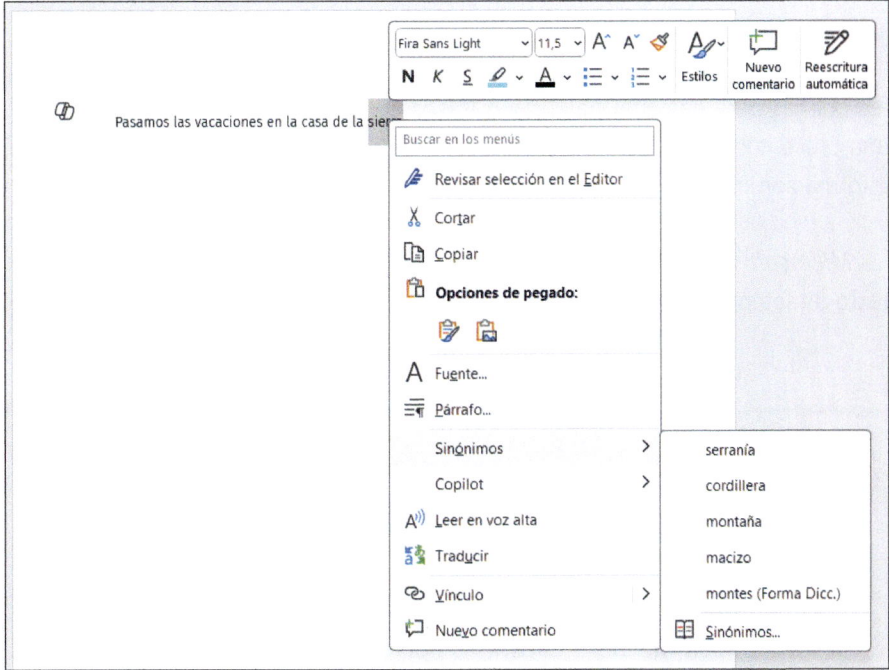

6. Apariencia de los documentos

Es sabido que la presentación de un texto es el complemento ideal a un contenido de calidad. Por ello, los procesadores de texto ofrecen multitud de posibilidades para mejorar y cambiar el aspecto del texto. Así, se disponen de características personalizables como el color, tipo y tamaño de fuente, la alineación y justificación de los párrafos, la elección de bordes y sombreados, la inserción de listas de numeración y viñetas o la adición de encabezados y pies de página, con los que se dotará de profesionalidad al documento, entre otras opciones.

6.1. Formato de texto

El formato de texto hace referencia al conjunto de opciones que permiten modificar la apariencia de las letras y palabras en un documento. Se pueden aplicar diversos estilos visuales, tales como cambiar la fuente, ajustar el tamaño del texto, utilizar negrita, cursiva o subrayado, así como seleccionar diferentes colores para destacar palabras o frases concretas. Estas opciones facilitan una presentación visual clara y atractiva, mejorando la legibilidad y resaltando información importante.

Microsoft 365 Word ofrece diversas opciones rápidas para personalizar el texto directamente desde la cinta de opciones:

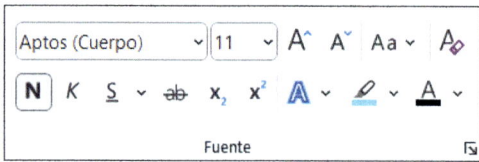

- **Fuente:** permite elegir el estilo o tipo de letra (por ejemplo, Arial, Times New Roman, etc.):

- **Tamaño de fuente:** modifica el tamaño del texto seleccionado (por ejemplo, tamaño 11, 12, 14 puntos, etc.).
- **Aumentar o disminuir tamaño:** ajusta rápidamente el tamaño del texto seleccionado.
- **Cambiar mayúsculas y minúsculas:** permite cambiar texto seleccionado a mayúsculas, minúsculas, formato oración, etc.
- **Borrar formato:** elimina rápidamente el formato aplicado, dejando texto simple.
- **Negrita (N), Cursiva (K), Subrayado (S):** permiten destacar palabras o frases específicas.
- **Tachado:** pone una línea sobre el texto para indicar correcciones.
- **Subíndice y superíndice:** sitúan texto más pequeño debajo o encima del texto principal, útil en fórmulas matemáticas.

- **Efectos de texto y resaltado:** para efectos visuales adicionales como sombras, contorno, o cambiar el fondo del texto seleccionado.
- **Color de fuente:** cambia el color de las letras o palabras seleccionadas.

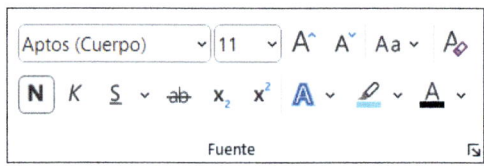

Opciones rápidas para personalizar texto en

LibreOffice Writer 25.2.1 presenta una variedad de opciones para el formato de texto principalmente desde el **menú Formato → Texto:**

- **Negrita [Ctrl] + [N], Itálica [Ctrl] + [I]:** resalta visualmente el texto con estilo destacado o inclinado.
- **Subrayado sencillo o doble:** para enfatizar palabras o frases con una línea debajo.
- **Tachado y suprarrayado:** el tachado coloca una línea sobre el texto seleccionado, y el suprarrayado una línea por encima.
- **Superíndice y subíndice:** cambian el texto seleccionado a formato pequeño sobre o debajo de la línea normal, respectivamente.
- **Sombra y contornear texto:** para dar un estilo más visual y decorativo al texto.
- **Aumentar o disminuir tamaño:** permite ajustar rápidamente el tamaño del texto seleccionado mediante atajos.
- **Cambiar mayúsculas y minúsculas:** permite alternar rápidamente el formato de mayúsculas, minúsculas o combinaciones específicas.
- **Versalitas:** muestra letras en formato de mayúsculas pequeñas, ideal para estilos específicos en títulos o nombres propios.

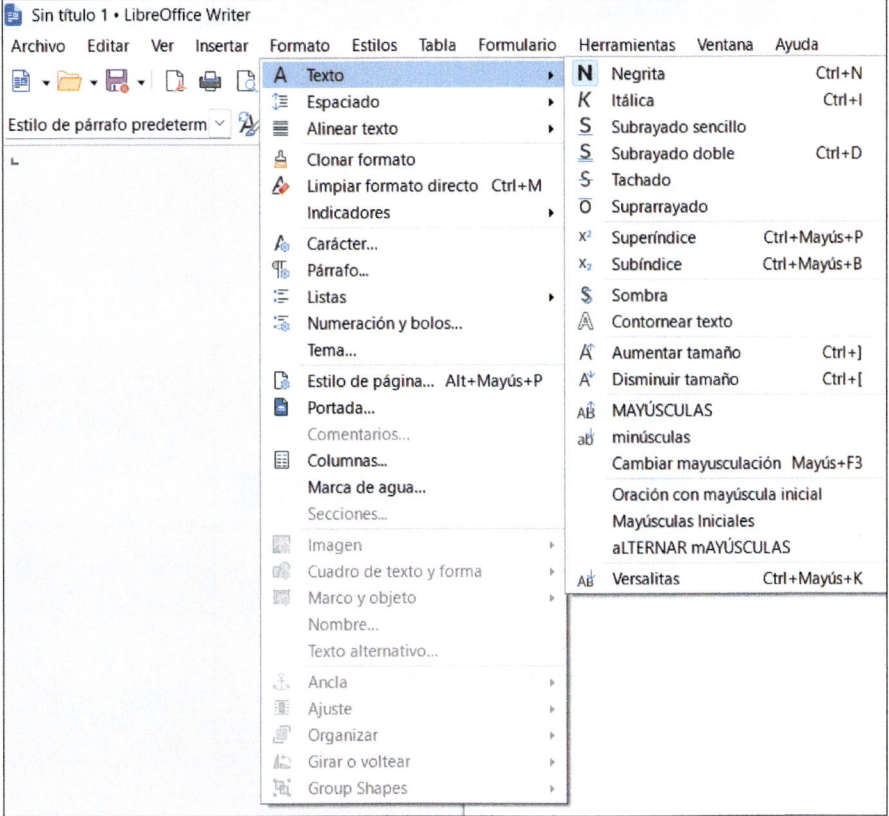

Opciones para el formato de texto en LibreOffice Writer

También hay algunas opciones en la barra de acceso rápido:

Tipos de fuente en LibreOffice Writer

Además, en *Microsoft 365 Word* y *LibreOffice Writer 25.2.1* existen herramientas para aplicar efectos especiales al texto, proporcionando un aspecto más visual y llamativo. En *Word,* esta función se denomina *WordArt* y ofrece estilos rápidos como sombras, contornos, reflejos o iluminados.

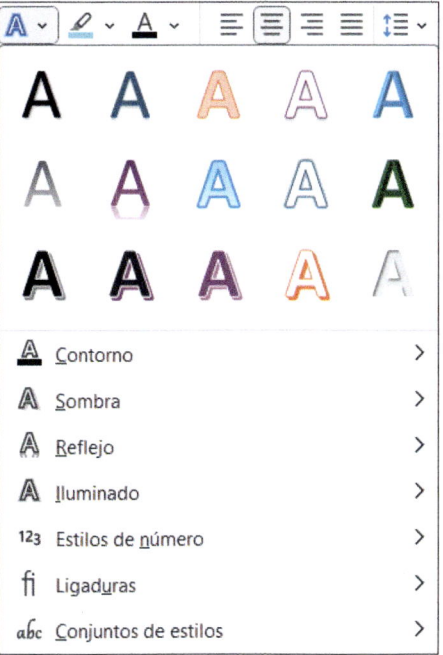

Por su parte, *LibreOffice* dispone de *Fontwork,* que permite elegir entre variados diseños de texto artístico con efectos tridimensionales, sombras y formas creativas, ideales para títulos destacados o elementos gráficos decorativos en documentos.

Galería de Fontwork

6.2. Formato de los párrafos

El formato de los párrafos engloba las herramientas destinadas a ajustar la distribución y organización del texto en el documento. Entre estas herramientas se encuentra la alineación del texto (izquierda, derecha, centrado o justificado), el ajuste de la sangría para delimitar visualmente el inicio del párrafo, y el control del interlineado, que modifica el espacio entre las líneas. Estas características permiten una lectura más ordenada, estructurada y cómoda para cualquier lector.

En *Microsoft 365 Word,* las herramientas para formato de párrafo están disponibles directamente desde la cinta de opciones en el grupo llamado **Párrafo,** e incluyen:

- **Viñetas:** crea listas con puntos o símbolos, ideal para presentar ideas o datos breves sin orden específico.

- **Numeración:** crea listas numeradas automáticamente para instrucciones o secuencias ordenadas.
- **Listas multinivel:** establece listas con diferentes niveles jerárquicos (subapartados, capítulos, etc.).
- **Disminuir o aumentar sangría:** ajusta la distancia del párrafo desde el margen izquierdo.
- **Ordenar (A-Z):** ordena automáticamente el texto seleccionado alfabéticamente o numéricamente.
- **Mostrar todo (¶):** permite visualizar caracteres ocultos como saltos de párrafo, espacios o tabulaciones.
- **Alineación (izquierda, centrado, derecha o justificado):** define cómo se sitúa el párrafo en relación a los márgenes.
- **Interlineado y espaciado entre párrafos:** ajusta el espacio entre líneas del mismo párrafo o entre párrafos diferentes.
- **Sombreado:** aplica un color de fondo para resaltar el párrafo seleccionado.
- **Bordes:** permite aplicar líneas decorativas o funcionales alrededor del párrafo o texto seleccionado.

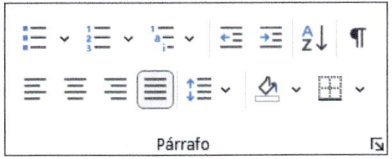

Herramientas para formato de párrafo en Microsoft 365 Word

LibreOffice Writer ofrece herramientas para el formato de párrafo principalmente a través del menú **Formato,** opción **Párrafo,** donde destacan:

- **Alineación del texto (izquierda, centrado, derecha o justificado):** controla cómo se posiciona el texto entre los márgenes.
- **Espaciado:** permite ajustar con precisión el espacio antes y después de los párrafos, así como el interlineado.
- **Sangría:** modifica la distancia entre el texto y los márgenes del documento, facilitando la estructura visual.
- **Listas (numeradas o con viñetas):** crea rápidamente listas organizadas mediante numeración o símbolos visuales.

- **Numeración y bolos:** permite aplicar y personalizar distintos tipos y formatos de numeración o viñetas.
- **Clonar formato:** herramienta que copia rápidamente el formato aplicado en un párrafo para replicarlo en otro.
- **Limpiar formato directo [Ctrl] + [M]:** elimina fácilmente cualquier formato adicional, restaurando el párrafo al formato predeterminado.

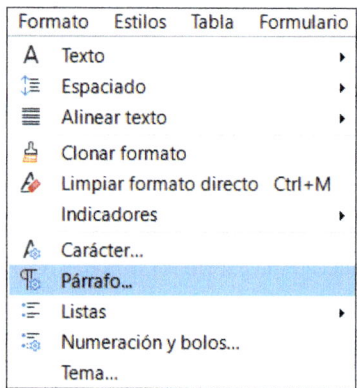

Herramientas para formato de Párrafo en LibreOffice Writer

6.3. Numeración y viñetas

La numeración y las viñetas constituyen métodos efectivos para organizar claramente la información en un texto. Se pueden crear listas numeradas cuando es necesario especificar secuencias o pasos ordenados, mientras que las viñetas resultan útiles para presentar información destacada sin jerarquía específica. Ambos métodos ofrecen diversos estilos visuales, accesibles fácilmente desde las herramientas del procesador de texto, favoreciendo una exposición ordenada y concisa del contenido.

Viñetas en Microsoft 365 Word

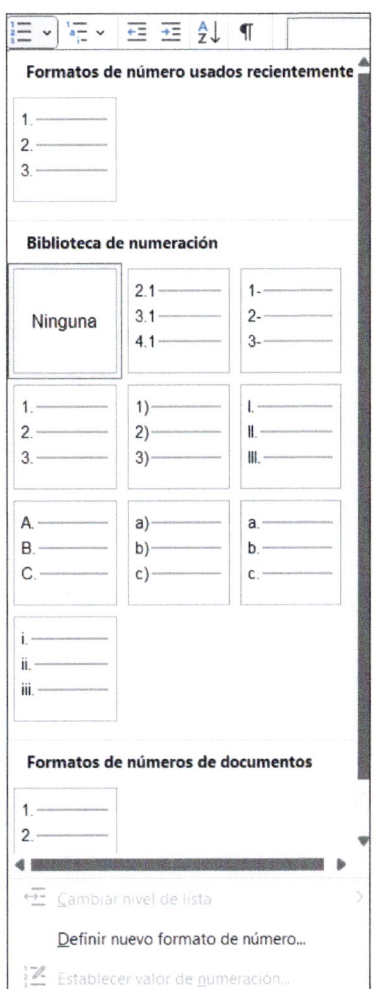

Numeración en Microsoft 365 Word

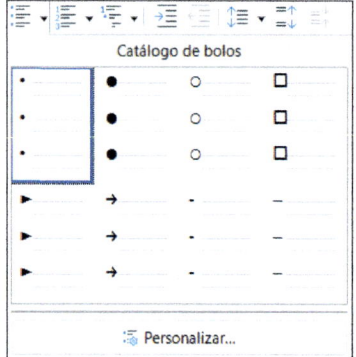

Catálogo de bolos en Libre Office Writer

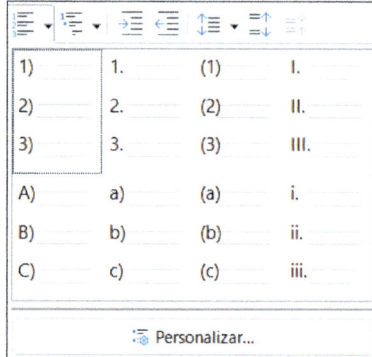

Numeración en Libre Office Writer

6.4. Configuración de la página

La configuración de la página se refiere a la definición de parámetros relacionados con la estructura física del documento. En ella se determinan características como el tamaño del papel, la orientación vertical u horizontal y los márgenes, que son los espacios en blanco que rodean al contenido escrito. Este proceso garantiza que el documento sea visualmente adecuado y profesional, tanto para impresión como para distribución digital, evitando errores de formato o presentación.

En *Microsoft 365 Word* las opciones para la configuración de la página están disponibles en la opción **Disposición:**

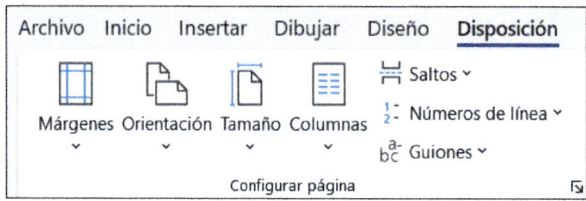

Márgenes

Permite ajustar el espacio alrededor del contenido del documento, modificando la distancia desde el texto hasta los bordes del papel. Existen opciones predeterminadas (estrecho, normal, ancho, etc.) o personalizadas según las necesidades específicas.

Orientación

Define cómo se presenta el documento, pudiendo elegir entre:

- **Vertical:** orientación estándar, utilizada principalmente para textos y documentos normales.
- **Horizontal:** adecuada para tablas amplias, gráficos, imágenes o diseños que requieran más espacio horizontal.

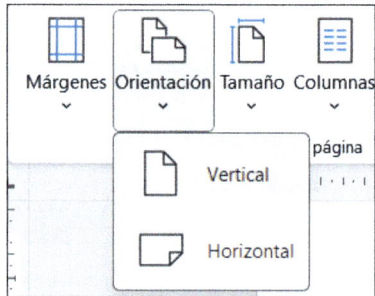

Tamaño

Permite seleccionar el formato o tamaño del papel que se utilizará en la impresión del documento (A4, Carta, Oficio, etc.). Se puede personalizar también un tamaño específico según las necesidades del usuario.

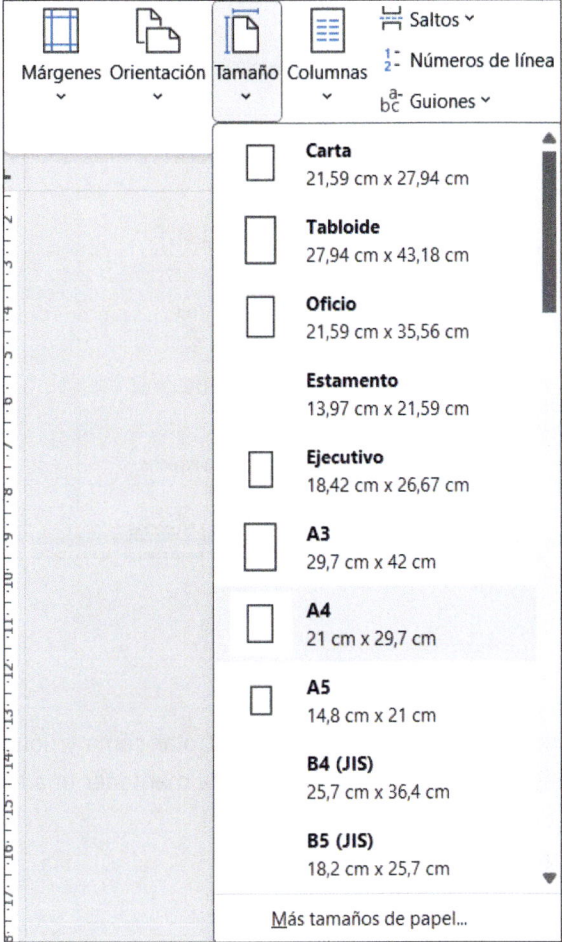

Columnas

Divide el texto del documento en múltiples columnas (como en periódicos o revistas). Puede elegirse entre una, dos, tres o más columnas, además de personalizar el ancho y el espacio entre ellas.

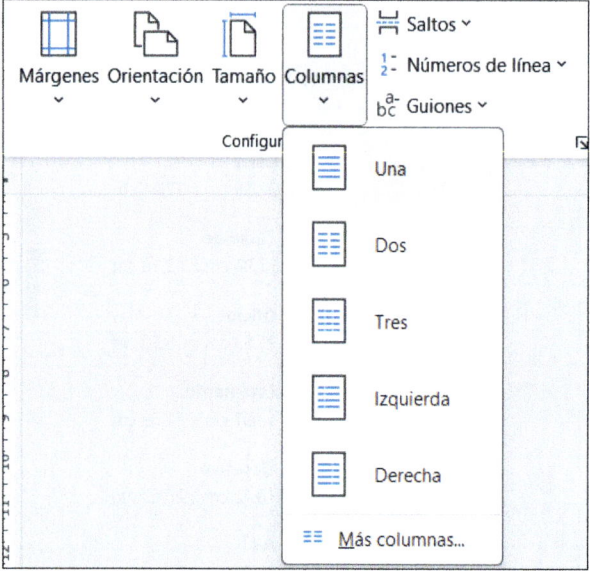

Saltos

Permite insertar saltos manuales para controlar cómo y dónde se divide el contenido en páginas o secciones. Esto facilita mantener una estructura clara y precisa en documentos extensos.

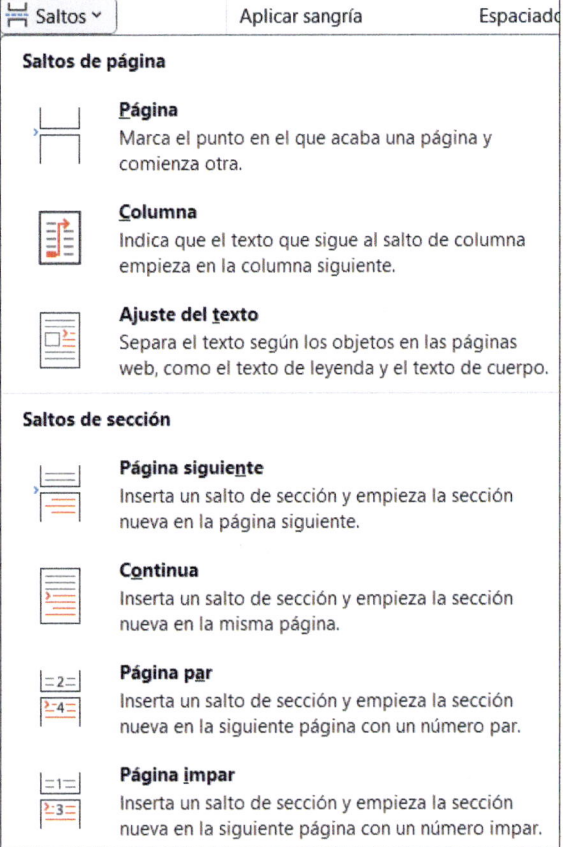

Números de línea

Añade números de línea automáticos en el margen izquierdo del documento, útil para referencias rápidas en documentos legales, académicos o técnicos.

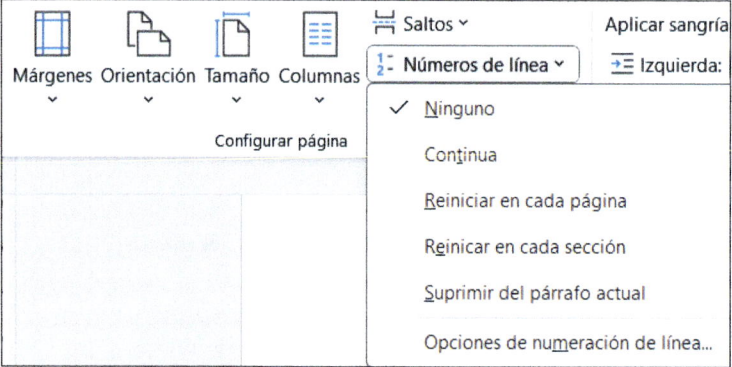

Guiones

Activa o desactiva la división automática de palabras al final de una línea mediante guiones, mejorando la presentación visual del texto al ajustar el espacio entre palabras.

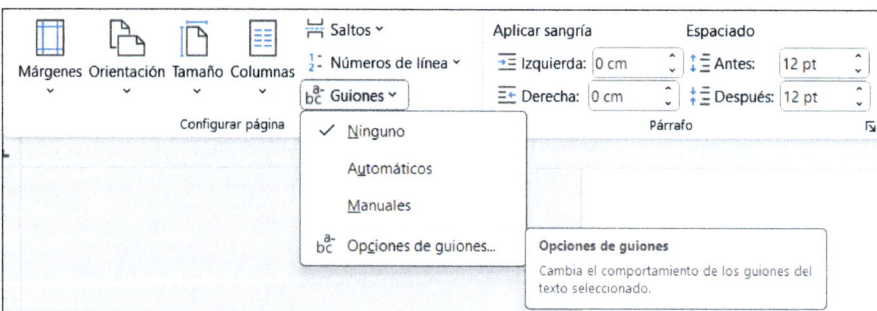

Además, es posible desplegar el conjunto completo de opciones de formato de página:

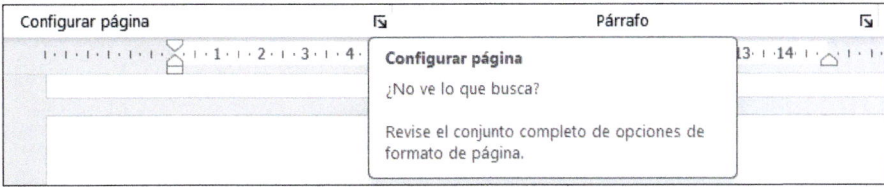

Configurar página

Configurar página
¿No ve lo que busca?

Revise el conjunto completo de opciones de formato de página.

Configurar página   ?   ✕

| Márgenes | Papel | Disposición |

Márgenes

Superior:	2,5 cm		Inferior:	2,5 cm
Izquierdo:	3 cm		Derecho:	3 cm
Encuadernación:	0 cm		Posición del margen interno:	Izquierda

Orientación

Vertical   Horizontal

Páginas

Varias páginas: Normal

Vista previa

Aplicar a: Todo el documento

Establecer como predeterminado   Aceptar   Cancelar

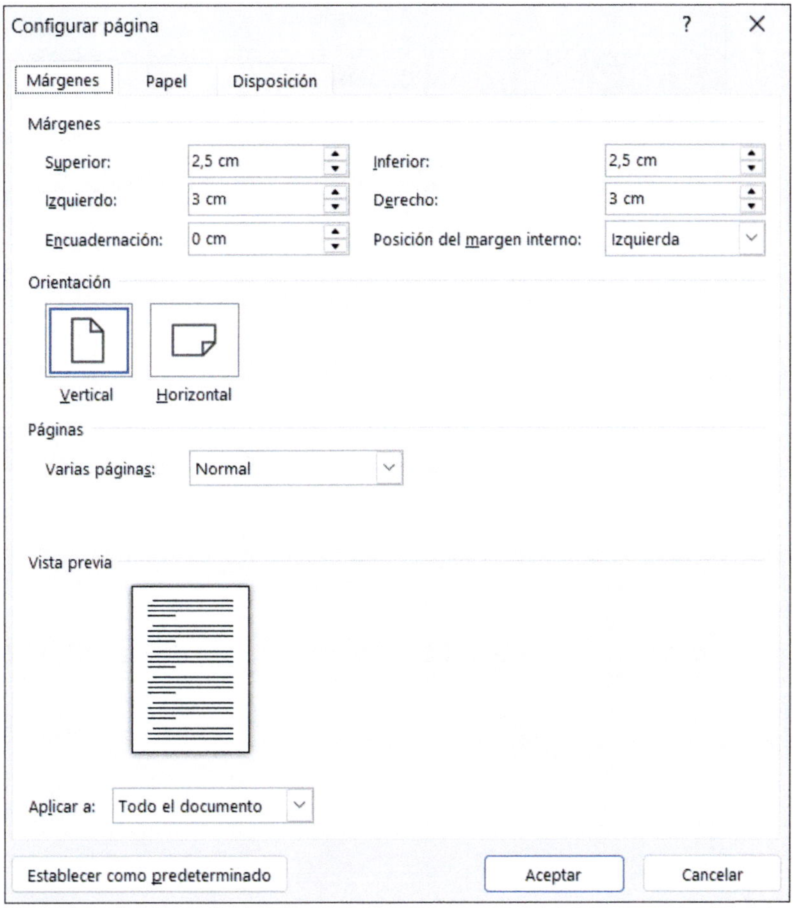

En *LibreOffice* se accede a estas opciones mediante la pestaña de **Formato** → **Estilo de página:**

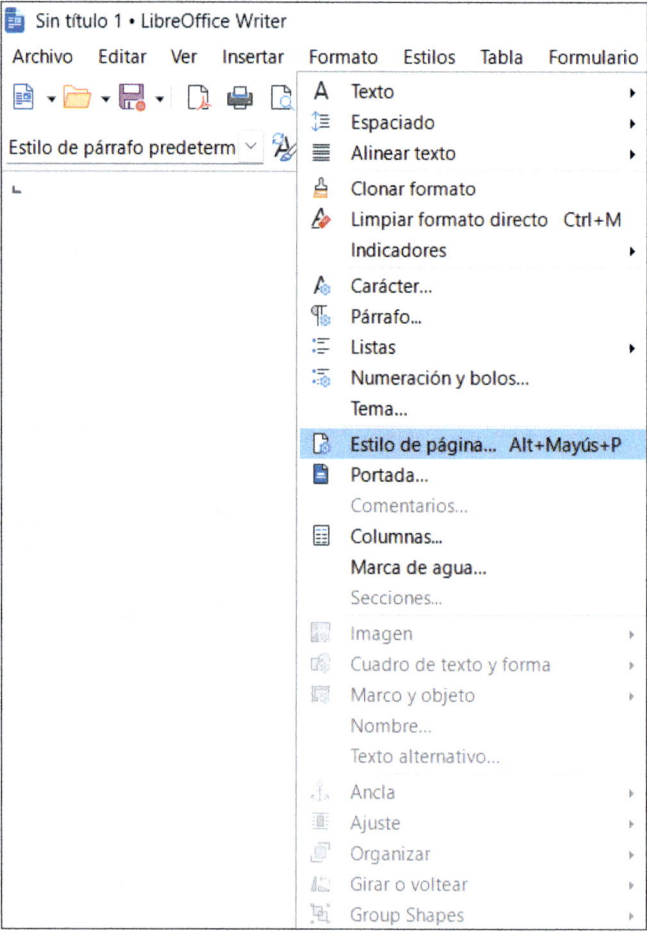

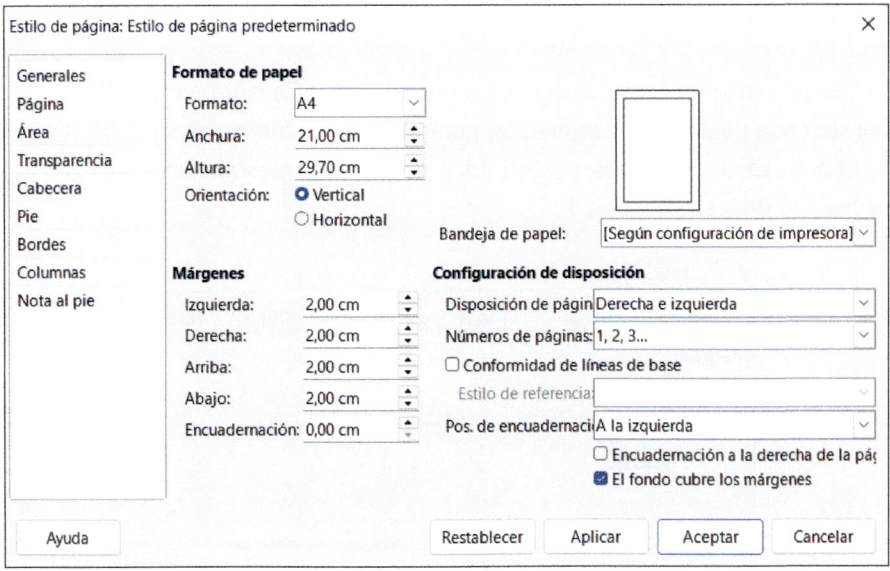

Estilo de página: Estilo de página predeterminado

6.5. Numeración, encabezados y pies de página

La numeración, junto con los encabezados y pies de página, son elementos que se insertan en los documentos para mejorar su estructura organizativa y profesionalidad. La numeración facilita la ubicación y consulta de información dentro del documento, mientras que los encabezados y pies de página permiten incorporar información repetitiva, como títulos, fechas o referencias, en la parte superior o inferior de cada página. Estas herramientas son especialmente útiles para documentos extensos o formales, simplificando considerablemente la gestión y presentación del texto.

En *Word* se puede acceder a numeración, encabezados y pies de página mediante el menú Insertar:

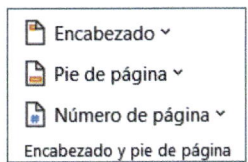

Encabezado

Permite insertar texto, imágenes o información relevante en la parte superior de cada página del documento, como títulos, nombres de autor, fechas o logotipos. Existen diseños predefinidos y opciones personalizables según la necesidad del usuario.

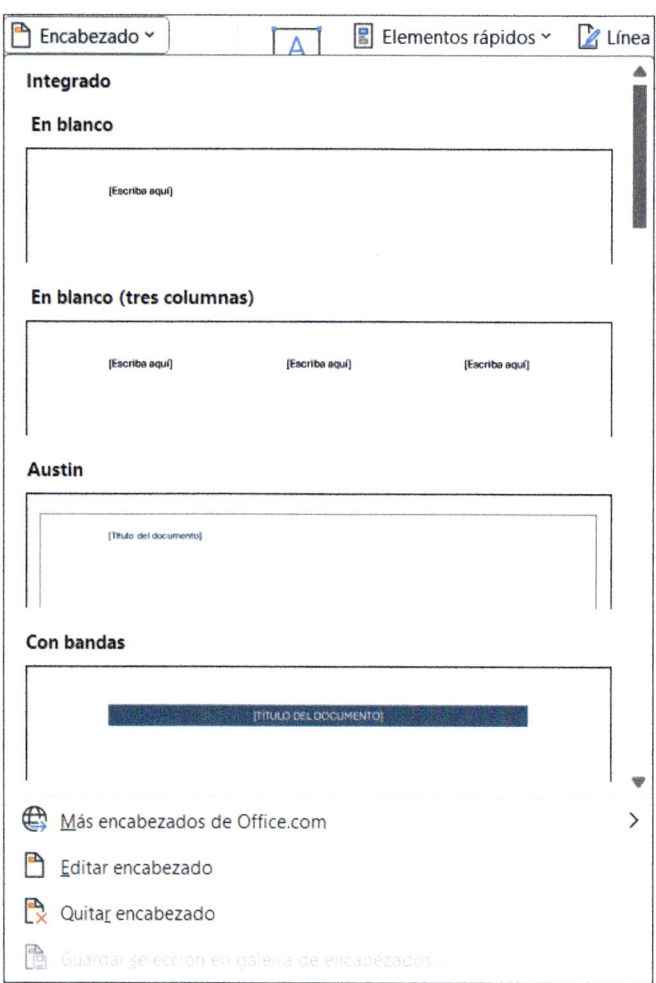

Pie de página

Funciona de manera similar al encabezado, pero se inserta en la parte inferior de las páginas. Habitualmente se utiliza para colocar notas, referencias, fechas de impresión o cualquier otro detalle que deba repetirse consistentemente en todo el documento.

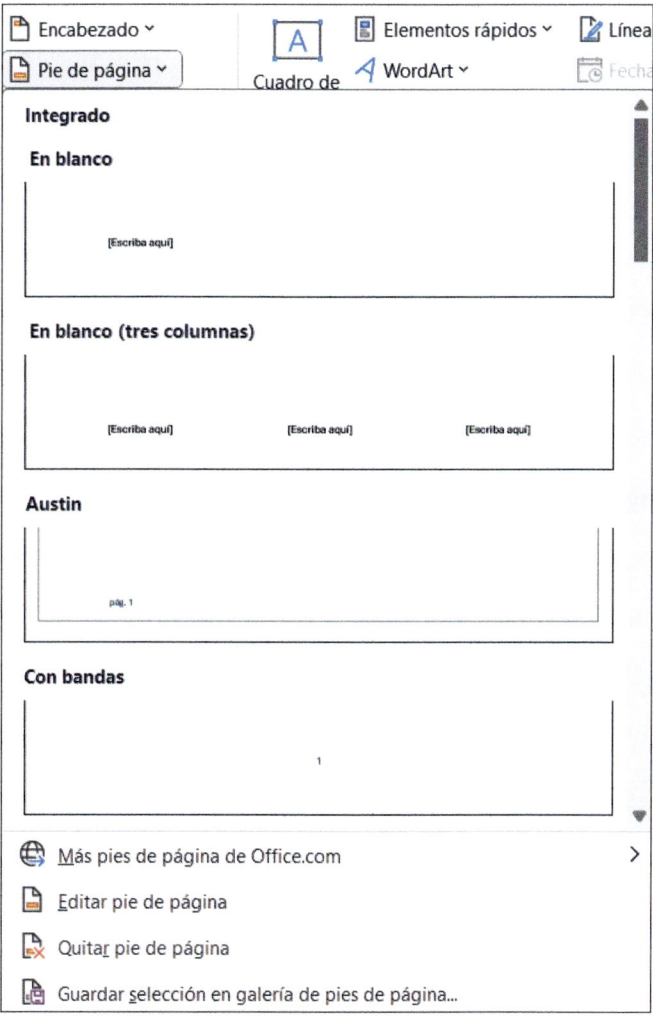

Número de página

Facilita añadir numeración automática en las páginas, lo cual es útil para mantener ordenado y organizado el documento. Ofrece varias opciones para posicionar el número (parte superior, inferior o márgenes), además de diferentes formatos y estilos personalizables según preferencias.

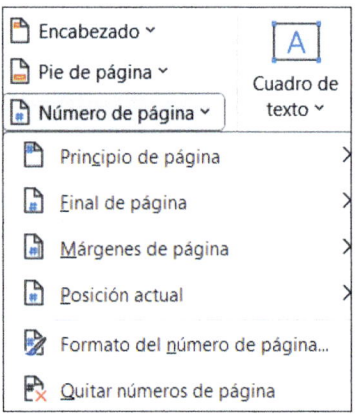

7. Columnas tabulares y tablas

Las columnas tabulares y las tablas son elementos utilizados en los procesadores de texto para organizar información en filas y columnas. Facilitan una exposición ordenada y clara de datos numéricos, textos comparativos o información estructurada. Estos elementos mejoran la comprensión del contenido al permitir una rápida visualización de las relaciones entre los diferentes datos presentados, resultando especialmente adecuados para informes, estudios y documentos técnicos que requieren precisión y claridad.

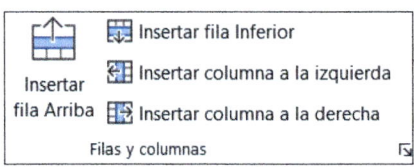

Insertar columnas tabulares en Microsoft 365 Word

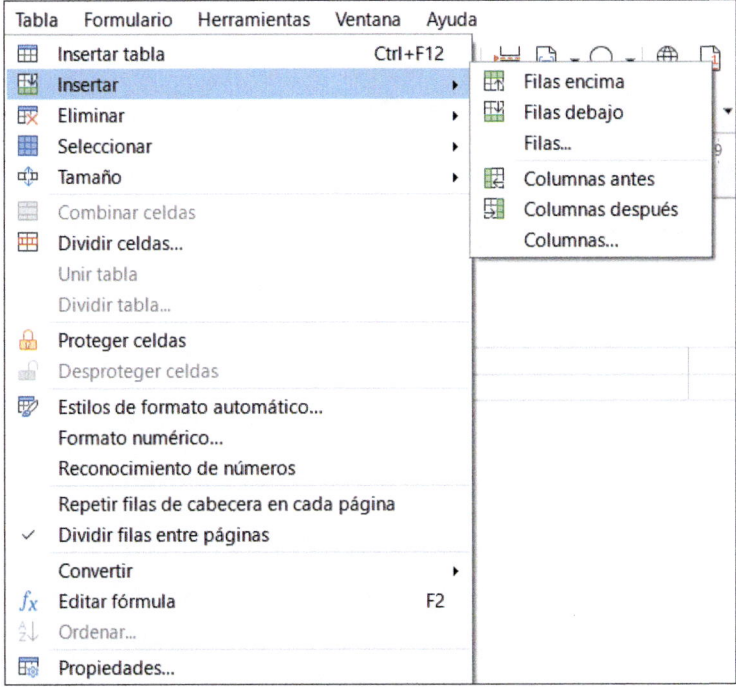

Insertar columnas tabulares en Libre Office Writer

7.1. Definición de tabulaciones

Las tabulaciones son marcas establecidas en los procesadores de texto para alinear de forma precisa textos o cifras dentro de un documento. Mediante el uso de tabulaciones se consigue alinear verticalmente palabras, números o elementos concretos sin necesidad de utilizar espacios repetidos o ajustes manuales. El usuario puede definir múltiples puntos de tabulación, especificando el tipo de alineación deseado (izquierda, derecha, centrado o decimal), facilitando una presentación más profesional, limpia y ordenada del contenido.

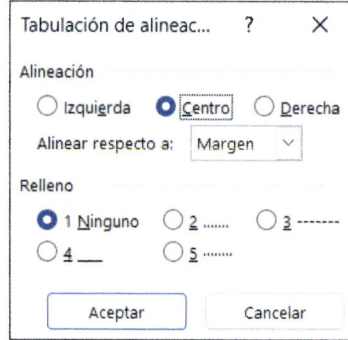

Tabulación en Microsoft 365 Word

7.2. Inserción de tablas

La inserción de tablas es una funcionalidad sencilla ofrecida por los procesadores de texto que permite incluir en los documentos conjuntos de datos organizados en filas y columnas. La creación de tablas implica especificar inicialmente el número de filas y columnas requeridas, que posteriormente pueden modificarse según la necesidad del contenido. Tras insertar una tabla, es posible personalizar su formato mediante ajustes en bordes, colores de relleno, tamaño de celdas y estilo del texto, garantizando una presentación visualmente atractiva y ordenada.

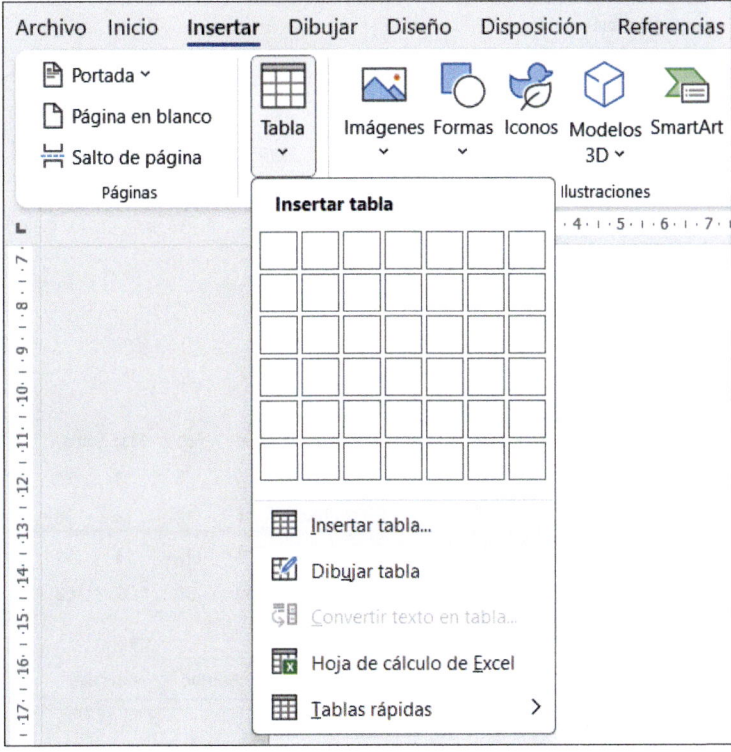

Insertar tabla en Microsoft 365 Word

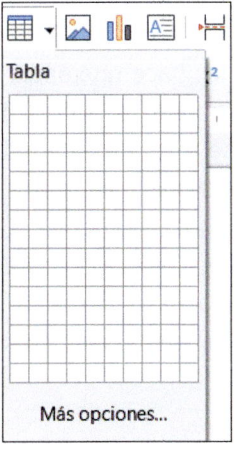

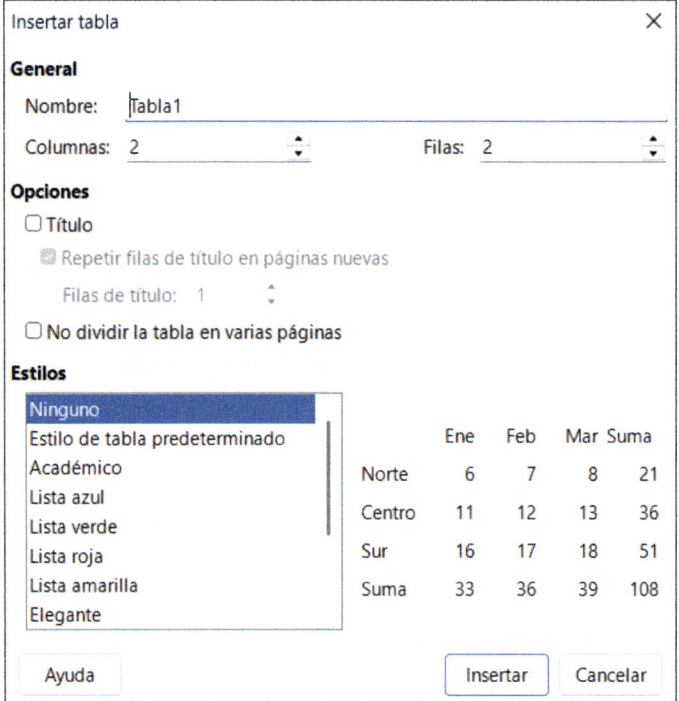

Insertar tabla en LibreOffice Writer

8. Impresión de documentos

La impresión de documentos hace referencia al proceso final mediante el cual el contenido digital pasa a formato físico sobre papel. Antes de realizar la impresión, los procesadores de texto permiten al usuario configurar aspectos esenciales como la selección de páginas específicas a imprimir, número de copias, orientación del papel (horizontal o vertical), tipo y tamaño del papel, así como los márgenes y otras opciones avanzadas. De esta forma, se garantiza que el documento impreso mantenga el formato y la calidad deseada, adecuándose perfectamente al propósito para el cual ha sido creado.

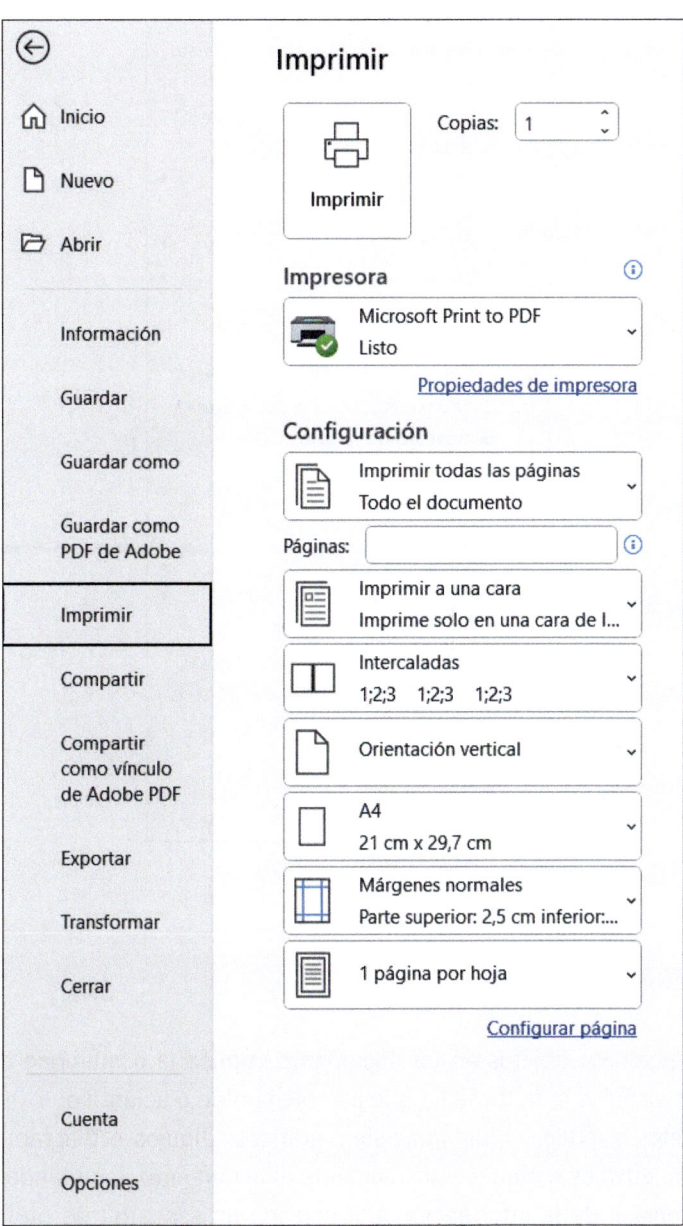

Imprimir en Microsoft 365 Word

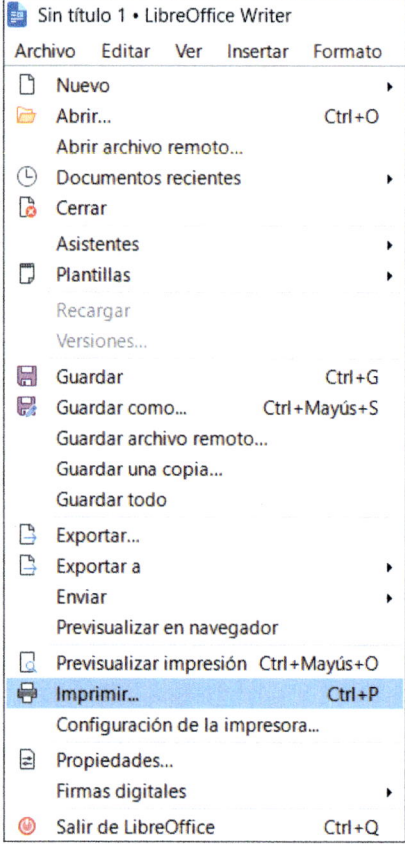

Imprimir en LibreOffice Writer

9. Inserción de objetos

La inserción de objetos en un documento implica la posibilidad de añadir elementos visuales o multimedia que complementen o aclaren el texto escrito. Estos objetos pueden incluir imágenes, gráficos, dibujos o diagramas, entre otros. El objetivo es enriquecer visualmente el documento, facilitando una mejor comprensión de la información y ofreciendo un aspecto más profesional y atractivo al lector.

Inserción de objetos en Microsoft 365 Word

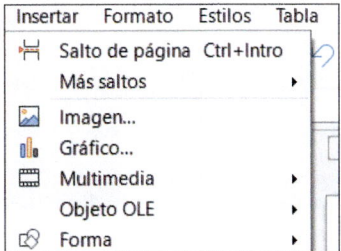

Inserción de objetos en LibreOffice Writer

9.1. Trabajo con imágenes

La incorporación de imágenes en documentos permite ilustrar conceptos o complementar la información textual. Tras insertar una imagen, es posible editar sus características visuales, como el tamaño, brillo, contraste, transparencia, e incluso aplicar estilos o efectos específicos. Además, los procesadores de texto permiten posicionar libremente las imágenes en relación con el texto, facilitando así una integración armoniosa entre contenido escrito y visual.

Las opciones para insertar imágenes en *Microsoft 365 Word* son las siguientes:

- **Este dispositivo:** permite seleccionar e insertar imágenes guardadas en tu ordenador o dispositivo de almacenamiento local (por ejemplo, tu disco duro o una memoria USB).
- **Imágenes de archivo:** ofrece acceso directo a una biblioteca integrada con imágenes profesionales y gratuitas disponibles dentro de *Word*. Estas imágenes pueden utilizarse libremente en documentos y presentaciones.

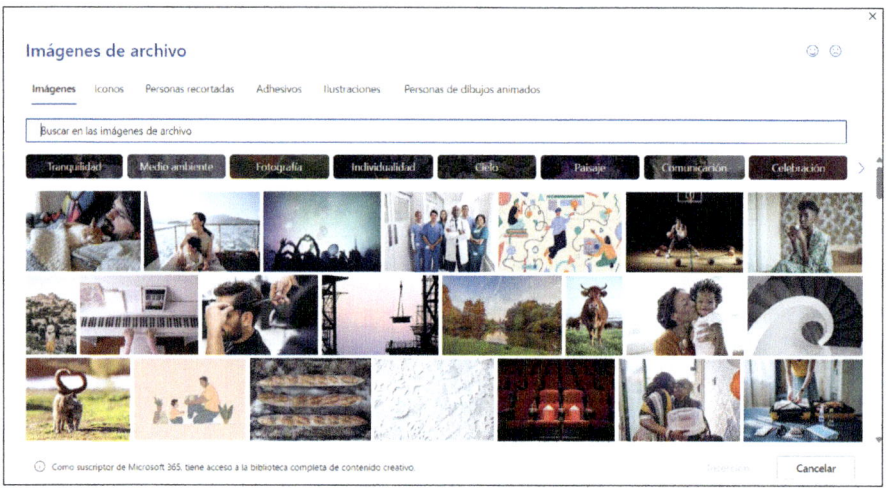

- **Imágenes en línea:** permite buscar e insertar imágenes directamente desde Internet mediante el buscador integrado de *Word*, facilitando la inclusión rápida de contenido visual actualizado.

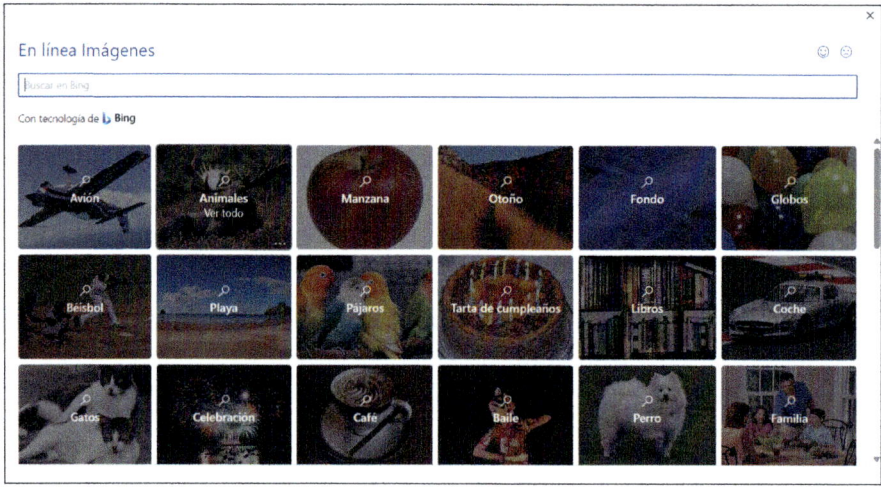

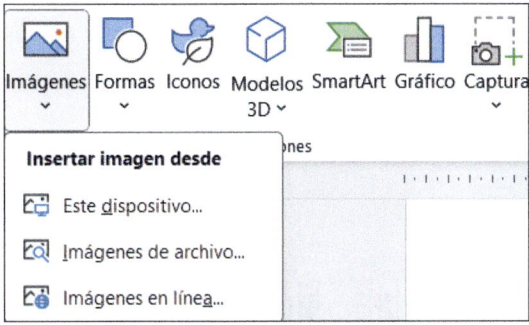

Opciones para insertar imágenes en Microsoft 365 Word

 **Nota**

Al insertar imágenes en *Word,* es posible ajustarlas fácilmente en tamaño, posición y estilo, facilitando la creación de documentos visualmente atractivos y profesionales.

LibreOffice Writer ofrece la opción de insertar imágenes desde el dispositivo:

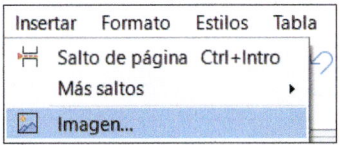

9.2. Gráficos

La inserción de gráficos permite representar visualmente datos numéricos o estadísticos dentro de un documento, simplificando su interpretación y análisis. Existen distintos tipos de gráficos (barras, columnas, líneas, circulares, etc.) disponibles para adaptarse a la naturaleza específica de la información. Los procesadores de texto facilitan la creación y edición sencilla de estos gráficos, ofreciendo herramientas intuitivas para personalizar sus elementos, como títulos, etiquetas, colores y estilos visuales.

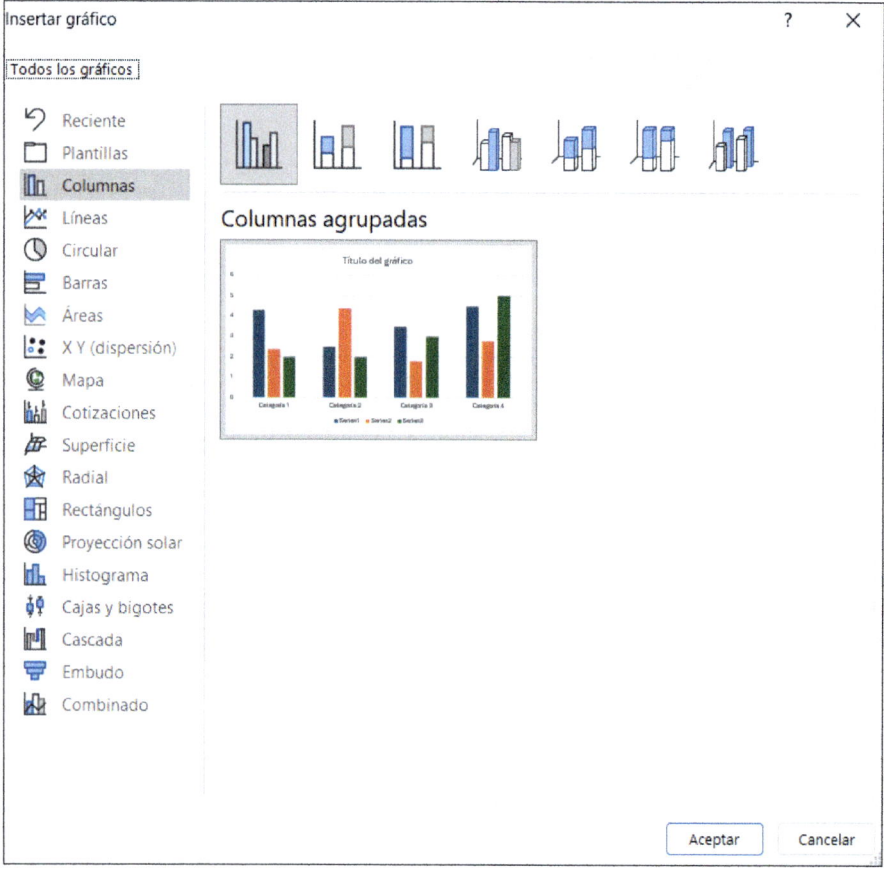

Tipos de gráfico en Microsoft 365 Word

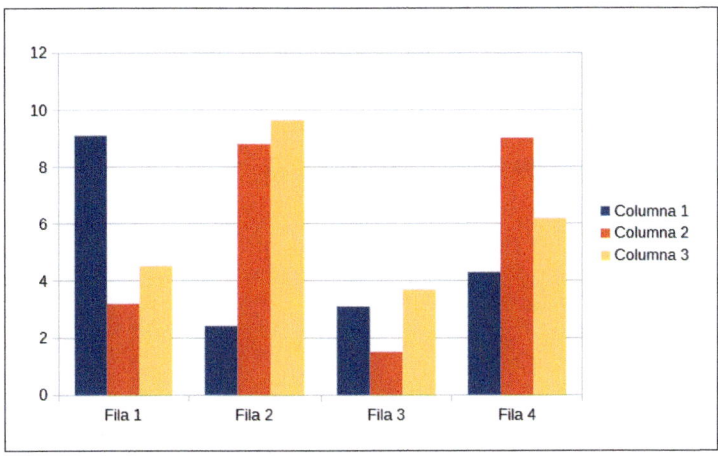

Modelo de gráfico en LibreOffice Writer

9.3. Dibujos

Los dibujos permiten insertar en el documento ilustraciones o formas perso-nalizadas para destacar o complementar ciertos aspectos del contenido textual. Para crear dibujos se utilizan herramientas integradas en el propio procesador de texto, permitiendo la elaboración de esquemas simples, flechas, figuras geométricas, líneas o formas más elaboradas. Estos elementos visuales ayudan a expresar ideas o relaciones conceptuales difíciles de explicar exclusivamente mediante texto.

Formas en *Word*

Permite insertar rápidamente líneas, flechas y formas geométricas para ilustrar documentos o realizar diagramas sencillos.

Formas en *LibreOffice Writer*

Ofrece diversas opciones para insertar formas básicas, líneas y diagramas, facilitando la creación de gráficos simples y personalizados.

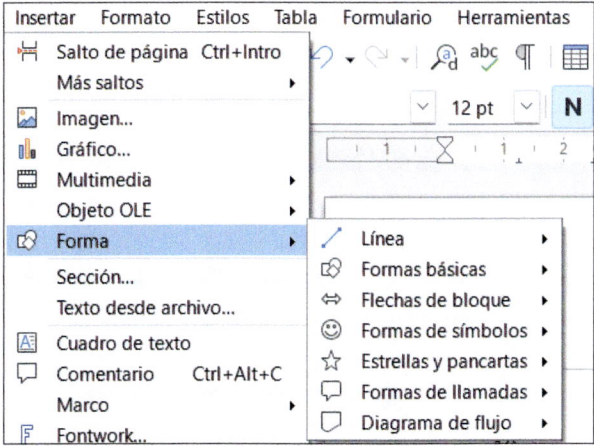

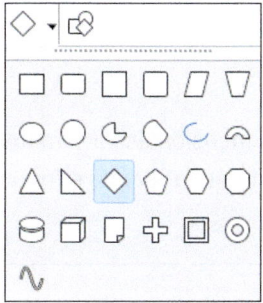

Iconos en *Word*

Brinda acceso directo a una gran biblioteca de iconos modernos, útiles para enriquecer visualmente el contenido de los documentos.

Modelos 3D en *Word*

Proporciona modelos tridimensionales interactivos y animados para ilustrar conceptos de manera visualmente atractiva e innovadora.

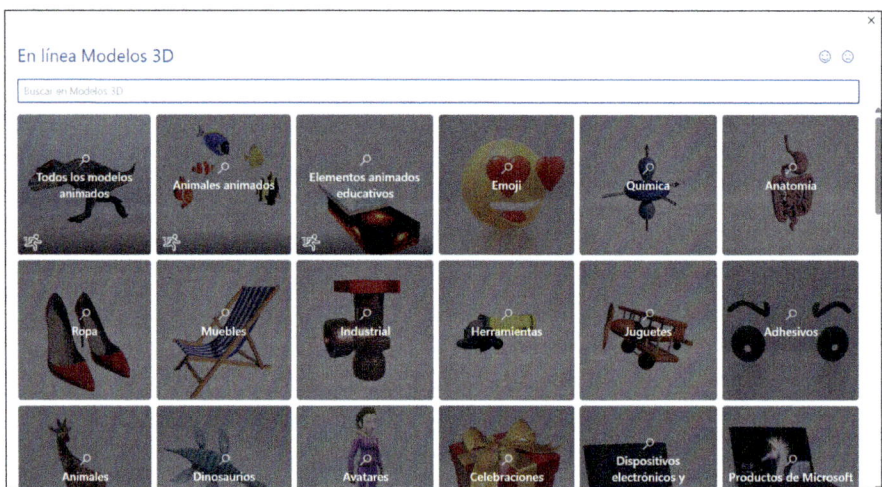

9.4. Diagramas

Los diagramas son herramientas visuales empleadas para representar claramente procesos, jerarquías o relaciones entre diferentes elementos dentro de un documento. Los procesadores de texto ofrecen diversas plantillas y tipos de diagramas predeterminados, como organigramas, diagramas de flujo o mapas conceptuales, que pueden insertarse y adaptarse fácilmente a las necesidades del documento. Esto facilita una exposición ordenada y clara de estructuras complejas, contribuyendo a una mejor comprensión global del contenido.

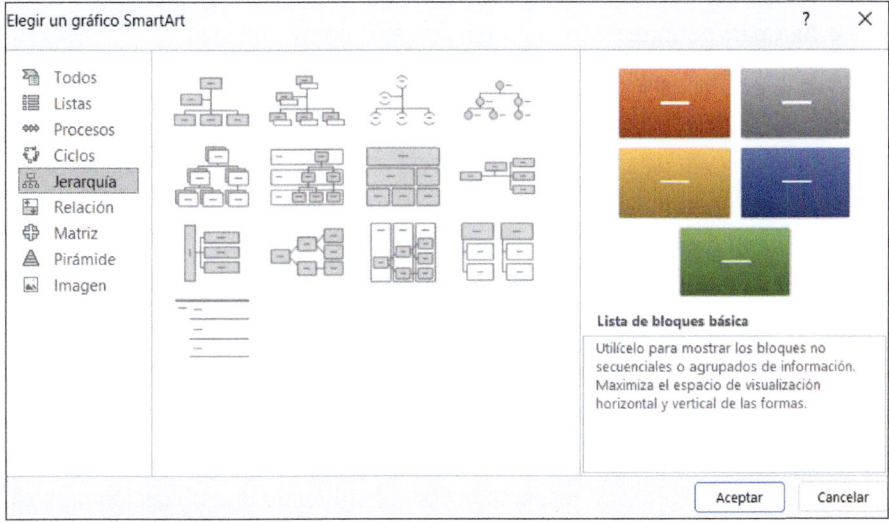

SmartArt en Microsoft 365 Word

9.5. Definición de ajustes de texto de los objetos

La definición de ajustes de texto consiste en determinar cómo interactúan visualmente los objetos insertados con el texto que los rodea. Es posible configurar distintas opciones, como que el texto fluya alrededor de la imagen u objeto, que se superponga, o que el objeto esté alineado en una línea independiente del texto. Estos ajustes permiten controlar la integración y distribución visual entre texto y objetos insertados, garantizando así una presentación limpia, ordenada y profesional del documento.

Las herramientas de organización en *Microsoft 365 Word* son opciones para organizar objetos en la página:

- **Posición:** ajusta rápidamente la ubicación predeterminada del objeto respecto al texto.
- **Ajustar texto:** controla cómo fluye el texto alrededor del objeto.
- **Traer adelante/Enviar atrás:** ordena objetos cuando hay varios super-puestos.
- **Panel de selección:** muestra una lista de objetos en la página para faci-litar su selección.
- **Alinear:** alinea objetos entre sí o con los márgenes.
- **Agrupar:** permite tratar múltiples objetos como uno solo.
- **Girar:** rota el objeto seleccionado.

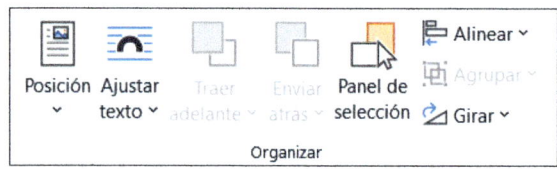

Herramientas de organización en Microsoft 365 Word

Las opciones rápidas de posición del objeto permiten elegir posiciones pre-establecidas del objeto con respecto al texto, facilitando una ubicación precisa y ordenada del objeto dentro de la página:

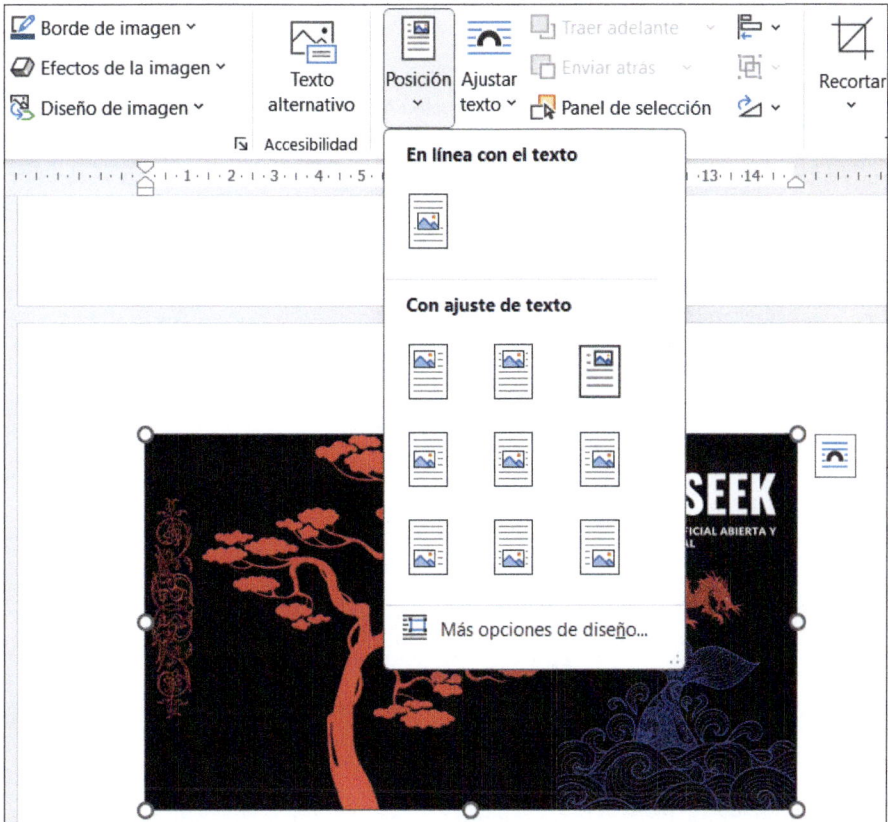

Microsoft 365 Word también hay opciones específicas para el ajuste de texto alrededor de los objetos:

- **En línea con el texto:** el objeto se mueve como parte del texto.
- **Cuadrado, Estrecho, Transparente:** el texto fluye alrededor del objeto con diferentes niveles de cercanía.
- **Arriba y abajo:** el texto fluye por encima y debajo del objeto, no a los lados.
- **Detrás o delante del texto:** el objeto aparece detrás o delante del texto del documento.

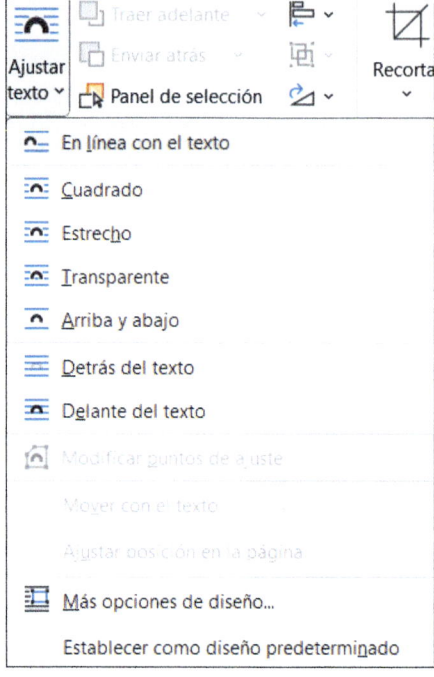

Opciones específicas para el ajuste de texto en Microsoft 365 Word

En *LibreOffice Writer,* las opciones de ajuste del texto indican diferentes estilos visuales para ajustar el texto alrededor de imágenes u objetos:

- Opciones variadas (ajuste cuadrado, estrecho, transparente, arriba/abajo, etc.) para controlar el flujo del texto.
- Opciones para alinear objetos, cambiando su posición en relación con el texto.
- Posibilidad de colocar el objeto delante o detrás del texto, similar a *Word.*

Opciones de ajuste del texto en LibreOffice Writer

10. Resumen

A lo largo de este capítulo, se han conocido los diferentes conceptos que rodean al *software* de aplicación *Procesador de textos,* así como su estructura y características.

Se ha partido de un punto en el que el alumno ha podido comprobar cómo se realizan operaciones básicas como la creación, apertura, edición, guardado y salida de un documento de texto. Se han expuesto las distintas operaciones que se pueden realizar en la edición de los mismos, como el desplazamiento por el documento, la inserción de texto, la modificación o edición de texto, selección y operaciones como Copiar, Cortar y Pegar, además de la opción Deshacer.

Por otro lado, se han mostrado herramientas de escritura para la corrección ortográfica, gramatical, sinónimos o la búsqueda y el reemplazo de texto.

En cuanto al aspecto de un documento, se han estudiado recursos para cambiar el formato del texto y de los párrafos, así como la inserción de listas numeradas y viñetas, encabezados y pies de página, columnas y tablas, además de operaciones para configurar la página y la impresión de la misma.

Por último, se ha trabajado con la inserción de objetos complementarios que enriquecen el texto, tales como imágenes, gráficos, dibujos o diagramas.

Ejercicios de repaso y autoevaluación

1. ¿Cuál de los siguientes elementos no es propio del entorno de trabajo de un procesador de textos?

    a. Regla.
    b. Panel de documento.
    c. Paleta de colores.
    d. Barra de estado.

2. ¿Qué diferencia existe entre las opciones Guardar y Guardar como?

    a. Guardar permite elegir el formato y Guardar como no.
    b. Guardar se utiliza para texto plano y Guardar como para texto con formato.
    c. Guardar permite especificar el nombre y el formato del documento mientras que Guardar como lo hace con los parámetros actuales.
    d. Guardar como permite especificar el nombre y el formato del documento mientras que Guardar lo hace con los parámetros actuales.

3. ¿Para qué sirve la combinación de teclas [Ctrl] + [A]?

    a. Para guardar los cambios.
    b. Para abrir un documento.
    c. Para cerrar un documento.
    d. Para salir de la aplicación.

4. ¿Cuáles son los métodos de colocación del cursor más comunes en un procesador de textos?

    a. Solo con el ratón.
    b. Solo con el teclado.
    c. Con el ratón y el teclado.
    d. Con ninguno, se realiza de manera automática.

5. ¿Hacia dónde se dirigirá el cursor si se pulsa la tecla [Inicio]?

    a. Hacia el principio de la línea actual.
    b. Hacia la primera línea del documento.
    c. Hacia la primera línea del párrafo.
    d. Hacia el principio de la palabra actual.

6. ¿Qué combinación de teclas habrá que usar para ir al principio del documento?

    a. [Shift] + [Inicio].
    b. [Ctrol] + [Inicio].
    c. Dos veces en [Inicio].
    d. [Alt] + [Inicio].

7. ¿Qué acción se podrá efectuar después de realizar una selección de texto?

    a. Cambiar su color.
    b. Cambiar su tamaño.
    c. Cambiar su fuente.
    d. Todas las anteriores.

8. ¿Qué se debe hacer para seleccionar un párrafo entero?

    a. Doble clic sobre una de sus palabras.
    b. Doble clic en la parte izquierda del párrafo.
    c. Pulsar la tecla [Ctrl] y, sin soltarla, hacer clic en la parte izquierda del documento.
    d. Pulsar la combinación de teclas [Ctrl] + [E].

9. ¿Qué opciones no ofrece la utilidad Cambio entre mayúsculas y minúsculas?

    a. Tipo oración.
    b. Mayúsculas.
    c. Alternar mayúsculas/minúsculas.
    d. Poner en mayúsculas cada oración.

10. ¿Qué tipos de objetos se pueden insertar en un documento de texto?

    a. Gráficos y dibujos.
    b. Gráficos, imágenes y diagramas.
    c. Gráficos, imágenes, diagramas y dibujos.
    d. Imágenes, diagramas y dibujos.

Capítulo 6
Tratamiento y presentación de información con hojas de cálculo

Contenido

1. Introducción

El constante caudal de información al que cualquier persona se ve sometida a diario, debido al avance de la tecnología, requiere de ciertos mecanismos para almacenar y procesar dicha información. En este capítulo, se va a conocer uno de ellos, las hojas de cálculo.

Una hoja de cálculo es una aplicación informática que permite manipular datos numéricos y alfanuméricos dispuestos en forma de tablas organizadas en filas y columnas.

No es posible llevar encima todos los pedidos o facturas que una empresa cualquiera haya realizado a lo largo de los años en su trabajo cotidiano. Almacenar esa ingente cantidad de información es factible con hojas de cálculo, que permiten incluso realizar cálculos complejos con fórmulas y funciones sobre los datos que en ellas se almacenan, todo ello ocupando el espacio que ocupa cualquier lápiz de memoria, que, como es sabido, cabe en cualquier bolsillo. Dado que las hojas de cálculo modernas son algo diverso, se utilizan a veces para hacer pequeñas bases de datos, informes, gráficos estadísticos o clasificaciones de datos.

A lo largo de este capítulo, se conocerá la estructura básica de una hoja de cálculo, así como las operaciones más frecuentes que se realizan al trabajar con ellas, como abrir, guardar o cerrar libros y el desplazamiento a través de ellos. Por otro lado, se aprenderá a insertar y modificar datos de diferente naturaleza en las celdas, como texto, números o fechas. Por último, se recorrerán los pasos previos a la impresión de una hoja de cálculo, realizando una vista preliminar y modificando las opciones de configuración e impresión de página pertinentes para obtener el mejor resultado de la misma.

2. Estructura y características de la hoja de cálculo

La estructura básica de una aplicación de hoja de cálculo es muy similar entre las diferentes posibilidades que se encuentran en otros productos de una suite ofimática, como el procesador de textos.

Nota

El espacio de trabajo se encuentra dividido en varias zonas claramente diferenciadas, como la barra de título, las barras de menú, tareas, herramientas o cinta de opciones, la ventana del libro de trabajo u hoja y la barra de estado.

A continuación, se van a ver detalladamente cada una de estas zonas en las hojas de cálculo *Excel* y *Calc,* pertenecientes a las *suites* ofimáticas *Microsoft 365* y *LibreOffice 25.2.1* respectivamente.

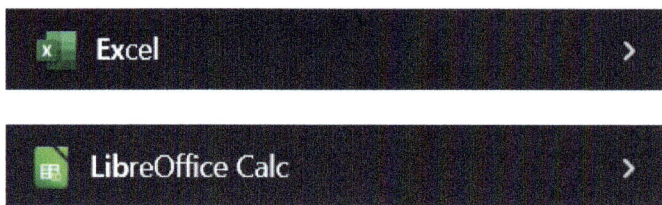

Los principales elementos de *Microsoft 365 Excel* son:

- **Botón Archivo:** aquí empieza todo. Es como la puerta principal donde puedes crear un libro nuevo, abrir los que ya tienes guardados, imprimir tu hoja de cálculo, o ajustar opciones de la aplicación.
- **Barra de títulos:** esta parte de arriba te recuerda siempre en qué documento estás trabajando (por ejemplo, "Libro1 - Excel"). También incluye botones para minimizar, maximizar o cerrar la ventana.
- **Cinta de opciones:** esta herramienta es como un gran organizador; divide las herramientas en pestañas (Inicio, Insertar, Fórmulas, etc.) para que las encuentres rápidamente. Cuando inserte un objeto (una gráfica, por ejemplo), aparecen pestañas especiales con herramientas específicas para ese objeto.

- **Barra de fórmulas:** es un espacio donde puede escribir fórmulas, funciones o editar los contenidos de una celda. Es el corazón de *Excel,* especialmente útil cuando hace cálculos o análisis de datos.

- **Área de trabajo (Hoja):** aquí es donde ocurre toda la magia. Está formada por filas y columnas llenas de celdas donde ingresas datos, números, textos o gráficos.

- **Barra de estado:** abajo, *Excel* te da información rápida como la suma, promedio o conteo de las celdas seleccionadas, o indica en qué modo estás trabajando (listo, edición, etc.).

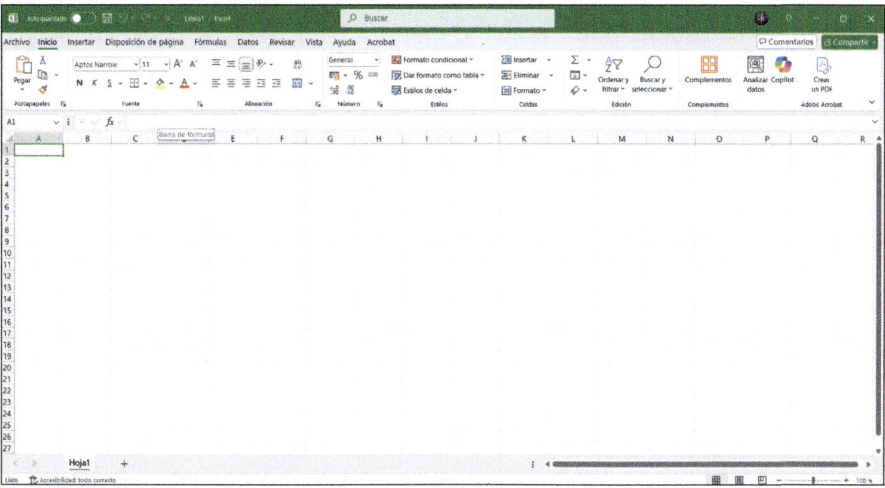

Microsoft Excel

Principales elementos de *LibreOffice Calc 25.2.1:*

- **Menú Archivo:** es el punto de partida, aquí crea, abre o guarda documentos, exporta archivos a PDF o ajusta la configuración general del programa.

- **Barra de títulos:** siempre indica en qué documento está (por ejemplo, "Sin título 1 - LibreOffice Calc"). Al igual que en *Excel,* puede minimizar, maximizar o cerrar la aplicación desde aquí.

- **Barra de menús y herramientas:** *Calc* aún usa menús desplegables tradicionales (Archivo, Editar, Ver…), combinados con barras de herramientas que te ofrecen accesos directos a funciones muy utilizadas como formatos, fórmulas o creación rápida de gráficos.

- **Barra de fórmulas:** igual que en *Excel,* este espacio es clave para editar y escribir fórmulas y funciones, permitiendo realizar cálculos precisos con facilidad.
- **Área de trabajo (Hoja):** aquí están las filas y columnas que forman celdas individuales donde se insertan los datos. Es el espacio principal para trabajar y organizar información.
- **Panel lateral:** una particularidad de *LibreOffice Calc* es su panel lateral, un asistente rápido que proporciona acceso inmediato a opciones para formatear celdas, ajustar estilos o insertar gráficos con un par de clics.
- **Barra de estado:** situada abajo, muestra datos rápidos como conteos y sumas, además del *zoom,* la vista activa y los modos de selección.

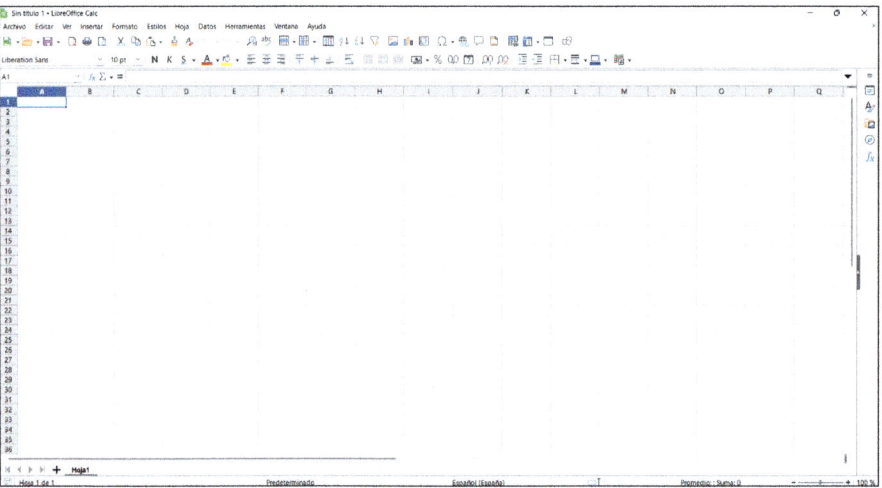

LibreOffice Calc

3. Trabajo con hojas de cálculo

En este apartado, se van a conocer las diferentes operaciones de manipulación de libros que se pueden realizar, tales como abrir, guardar y cerrar libros a través de aplicaciones de hojas de cálculo. Se conocerá cómo es posible hacerlas de más de una forma diferente obteniendo el mismo resultado.

3.1. Abrir libros

Para abrir un libro en la hoja de cálculo ya existente en el equipo, existen diferentes formas de hacerlo desde las distintas aplicaciones.

Entre las más usuales, cabe citar las siguientes:

Desde *Microsoft Excel*

Se podrá optar por hacer clic sobre la pestaña **Archivo** y seleccionar la opción **Abrir.** Se abrirá un cuadro de diálogo del mismo nombre, donde se deberá navegar por los directorios de su disco duro y seleccionar el libro que se pretende abrir.

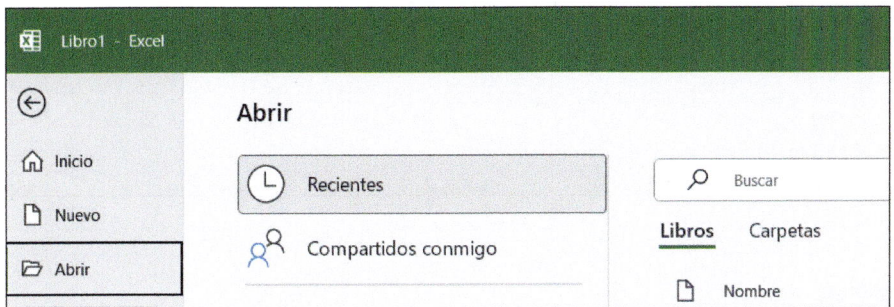

 Sabía que...

Mediante la combinación de teclas [Ctrl] + [A], se consigue abrir el mismo cuadro de diálogo.

Desde *LibreOffice Calc*

Para abrir un documento, se podrá utilizar el menú Archivo de la barra de tareas y seleccionar la opción **Abrir.** Como segunda opción, está el icono Abrir de la barra de herramientas. Por último, mediante la combinación de teclas [Ctrl] + [A], se realiza la misma acción de apertura.

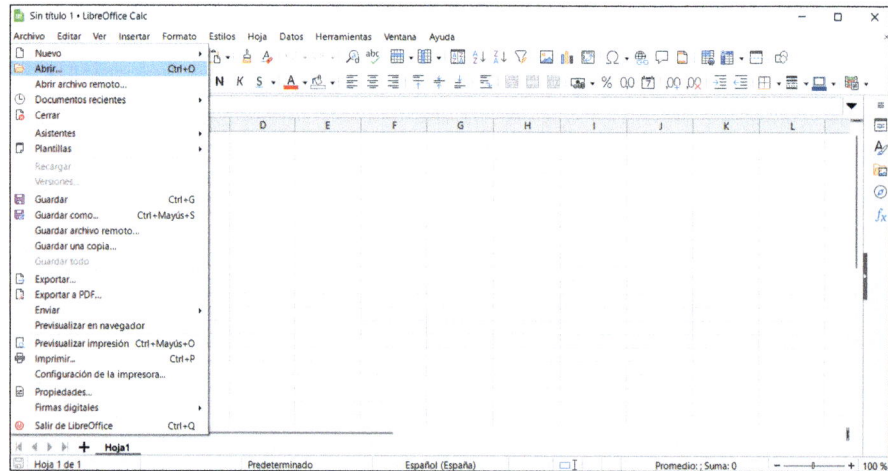

 Nota

Las tres opciones mostrarán un cuadro de diálogo del mismo nombre, desde el que se seleccionará el documento a abrir.

Debe saber que el programa guarda un listado interno de los últimos documentos abiertos a modo de enlace, de tal forma que, para acceder a uno de estos, basta con pulsar en el nombre del documento que le aparece, simplemente al hacer clic en la pestaña **Archivo,** sección *Recientes.*

3.2. Guardar libros

Guardar un libro de cálculo consiste en almacenar los cambios realizados para conservarlos permanentemente y poder acceder a ellos en otro momento. Esto se puede realizar de dos formas: usando la opción **Guardar,** que conserva directamente los cambios realizados sobre el archivo actual, o con la opción **Guardar como,** que permite definir un nuevo nombre, elegir la ubicación donde almacenarlo, o seleccionar otro formato de archivo.

En *Microsoft 365 Excel*

Se guarda un libro haciendo clic en la pestaña **Archivo** y después en Guardar (si el archivo ya tiene nombre) o **Guardar como** (si deseas cambiar nombre, ubicación o formato). También es posible pulsar las teclas [Ctrl] + [G] para guardar rápidamente los cambios.

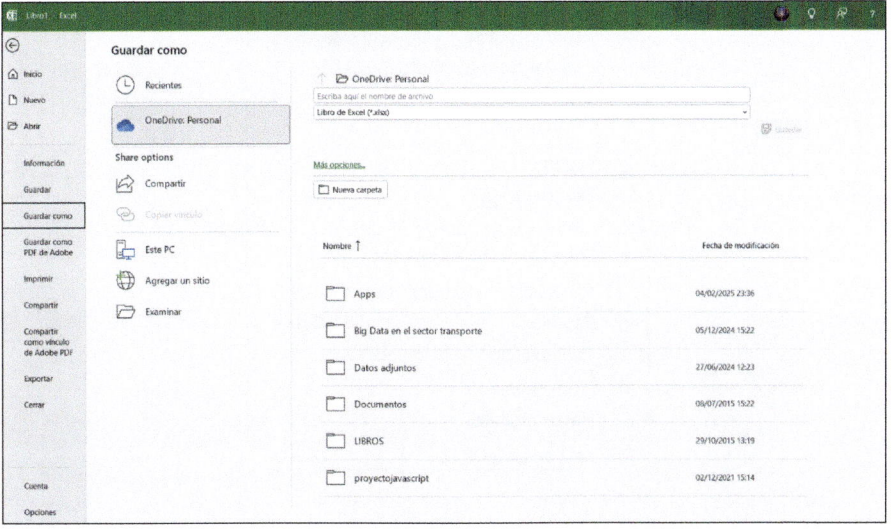

LibreOffice Calc

En *LibreOffice Calc*

Se realiza el mismo procedimiento, entrando al menú «Archivo» y luego en **Guardar** o **Guardar como** según la necesidad. De igual modo, se puede usar la combinación de teclas [Ctrl] + [G] como atajo rápido.

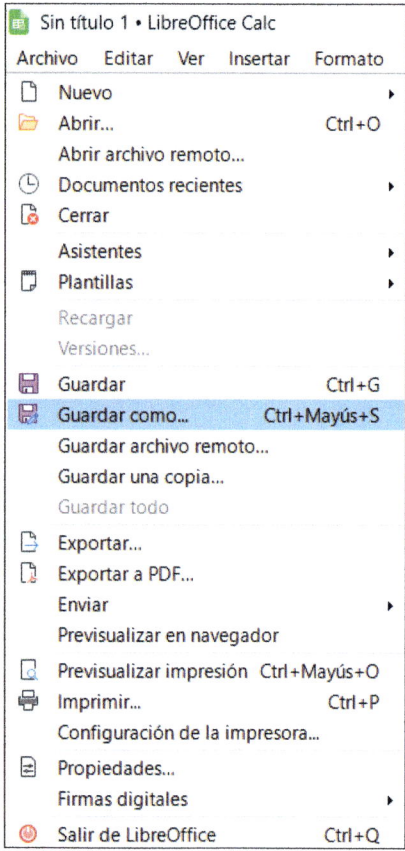

LibreOffice Calc

3.3. Cerrar libros

Cerrar un libro de cálculo consiste en finalizar el trabajo sobre el archivo actual, sin cerrar necesariamente el programa completo. Al cerrar el libro, la aplicación suele comprobar si los cambios están guardados previamente; en caso contrario, pregunta al usuario si desea guardarlos antes de cerrar.

En *Microsoft 365 Excel*

Para cerrar un libro, hay que hacer clic en la pestaña **Archivo** y después seleccionar **Cerrar.** Si el archivo no se ha guardado, Excel avisará automáticamente para decidir si se guarda o descartan los cambios realizados antes de cerrar. Además, también es posible eliminar la hoja haciendo clic derecho y seleccionando **Eliminar.**

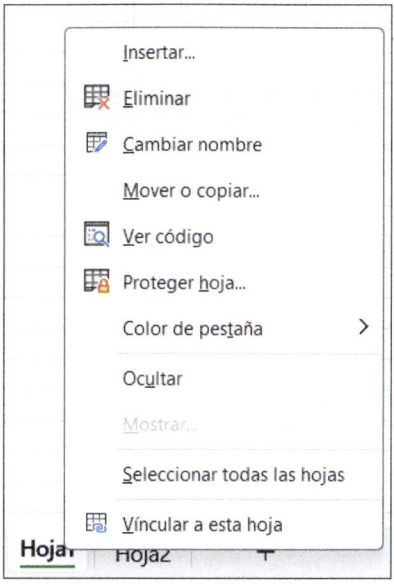

Microsoft 365 Excel

En *LibreOffice Calc*

El procedimiento es similar, accediendo al menú **Archivo** y seleccionando la opción **Cerrar.** Igual que en *Excel, Calc* también preguntará qué se desea hacer con los cambios si aún no se ha guardado. Al igual que en el anterior, también es posible eliminar la hoja haciendo clic derecho y seleccionando **Eliminar.**

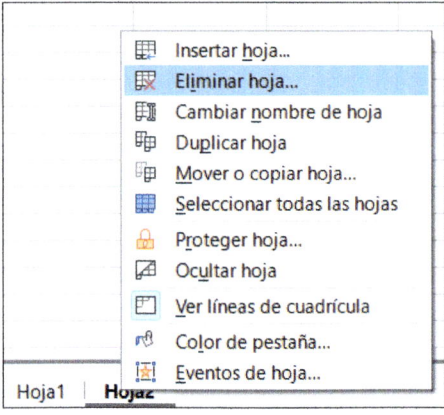

LibreOffice Calc

Aplicación práctica

Cree un libro con los días de la semana en sus columnas y la división mañana, tarde y noche en sus filas, para llevar el control de los turnos de trabajo de un empleado. Guárdelo con el nombre "Turnos" y ciérrelo. Detalle los pasos que ha tenido que realizar para desarrollar esta actividad.

DÍA/TURNO	LUNES	MARTES	MIÉRCOLES	JUEVES	VIERNES	SÁBADO	DOMINGO
MAÑANA	X	X					
TARDE			X				X
NOCHE					X	X	

SOLUCIÓN

Para crear un nuevo libro, se hará clic en la pestaña Archivo situada en la esquina superior izquierda, y después se seleccionará la opción **Nuevo**. A continuación, se elegirá Libro en blanco o alguna de las plantillas disponibles según el enunciado.

Una vez creado el libro, se editará siguiendo las especificaciones indicadas en el enunciado, dándole un aspecto similar al de la imagen proporcionada.

Continúa en página siguiente >>

<< Viene de página anterior

Después de realizar las modificaciones necesarias, se guardará haciendo clic nuevamente en la pestaña **Archivo** y luego en la opción **Guardar** o **Guardar como**. Aparecerá una ventana solicitando el nombre del libro; se escribirá "Turnos" y se pulsará el botón **Guardar**.

Por último, para cerrar el libro, se accederá otra vez a la pestaña **Archivo** y se seleccionará la opción **Cerrar**.

4. Desplazamiento dentro de una hoja de cálculo

Como ya es sabido, un libro es el archivo con el que una aplicación de hoja de cálculo trabaja. En él, se encuentran las hojas, que son los documentos, divididos en celdas y estructurados en filas y columnas, en los que se encuentran los datos.

 Importante

Saber desplazarse por una hoja de cálculo es fundamental para agilizar el trabajo en ella, sobre todo cuando están compuestas por cientos de filas o columnas repletas de datos.

Es evidente que la mayoría de las hojas de trabajo ocuparán más celdas que las que la pantalla pueda mostrar. Por lo tanto, se va a aprender a desplazarse por ella. A continuación, se describen los diferentes métodos de desplazamiento por una hoja de cálculo.

4.1. El teclado

La forma más natural para desplazarse por las celdas que componen la hoja de cálculo es el teclado. En la siguiente tabla, se observan los movimientos posibles y las teclas o combinaciones de ellas que los provocan.

Movimientos de teclado	
Movimiento	**Teclado**
Celda abajo	FLECHA ABAJO
Celda arriba	FLECHA ARRIBA
Celda derecha	FLECHA DERECHA
Celda izquierda	FLECHA IZQUIERDA
Pantalla abajo	AVPÁG
Pantalla arriba	REPÁG
Celda A1	CTRL + INICIO
Primera celda de la columna activa	FIN + FLECHA ARRIBA
Última celda de la columna activa	FIN + FLECHA ABAJO
Primera celda de la fila activa	FIN + FLECHA IZQUIERDA
Última celda de la fila activa	FIN + FLECHA DERECHA

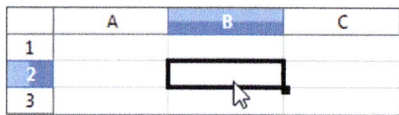

Selección de una celda con el ratón

4.2. El ratón

Por otro lado, es posible ayudarse del ratón para realizar desplazamientos cortos en la hoja de cálculo. Para ello, bastará con hacer clic en la celda que se desee para que esta quede activa.

4.3. Barras de desplazamiento

Como se ha comentado con anterioridad, puede darse el caso de que la celda que se busque no se muestre en pantalla, para lo que tendrán que usarse las barras de desplazamiento para poder llegar a la celda de destino.

Recuerde

La mayoría de las hojas de trabajo ocuparán más celdas que las que la pantalla pueda mostrar.

Las barras de desplazamiento permiten la movilidad a lo largo y ancho de la hoja de forma rápida y sencilla, simplemente desplazando la barra, arrastrándola con el ratón. También se puede hacer clic en los triángulos que se encuentran situados al principio y al final de cada una de las barras.

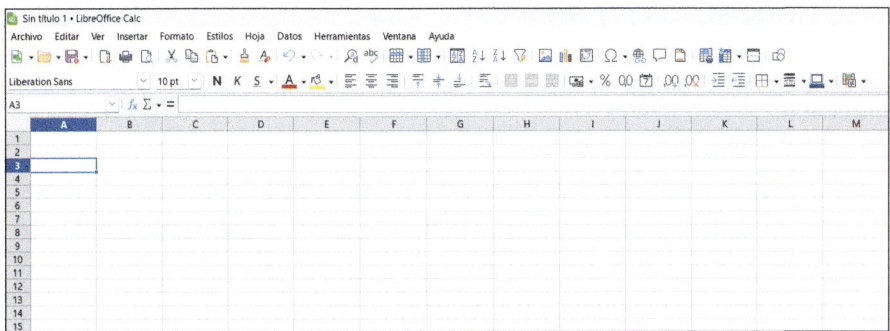

Desplazamiento mediante las barras de desplazamiento vertical y horizontal

5. Introducción de datos

Una vez abierto el libro en la aplicación de hoja de cálculo y conociendo las acciones con las que es posible desplazarse por ella, se pasa a introducir los datos en las celdas que formarán parte de cada una de las hojas.

 Nota

Los datos a introducir pueden ser de diferente naturaleza, dependiendo del tipo de información que se quiera representar.

Para insertar datos en la celda elegida habrá que seleccionarla primeramente con el puntero del ratón o el teclado para activarla. Acto seguido, se tecleará el dato a introducir. Se observa que también se rellenará la barra de fórmulas, con lo que se escriba en la celda. Una vez finalizada la inserción del dato, se pulsará la tecla [Intro] para aceptar la inserción.

Por otro lado, se podrá insertar un dato en una celda desde la barra de fórmulas, escribiéndolo en ella y posteriormente haciendo clic sobre el botón **Introducir.**

Para configurar el formato de un dato en una celda, habrá que configurar el formato de la misma, haciendo para ello clic con el botón derecho del ratón sobre la celda o grupo de celdas seleccionadas y eligiendo la opción **Formato de celdas** de *Excel* o **Formatear celdas** para *Calc*.

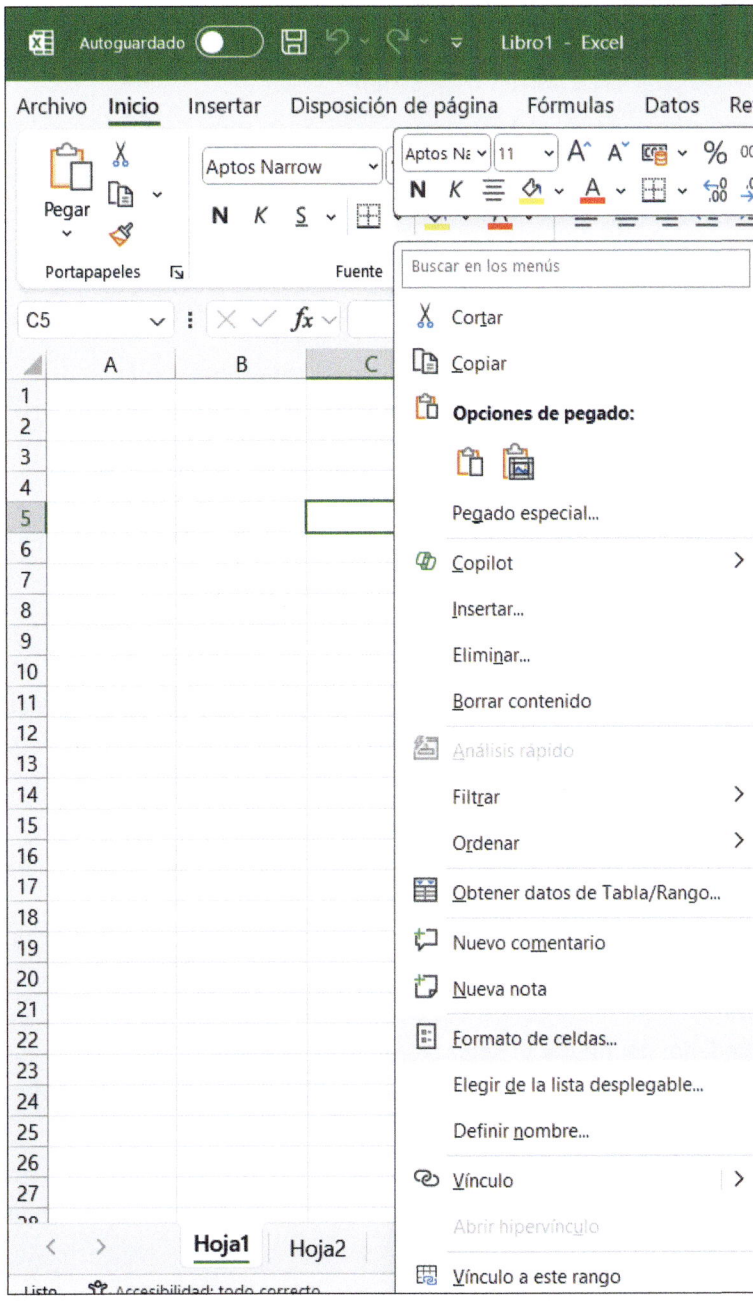

Dar formato a una celda en Excel

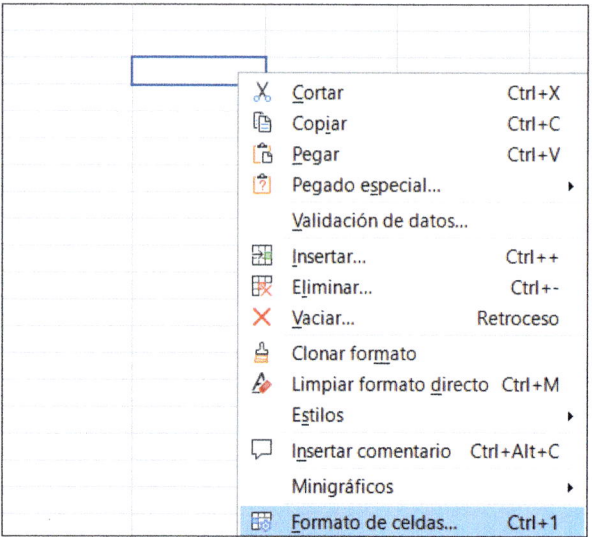

Dar formato a una celda de LibreOffice Calc

Después de elegir la opción correspondiente, se abrirá una ventana del mismo nombre que la opción, por medio de la cual se elegirá la configuración de la celda o grupo de celdas seleccionadas.

Las opciones que se podrán configurar son:

- **Número:** configurar el formato numérico de la celda.
- **Alineación:** ajustar la alineación y orientación del texto en la celda.
- **Fuente:** cambiar el tipo, estilo, tamaño y color de la fuente en la celda.
- **Borde:** definir el tipo y estilo de borde de la celda.
- **Relleno:** configurar el color de fondo de la celda.
- **Proteger:** especificar si la celda está bloqueada u oculta (para la protección de la hoja).

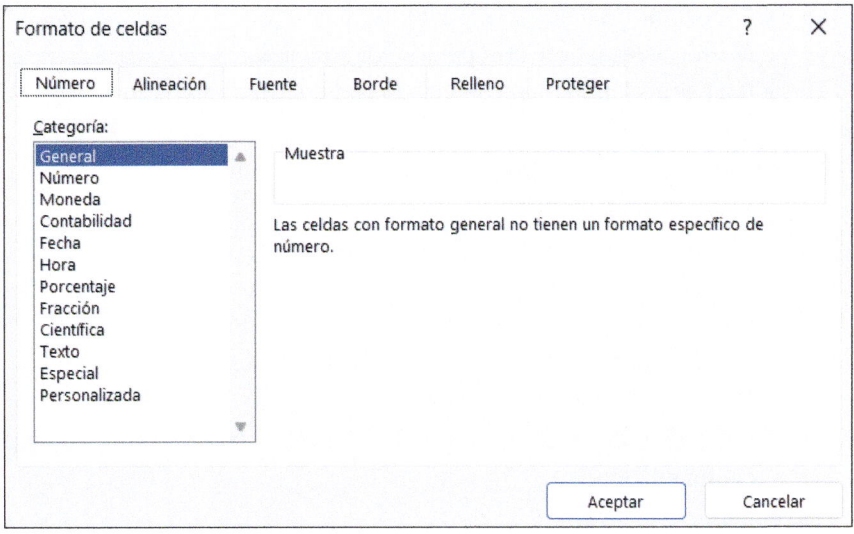

Formato de celdas en Excel

En *LibreOffice Calc,* el formato de celdas es:

■ **Categoría de formato numérico:**

- Todo
- Definido por el usuario
- Número
- Porcentaje
- Moneda
- Fecha
- Hora
- Científico
- Fracción
- Valor booleano
- Texto

■ **Opciones adicionales en el formato numérico:**

- Definir la cantidad de decimales.
- Especificar si los números negativos se muestran en rojo.

▮ Configurar los ceros a la izquierda.

▮ Activar o desactivar el separador de millares.

▮ Aplicar un formato personalizado con código de formato.

■ **Idioma:** se puede seleccionar el idioma predeterminado para la configuración del formato numérico.

■ Otras pestañas de formato:

▮ **Alineación:** ajuste de la alineación y orientación del texto.

▮ **Bordes:** configuración del estilo y grosor de los bordes.

▮ **Fondo:** selección del color de fondo.

▮ **Protección de celda:** definir si la celda está bloqueada o protegida contra edición.

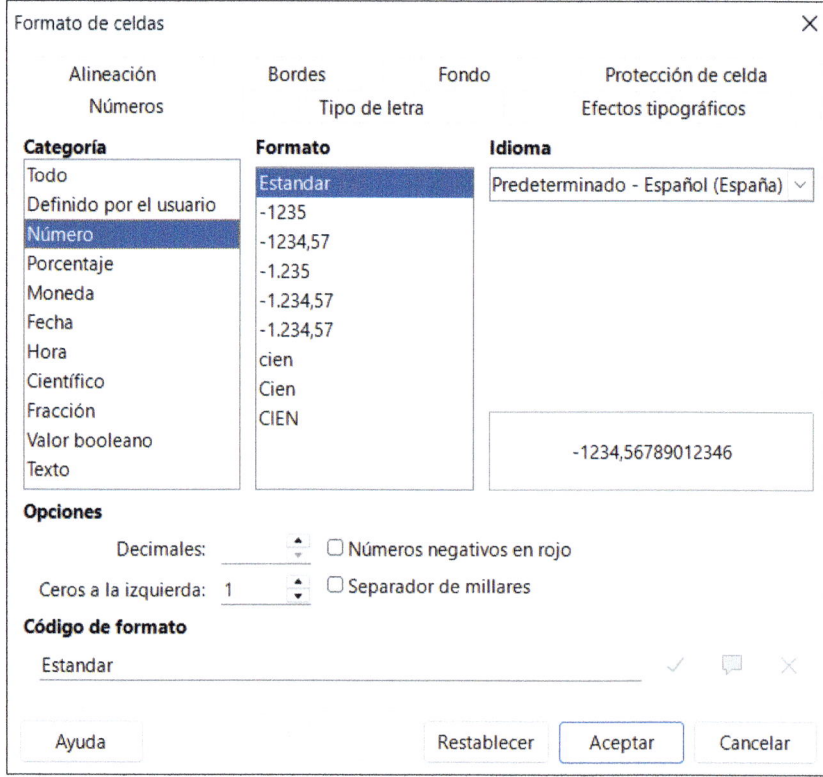

Formato de celdas en LibreOffice Calc

En los apartados siguientes, se conocerán los diferentes tipos de datos que se pueden insertar en las celdas de una hoja de cálculo.

5.1. Textos

Como se puede deducir, un dato de texto es un tipo de dato que se escribe para mostrar un mensaje o un título en una de las celdas de la hoja. Para escribirlo, se hará como para introducir cualquier otro dato.

 Nota

Este tipo de dato aparece alineado a la izquierda, aunque se puede personalizar la alineación.

Además, se permite la configuración del tipo de fuente, tamaño, color o estilo.

En la siguiente imagen, se pueden observar diferentes celdas con datos de texto, cada uno con diferente formato.

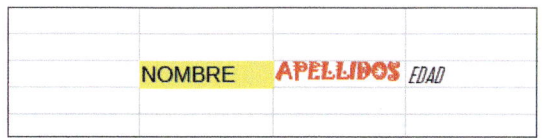

Datos de texto LibreOffice Calc

5.2. Valores

Los valores o datos numéricos son los números que se podrán insertar en una celda. Para escribirlos, se procederá al igual que para introducir cualquier otro dato, con la diferencia de que en este caso se teclean números.

Se deberá tener en cuenta que los valores o datos numéricos solo estarán compuestos por números.

Importante

Si se desea introducir en una celda el valor 20 €, por ejemplo, se deberá introducir solo el número 20, dado que la propia aplicación de hoja de cálculo se encargará de escribir el símbolo correspondiente (€, %, etcétera).

Para que al escribir un dato numérico en una celda, esta lo trate como tal y no como texto, se deberá configurar el formato de la celda y elegir la opción **Número** desde la pestaña *Números* de la ventana **Formato de celdas.**

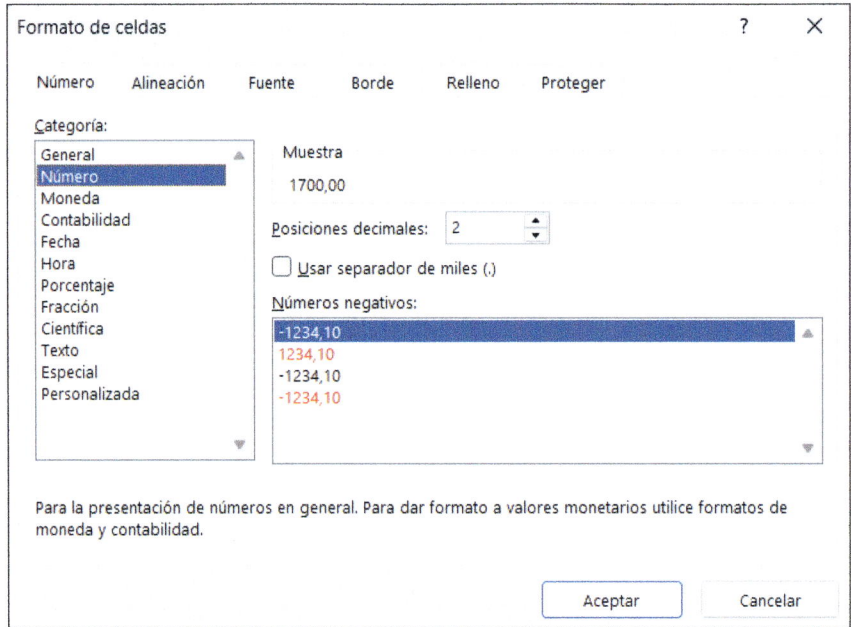

Formato de celda numérico

Los datos numéricos son la base de otros datos algo más complejos, como las fórmulas o funciones de *Excel.* Además, los datos numéricos, junto con algunos operadores matemáticos, podrán realizar las siguientes operaciones:

- **Sumar:** junto con el operador '+' suma.
- **Restar:** junto con el operador '-' resta.
- **Multiplicar:** junto con el operador '*' multiplicación.
- **Dividir:** junto con el operador '/' división.
- **Potencias:** junto con el operador '^' potencia.
- **Agrupar operaciones:** con los operadores '( )' paréntesis.
- **Comparaciones:** junto con los operadores '<>' distinto o no igual a, '>' mayor que y '<' menor que.

La forma de operar con datos numéricos se realiza mediante las fórmulas.

 Definición

Fórmula
Ecuación que efectúa cálculos con los valores de la hoja de cálculo.

Lo mejor será ver a través de un ejemplo la forma de operar con valores numéricos y operadores matemáticos.

Ejemplo de valores numéricos

Supóngase que se pretende realizar la suma de los valores numéricos de dos celdas. En la celda A2 se tiene el valor numérico '10' y en la celda B2 se tiene el valor numérico '4'. El resultado de ambas se quiere colocar en la celda C2.

Para realizar la suma, se selecciona primeramente la celda C2.

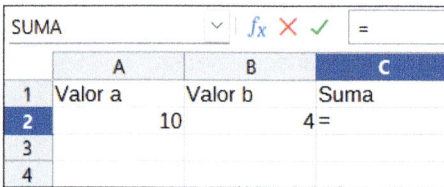

Seguidamente, se introduce el signo '=' (igual), se selecciona la celda A2, que contiene el primer sumando, se introduce el signo '+' (más) y se selecciona la celda B2, que contiene el segundo sumando.

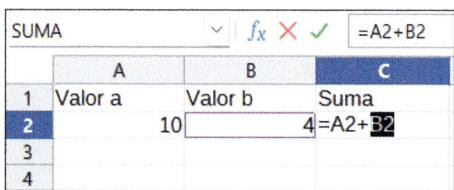

Se observa cómo la expresión aparece en la barra de fórmulas. Una vez seleccionados los sumandos y operadores con el orden correcto, se pulsará la tecla [Enter] y aparecerá el resultado.

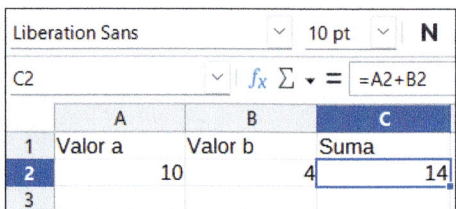

Sin saberlo, se ha realizado la operación matemática que se facilita mediante la función suma. Ahora se va a ver cómo se realizaría la misma operación que se acaba de hacer con ella.

Se selecciona la celda C2 y en la barra de fórmulas se escribe **=suma** y se pulsa la tecla [Enter].

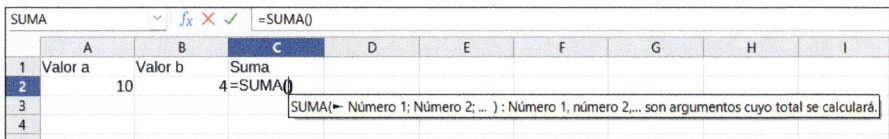

Se requerirán los números a sumar, por lo que se seleccionan las celdas a sumar (A2 y B2).

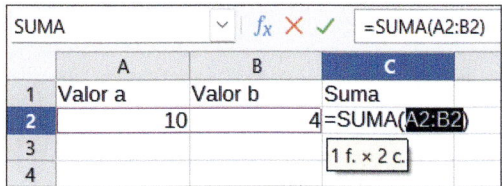

La fórmula ha sido completada. Para ver el resultado, se pulsa de nuevo la tecla [Enter].

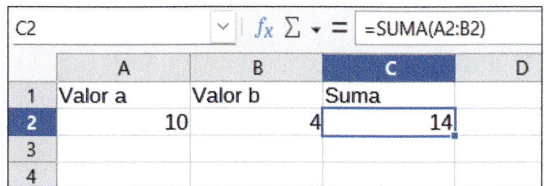

Una fórmula, como se ha visto en el ejemplo anterior, puede estar compuesta por funciones, estas se agrupan por categorías y se podrán localizar haciendo clic sobre el botón **Función** de la barra de fórmulas.

Recuerde

1. Todas las fórmulas empiezan con un signo igual '='.
2. Una vez introducida una fórmula, el valor restante o resultado debe aparecer en una celda.
3. Cuando se selecciona una celda que contiene una fórmula, esta aparece en la barra de fórmulas.

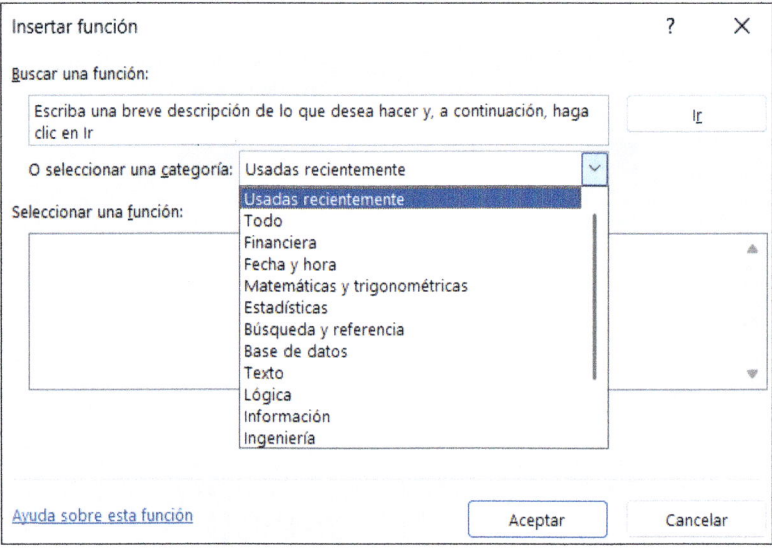

Funciones en Excel

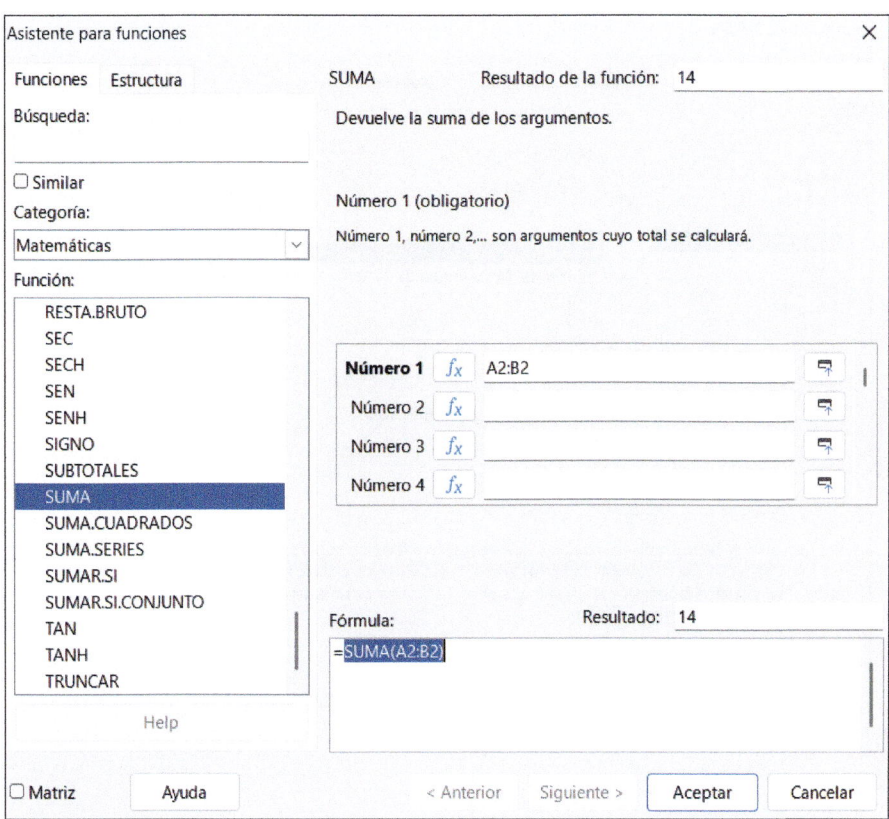

Funciones en Calc

5.3. Fechas

Por otro lado, está el tipo de dato fecha, con el que se puede configurar una celda para que interprete los valores numéricos que se introduzcan como una fecha. Para ello, se deberá configurar el formato de la celda y elegir la opción **Fecha** desde la pestaña *Números* de la ventana **Formato de celdas.**

En la siguiente imagen, se observan los diferentes formatos que se pueden aplicar a los datos de fecha.

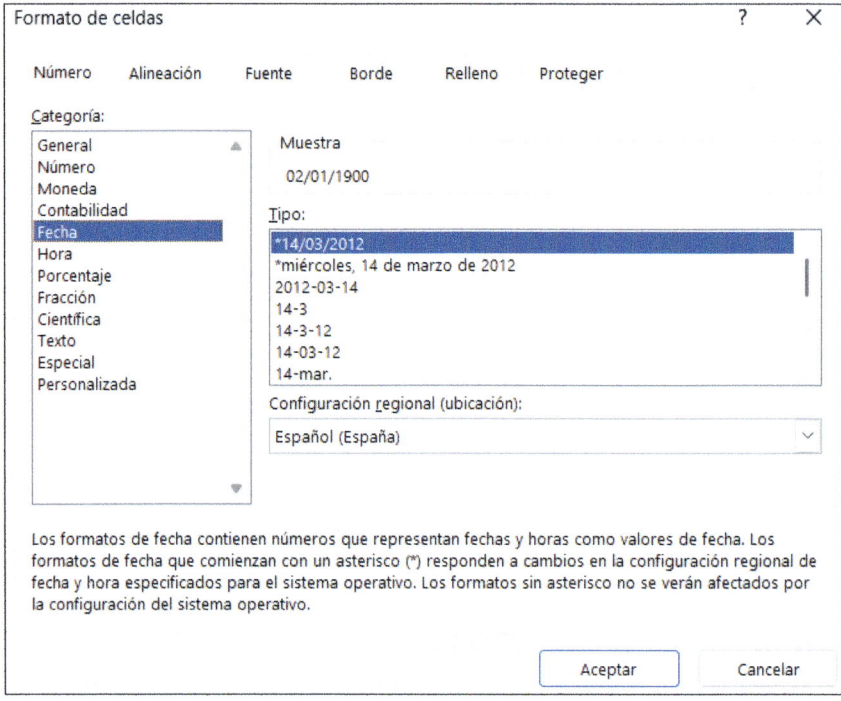

Formato para las fechas

5.4. Porcentajes

Al igual que ocurre con las celdas cuyos datos son fechas, se debe especificar el formato para las celdas cuyos datos sean porcentajes.

 Nota

Se configurará una celda para que interprete los valores numéricos que se introduzcan en ella como un porcentaje, de forma que no se tenga que especificar el símbolo '%', sino que solo habrá que introducir el valor numérico.

Para ello, se deberá configurar el formato de la celda y elegir la opción **Porcentaje** desde la pestaña *Números* de la ventana **Formato de celdas.**

En la siguiente imagen, se observan los diferentes formatos que se pueden aplicar a los datos numéricos expresados en porcentaje.

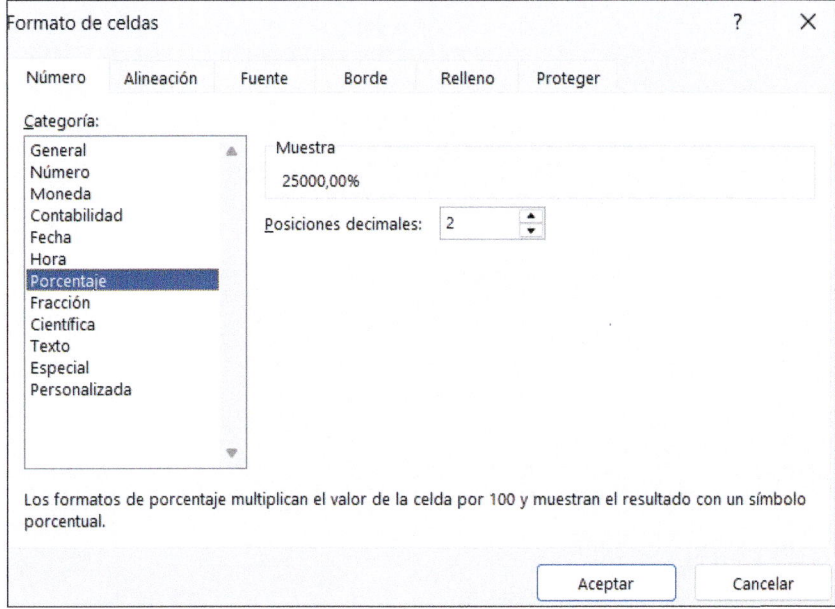

Formato para los porcentajes

Ejercicio práctico

Relacione cada función con la categoría a la que pertenece.

Función	Categoría
Contar	Fecha y hora
Aleatorio	Lógicas
O	Matemáticas
Ahora	Estadística
M.C.D.	
Raíz	
Verdadero	
Min	
Fin.Mes	
Moda	

SOLUCIÓN

Fecha y hora: Ahora; Fin.Mes.
Lógicas: O; Verdadero.
Matemáticas: Aleatorio; M.C.D.; Raíz.
Estadística: Contar; Min; Moda.

6. Modificación de los datos

Después de la creación de una hoja de cálculo, es posible que al usuario se le ocurran modificaciones para mejorarla o se dé cuenta de que algo no está bien y se deba corregir. Para ello, se hará doble clic en la celda a modificar y se introducirán los nuevos datos.

Importante

El comportamiento de la escritura de los nuevos datos variará en función del estado de la tecla [Insert] del teclado, que podrá alternar entre los modos Inserción de datos, con el que se añadirán los nuevos a los que ya hubiera en la celda, y Sobrescribir, con el que se reemplazarán los antiguos datos por los nuevos.

Por el contrario, si lo que se pretende es la eliminación de los datos que hay en una celda, el método más rápido y sencillo es a través de la tecla [Suprimir]. Primero, se selecciona con el ratón la celda a eliminar y, acto seguido, se pulsa la tecla [Suprimir], con lo que el contenido se habrá eliminado. Si en lugar de hacer un clic para seleccionar la celda, se hace doble clic, se accede al contenido de la tecla y, al pulsar la tecla [Suprimir], se eliminará el carácter ubicado inmediatamente a la derecha del cursor; si se hace lo propio con la tecla [Retroceso], se eliminará el carácter ubicado inmediatamente a la izquierda del cursor.

	A	B	C
1			
2			
3			
4			Nombr
5			

Modificar o eliminar los datos de una celda

Aplicación práctica

Se tiene una relación de fechas de inicio de los contratos de los empleados de una empresa y se pretende averiguar por medio del uso de funciones cuál es la fecha más antigua en la que comenzó a trabajar el empleado más antiguo. Calcúlela.

Continúa en página siguiente >>

<< Viene de página anterior

SOLUCIÓN

Se selecciona la celda en la que se quiere almacenar el resultado, que en este caso es C14. A continuación, en la barra de fórmulas, se introduce **=MIN(C3:C13).** Por último, se pulsa la tecla [Intro] y el resultado aparecerá en la celda elegida. La función MIN determina el mínimo de una serie de números que se pasan como argumento o como, en este caso, el mínimo de un rango de valores comprendidos entre las celdas C3 y C13.

C14		fx =MIN(C3:C13)	
	A	B	C
1			
2		**Empleado**	**Fecha de inicio**
3		Antonio Pérez	04/12/2008
4		Lucas Mérida	05/10/2001
5		María Luque	30/05/2018
6		Esther Hurtado	26/04/2002
7		Mónica López	13/09/2019
8		Carlos Romero	18/05/2003
9		Emilio Rojas	15/07/2010
10		Sonia Salas	03/03/2005
11		Miguel Pineda	05/09/2007
12		Antonio Flores	15/02/2007
13		Ramón García	14/12/2001
14		**Fecha más antigua**	**05/10/2001**
15			

Uso de la función MIN

7. Impresión de las hojas de cálculo

En cualquier momento, es posible requerir que los datos almacenados en la hoja de cálculo sean transferidos al papel. Para ello, se necesita un dispositivo de impresión, el cual requerirá de una configuración previa que marcará el aspecto del documento y el resultado final de la impresión.

A lo largo de este apartado, se expondrán los diferentes ajustes de impresión que se necesitan, con el objetivo de que se aprenda a configurar una serie de parámetros básicos que se deben conocer antes de realizar la impresión de una hoja de cálculo.

7.1. Vista preliminar

Antes de mandar la orden de impresión a la impresora, es conveniente tener una perspectiva previa del resultado global del trabajo.

 Nota

Las aplicaciones de hoja de cálculo, al igual que las demás aplicaciones que componen una suite ofimática, proporcionan esta utilidad para hacer más efectivo el trabajo de impresión y no provocar desperdicios de material al hacer grandes tiradas.

Para mostrar la vista preliminar de la hoja activa, se procede tal y como se explica a continuación.

Microsoft Excel

Se accede a la vista preliminar a través de la pestaña **Archivo,** seleccionando la opción **Imprimir,** lo que mostrará automáticamente una vista previa del documento antes de imprimir. Desde esta sección, también se pueden ajustar configuraciones como márgenes, orientación y escala de impresión. Además, se puede acceder rápidamente a esta vista utilizando el atajo de teclado [Ctrl] + [P], que abre directamente la ventana de impresión con la vista previa incluida.

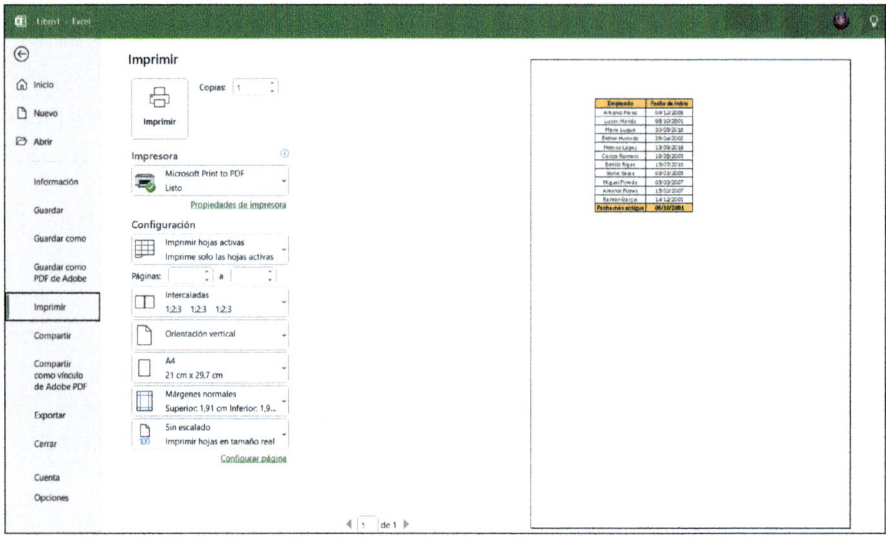

Vista preliminar en Excel

LibreOffice Calc

Hacer clic sobre la opción **Archivo** de la barra de menús y seleccionar la opción **Previsualizar impresión.**

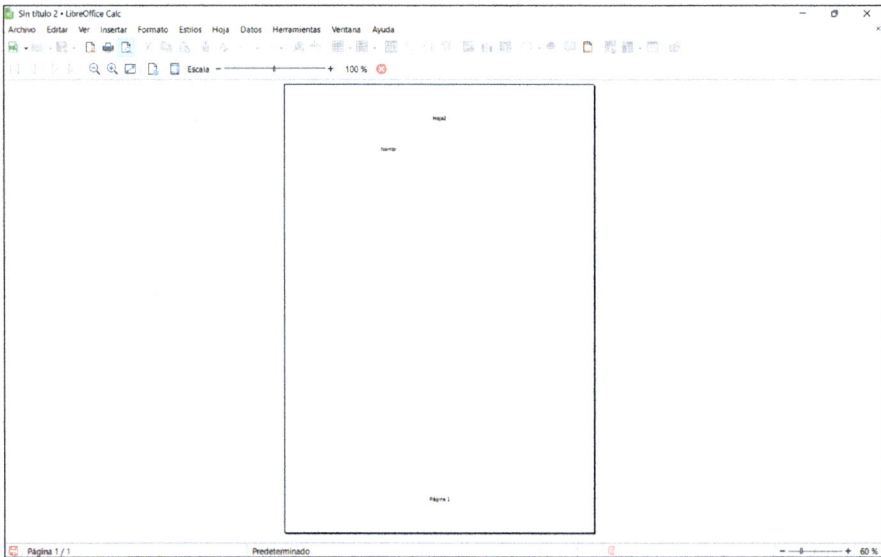

Vista preliminar en Calc

7.2. Configuración de página

Después de haber comprobado la vista previa de la hoja de cálculo, se pueden adaptar una serie de características de la misma para que el resultado de cara a su posterior impresión sea óptimo.

Recuerde

Antes de mandar la orden de impresión a la impresora, es conveniente tener una perspectiva previa del resultado global del trabajo.

A continuación, se conocerá cómo acceder a los aspectos configurables en una página para una hoja de cálculo, tales como márgenes, orientación o tamaño.

Microsoft Excel

Para configurar una página, se accede a la opción **Diseño de página** desde la cinta de opciones.

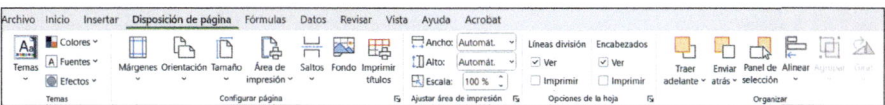

Configuración de página en Excel

Desde ella, se encuentran una serie de botones a modo de submenús con las opciones configurables de una página.

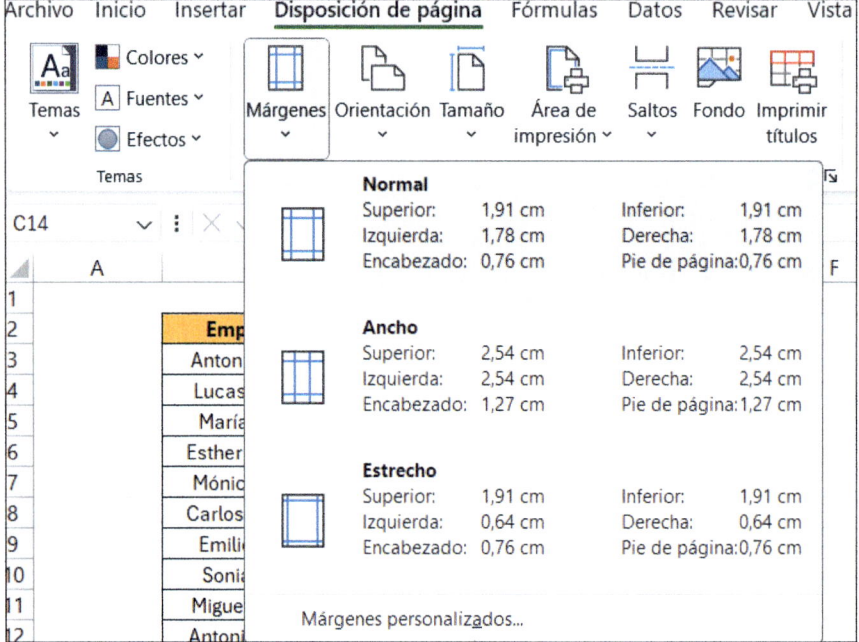

Configuración de página en Excel

LibreOffice Calc

En este caso, se accede desde el menú **Formato** de la barra de menús a la opción **Estilo de página:**

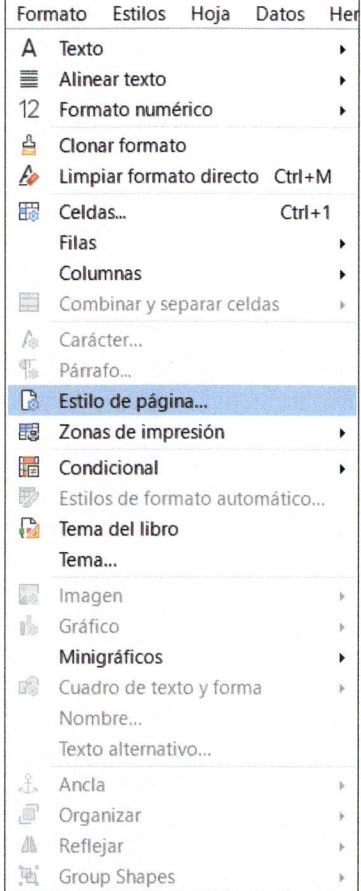

Configuración de página en Calc

Esta opción abrirá la ventana **Estilo de página,** en la que se encontrarán una serie de pestañas para configurar la página, el borde, el fondo, encabezamiento y pie de página o la hoja.

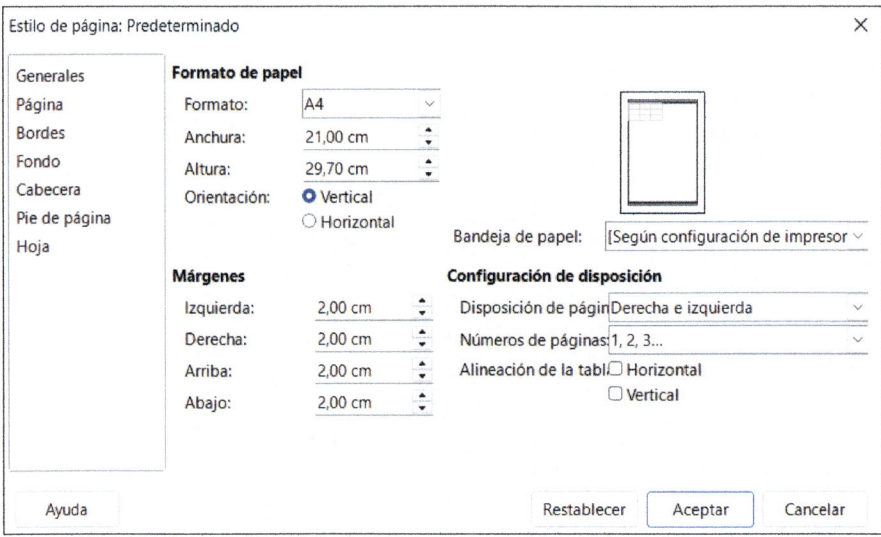

Opciones de la configuración de página en Calc

7.3. Opciones de impresión

La impresora puede ser configurada previamente a la impresión con las opciones que más se adapten a la hoja de cálculo. Con esto, se conseguirá adaptar el trabajo al papel, para que su impresión sea la más fiel posible.

Entre las opciones que se podrán configurar, se encuentran, además de la impresora con la que realizar la impresión, sus características, como el color, orientación o tamaño del papel, el intervalo de páginas a imprimir o número de copias.

 Nota

El modelo y tipo de impresora determinará las opciones de impresión disponibles, no siendo en todos los casos las mismas que reflejan las imágenes de los siguientes ejemplos.

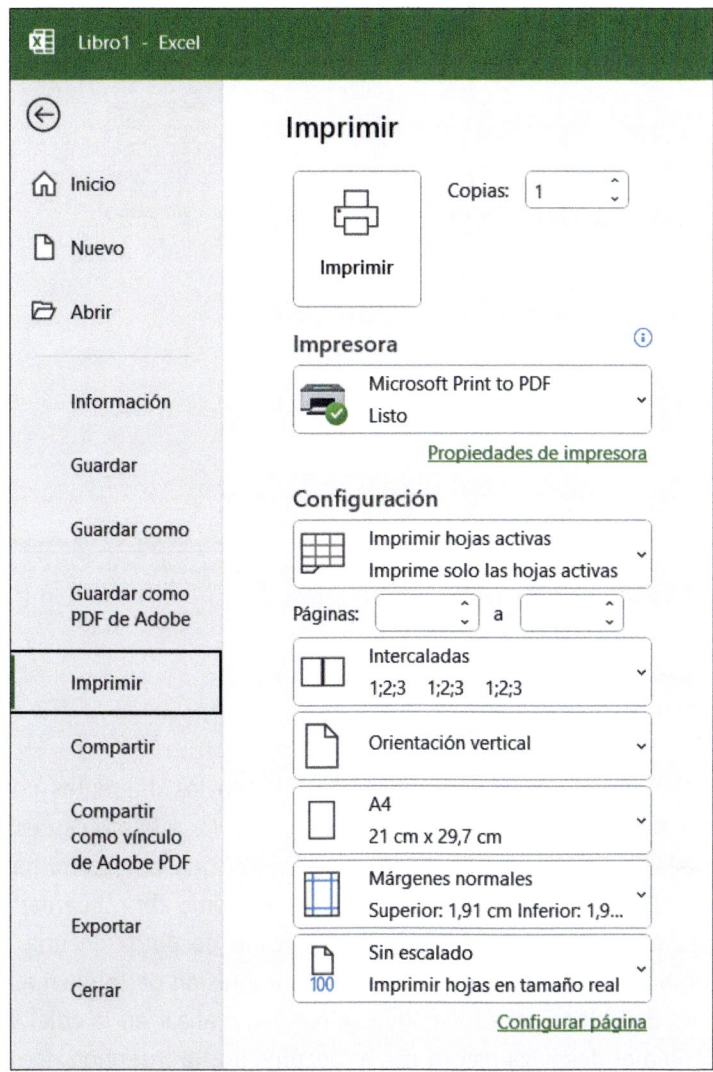

Opciones de impresión en Excel

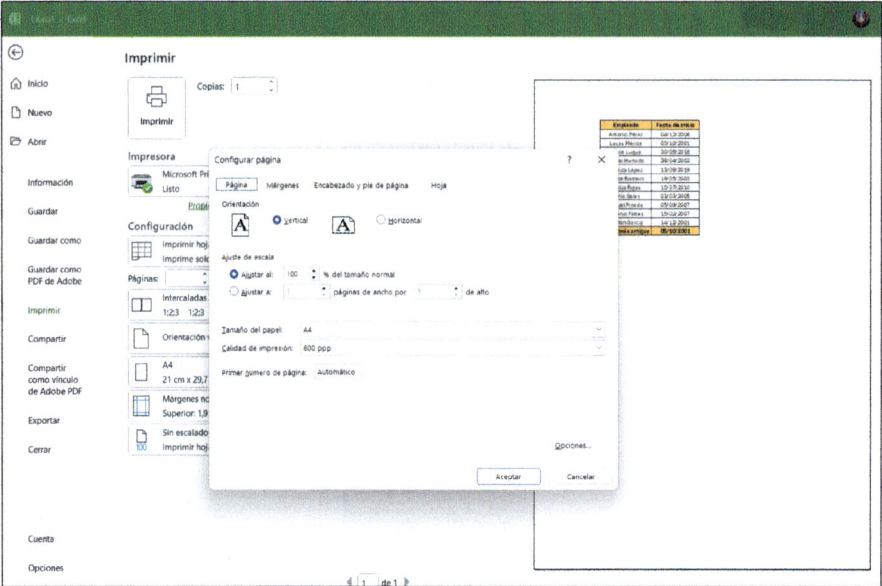

Opciones de impresión en Calc

8. Resumen

A lo largo de este capítulo, se han descubierto los diferentes conceptos que rodean al *software* de aplicación *Hoja de cálculo,* así como su estructura y características. Se ha partido de un punto en el que el alumno ha podido comprobar cómo se realizan operaciones básicas, como abrir, guardar y cerrar libros, además de la introducción y modificación de datos en una hoja de cálculo junto con la configuración previa a la impresión de la misma. Se han expuesto las distintas operaciones que se pueden realizar en la edición de las mismas, como el desplazamiento por el documento, la inserción de datos, la modificación o edición de estos, selección y operaciones como la introducción de fórmulas.

Por otro lado y en cuanto al aspecto de una hoja de cálculo, se han estudiado recursos para cambiar el formato de las celdas, así como el de toda la página, como configuración de márgenes, orientación y tamaños. Antes de realizar el proceso de impresión, se ha expuesto cómo realizar una vista previa del aspecto actual de la hoja de cálculo de cara a corregir posibles errores. Se ha trabajado con la configuración de página de cara a una impresión correcta que muestre en el papel de manera óptima los datos que en la hoja se representan. Todo esto se consigue afinando en las opciones de impresión, expuestas al final del capítulo.

Ejercicios de repaso y autoevaluación

1. Una hoja de cálculo es:

   a. Una aplicación para almacenar datos en forma de documentos de texto.
   b. Una aplicación para almacenar datos en forma de tablas de bases de datos.
   c. Una aplicación que permite manipular datos dispuestos en tablas.
   d. Una aplicación que permite solo almacenar datos dispuestos en tablas.

2. Los datos de una hoja de cálculo se organizan en...

   a. ... registros.
   b. ... bases de datos.
   c. ... ficheros.
   d. ... tablas.

3. El fichero con el que se trabaja en una hoja de cálculo se denomina...

   a. ... archivo.
   b. ... libro.
   c. ... hoja.
   d. ... tabla.

4. De las siguientes aplicaciones, ¿cuales son hojas de cálculo?

   a. *Microsoft Office y Microsoft Excel.*
   b. *LibreOffice y Calc.*
   c. *Microsoft Excel y Calc.*
   d. *Microsoft Office y LibreOffice.*

5. ¿Cómo se denomina la zona de edición donde se encuentran todas las celdas y donde se introducirán los datos que van a componer la hoja?

   a. Ventana del libro u hoja.
   b. Ventana de datos o panel del documento.

    c. Ventana de hojas y datos.

    d. Panel del documento u hoja.

6. ¿Cuál es la forma más natural de desplazamiento por las celdas que componen la hoja de cálculo?

    a. El ratón.

    b. Las barras de desplazamiento.

    c. El teclado.

    d. Los botones de avance y retroceso.

7. ¿Qué opciones se podrán configurar al dar formato a una celda?

    a. Alineación, fuente, fondo y borde, entre otras.

    b. Solo la alineación, los bordes, la fuente y el fondo.

    c. La alineación, los bordes, la fuente, el fondo y las columnas.

    d. La alineación, los bordes, la fuente, el fondo, la protección de la celda y las columnas.

8. ¿Qué es una fórmula?

    a. Es una ecuación matemática compleja.

    b. Es una ecuación estadística compleja.

    c. Es una ecuación que efectúa cálculos con los valores de las constantes matemáticas.

    d. Es una ecuación que efectúa cálculos con los valores de la hoja de cálculo.

9. ¿Cómo comienza una fórmula?

    a. Con la palabra "fórmula".

    b. Con el identificador "form".

    c. Con el signo ' (y acaba con el signo ').

    d. Con el signo "=".

10. ¿De qué dependen las opciones de impresión?

    a. De la aplicación de hoja de cálculo.
    b. De la aplicación de hoja de cálculo y del modelo de impresora.
    c. De la impresora.
    d. Son en todos los casos las mismas.

Capítulo 7

Tratamiento y presentación de información con bases de datos

Contenido

1. Introducción

Al igual que ocurría con las hojas de cálculo, en los comienzos de la informática se requería de unas estructuras de datos en las que almacenar los datos localizados en obsoletos ficheros escritos a mano y en los cuales el volumen de datos se hacía insostenible. La informática proporcionaba nuevas herramientas con las que poder clasificar los datos almacenados en los citados ficheros de cara a poder realizar búsquedas de los mismos de una forma eficiente y rápida, además de tener la certeza de que cuando el volumen de datos creciera no se volviera insostenible.

Como todo lo que suele ser inventado, las primeras versiones o sistemas no suelen ser los mejores, siempre es posible actualizar y realizar mejoras sobre algo en lo que se está trabajando y testeando. En un principio, el almacenaje de información se realizó sobre ficheros de datos de manera distribuida, teniendo el problema de la duplicidad de datos. Esto se debía a que los datos de cada entidad se almacenaban en ficheros de dicha entidad, sin tener relación con los ficheros de otras entidades, con lo que suponía que datos que tuvieran que ser compartidos por varias estuvieran duplicados y presentes en cada uno de los ficheros de cada entidad, provocando así lo que se conoce como inconsistencia de los datos.

Por otro lado, el *software* empleado para gestionar estos ficheros distribuidos era exclusivo para ellos, con lo que cualquier modificación o migración de datos repercutía sobre nuevos desarrollos en el *software* y con el mismo lenguaje de programación.

Para tratar de solucionar todos los problemas que existían en los ficheros, aparecieron las bases de datos, las cuales se darán a conocer en los siguientes apartados.

2. Estructura y características de la base de datos

Conceptualmente, se entiende por base de datos a una colección de datos organizados por diferentes temas, la cual permite la gestión de los mismos, facilitando su mantenimiento. Como ventaja respecto a la utilización de ficheros, estas, además de almacenar dichos datos, presentan su descripción y especifican una serie de relaciones lógicas entre los datos almacenados.

El concepto de base de datos va estrechamente relacionado con el de motor de base de datos o, de una forma más técnica, sistema gestor de bases de datos. Este motor posibilita la separación de la parte lógica de la base de datos respecto de la parte física, siendo él mismo el encargado de mantener la estructura física de la base de datos o, lo que es lo mismo, la forma en la que se almacenan los datos en memoria. De esta forma, el usuario de la base de datos solo se ocupará de la parte lógica en función de las necesidades de los datos almacenados.

 Nota

Gracias a esta característica, se permite acceder a la base de datos desde diferentes aplicaciones, independientemente del lenguaje en que estén programadas.

Existen diferentes tipos de bases de datos, como son las jerárquicas, las bases en red y las relacionales. Estas últimas serán las que traten de aquí en adelante.

Una base de datos no solo se compone de ingentes cantidades de información almacenada, sino que además está rodeada de objetos con los que se manipularán los datos en cuestión.

Un ejemplo de estos objetos son las **tablas,** que será donde se encuentren organizados los datos, los **formularios,** desde donde se insertarán y editarán los datos, o los **informes,** desde los que se mostrarán los datos que tienen alguna característica en común y que han sido solicitados a través de una **consulta.**

La estructura básica de una aplicación de un sistema gestor de base de datos es muy similar a la que se encuentra en otros productos de una suite ofimática, como el procesador de textos.

Nota

El espacio de trabajo se encuentra dividido en varias zonas claramente diferenciadas, como la barra de título, las barras de menú, tareas, herramientas o cinta de opciones, el panel de exploración, el área de documento y la barra de estado.

A continuación, se van a ver detalladamente cada una de estas zonas en los sistemas gestores de bases de datos *Access* y *Base,* pertenecientes a las suites ofimáticas *Office 2024* y *LibreOffice 25.2.1.*

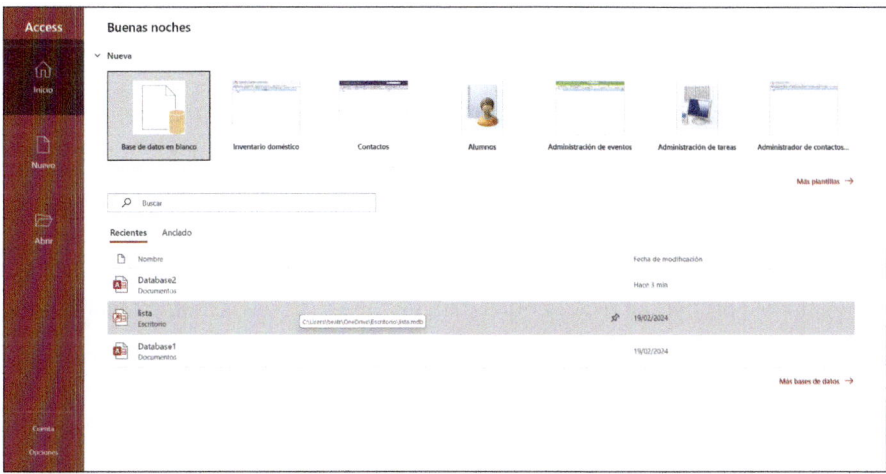

Mirosoft Access

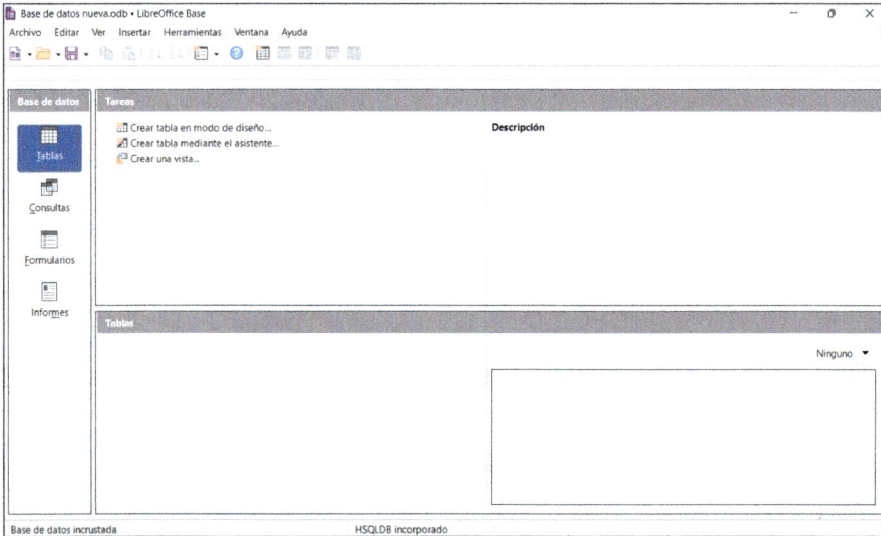

LibreOffice Base

Cada una de las aplicaciones comentadas se compone de los siguientes elementos:

En *Microsoft Access 2024*

1. **Cinta de opciones:** ubicada en la parte superior de la ventana, reemplaza a los menús y barras de herramientas tradicionales, organizando los comandos en pestañas como *Archivo, Inicio, Crear, Datos externos* y *Herramientas de base de datos.*

2. **Vista Backstage:** accesible desde la pestaña *Archivo* en la cinta de opciones, proporciona comandos para gestionar archivos, como crear, abrir, guardar e imprimir bases de datos, así como opciones y configuraciones de la aplicación.

3. **Panel de navegación:** situado en el lado izquierdo de la ventana, permite acceder y organizar objetos de la base de datos, como tablas, consultas, formularios, informes, macros y módulos.

4. **Área de trabajo:** zona central donde se abren y editan los objetos de la base de datos en pestañas individuales, facilitando la gestión simultánea de múltiples elementos.

5. **Barra de estado:** ubicada en la parte inferior, muestra información contextual sobre el objeto activo, como el estado de la conexión, modos de vista y mensajes de progreso.
6. **Barra de herramientas de acceso rápido:** permite personalizar y acceder rápidamente a comandos frecuentes, como guardar, deshacer y rehacer, independientemente de la pestaña activa en la cinta de opciones.

En *LibreOffice Base 25.2.1*

1. **Barra de menús:** situada en la parte superior, ofrece acceso a menús desplegables tradicionales, como Archivo, Editar, Ver, Insertar, Herramientas y Ayuda.
2. **Barras de herramientas:** ubicadas generalmente debajo de la barra de menús, contienen iconos para acciones comunes. Los usuarios pueden personalizarlas según sus necesidades.
3. **Panel de tareas:** en el lado izquierdo, muestra los diferentes objetos de la base de datos, como tablas, consultas, formularios e informes, permitiendo una navegación sencilla entre ellos.
4. **Área de trabajo:** espacio principal donde se diseñan y editan los objetos seleccionados, proporcionando herramientas específicas según el tipo de objeto activo.
5. **Barra de estado:** ubicada en la parte inferior, proporciona información sobre el estado actual del documento, como el modo de edición y el número de registros.
6. **Barra de fórmulas:** especialmente útil al trabajar con consultas y SQL, permite la introducción y edición directa de comandos y expresiones.

 Recuerde

Existen diferentes tipos de bases de datos, como son las jerárquicas, las bases en red y las relacionales.

3. Abrir bases de datos

Todas las diferentes maneras que existen para abrir una base de datos desde su aplicación llevan a la ventana **Abrir.** Desde ella, se navegará por el árbol de directorios del equipo hasta encontrar el archivo en cuestión de la base de datos que se pretende abrir.

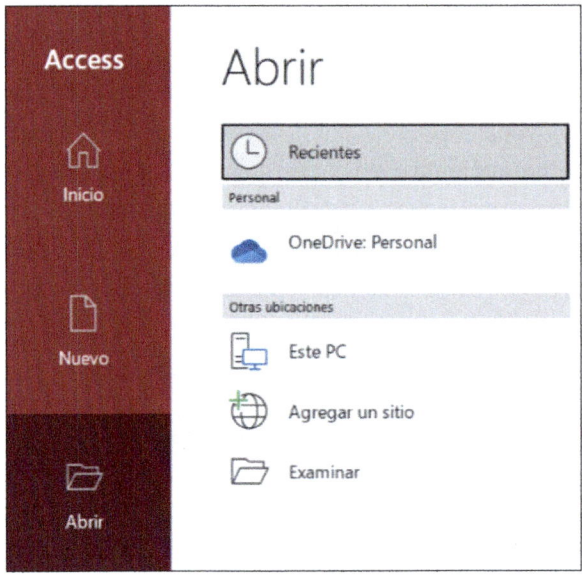

Ventana **Abrir**

Las diferentes formas de abrir una base de datos son:

Desde *Microsoft Access*

En *Microsoft Access 2024,* para abrir una base de datos se debe hacer clic en la pestaña Archivo y seleccionar **Abrir,** lo que mostrará diferentes ubicaciones como **Recientes, Este PC** o **OneDrive.** Luego, se elige la ubicación deseada y se busca el archivo en el explorador de archivos. Para agilizar el proceso, se puede usar el atajo de teclado [Ctrl] + [O], que abre directamente el cuadro de diálogo para seleccionar una base de datos.

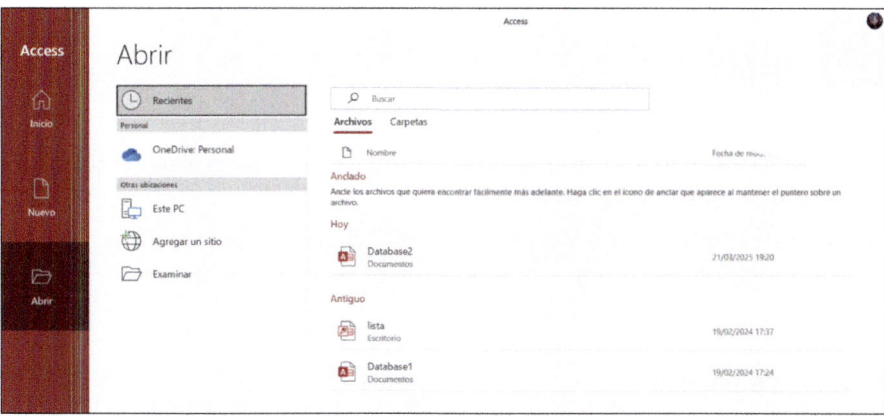

Abrir Base de datos

Desde *LibreOffice Base*

Para abrir un documento, se puede utilizar el menú **Archivo** de la barra de tareas y seleccionar la opción **Abrir.** Como segunda opción, está el icono **Abrir** de la barra de herramientas. Por último, mediante la combinación de teclas [Ctrl] + [A], se realiza la misma acción de apertura.

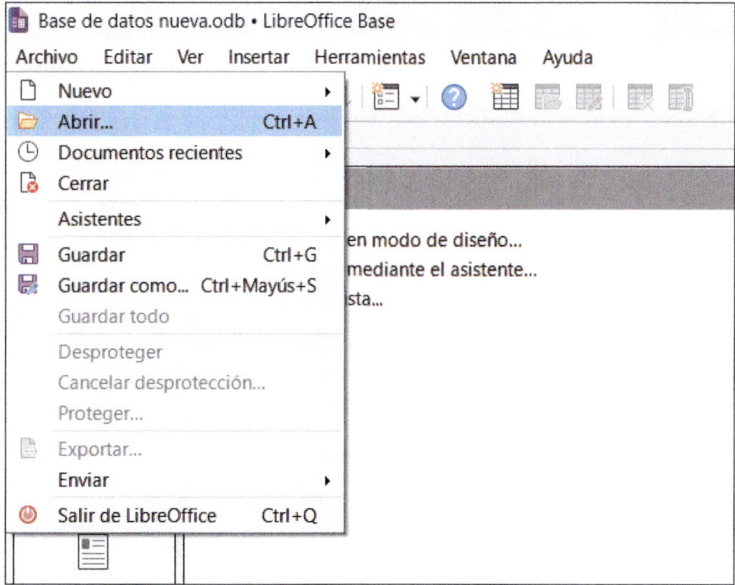

Abrir Base de datos

Nota

Las tres opciones mostrarán un cuadro de diálogo del mismo nombre, desde el que se seleccionará el documento a abrir.

4. Tipos de objetos

Ya se han mencionado una serie de objetos importantes con los que una base de datos trabaja.

A continuación, se van a ver las características más relevantes de los objetos antes mencionados y de los que se escuchará hablar en sucesivos apartados del capítulo.

4.1. Tabla

Se trata de una estructura lógica en la que se encuentran almacenados los datos que se gestionarán a través de la base de datos. Está compuesta de registros y campos o, lo que es lo mismo, filas y columnas respectivamente.

Tabla

4.2. Formularios

Desde ellos, el usuario de la base de datos podrá realizar acciones como insertar datos en las tablas, modificarlos, imprimirlos o simplemente verlos. Trabajan a modo de interfaz entre el usuario y la base de datos.

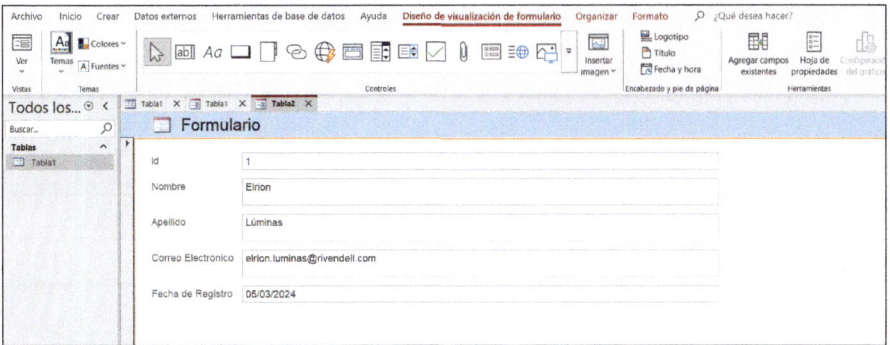

Formulario

 Sabía que...

Los formularios podrán ser creados manualmente a través de editores o mediante los asistentes que incorporan los gestores de bases de datos.

4.3. Informes

Se trata de vistas personalizadas de los datos almacenados en las tablas y que han sido mostrados por poseer alguna característica en común. Es posible mostrar datos de varias tablas combinadas en ellos, además de realizar operaciones matemáticas en sus campos.

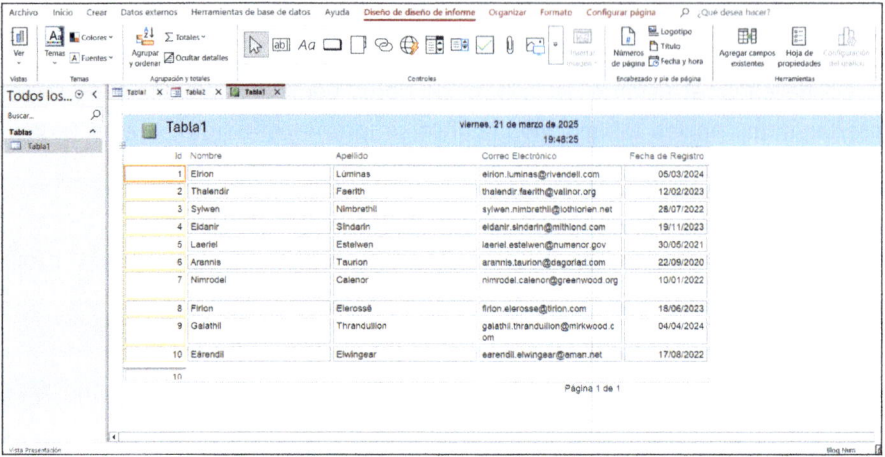

Informe

Nota

Entre otras funciones, los informes sirven para tener una visión global o comparativa de los datos.

4.4. Consulta

Quizá sea uno de los objetos más relevantes de toda base de datos, ya que se trata en realidad de preguntas u órdenes que se realizan sobre ella, mediante las cuales esta mostrará los datos que se hayan pedido o realizará los cambios que se hayan solicitado.

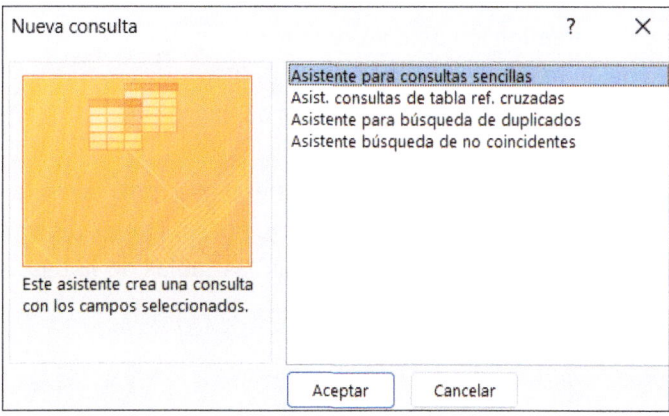

Consulta

Nota

Entre las órdenes más comunes, se encuentran la inserción, modificación o borrado de información, además de la presentación de datos con los requisitos propuestos.

5. Trabajo con datos

Ha llegado la hora de trabajar con la base de datos e introducir datos, modificarlos o eliminarlos. Para ello, se deberá haber elegido un sistema gestor que, como es sabido, es la aplicación que permite interactuar con la base de datos y será desde su interfaz desde donde se realice la gestión de los datos, pero antes se van a descubrir los diferentes lenguajes con los que trabaja un sistema gestor de base de datos.

Para conocer los diferentes lenguajes con los que el sistema gestor facilita la comunicación con la base de datos, hay que pararse a pensar cuáles son las funciones que se pretenden realizar con la base de datos. Una posible clasificación se encuentra en definir los datos, manipularlos y utilizarlos. Con esto, se tienen los siguientes lenguajes:

- Lenguaje de definición de datos o DDL.
- Lenguaje de manipulación de datos o DML.
- Lenguaje de acceso o control de datos o DCL.

A estas alturas, ya debe ser obvio que este apartado se centrará en el segundo de los lenguajes, es decir, en el lenguaje de manipulación de datos, con el que se podrán dar de alta registros en las tablas de la base de datos, modificarlos o eliminarlos.

5.1. Altas de registros

Con las tablas ya confeccionadas, se continúa introduciendo datos en los campos adecuados. Para ello, lo lógico será comenzar abriendo alguna de las tablas existentes en la base de datos, con lo que se actuará de la siguiente forma, según proceda.

Se abrirá una tabla desde la vista **Hoja de datos,** haciendo doble clic sobre ella desde el panel de exploración, y se procederá a añadir nuevos registros desde la última de sus filas. Se observa que en este aparece un asterisco en el selector de la fila. Para añadir un nuevo registro, se hace clic sobre alguno de sus campos y se escribe el dato en cuestión.

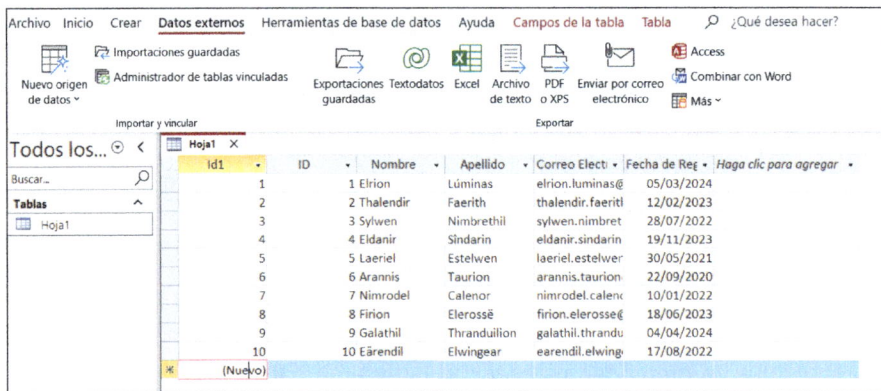

Insertar registros en Microsoft Access

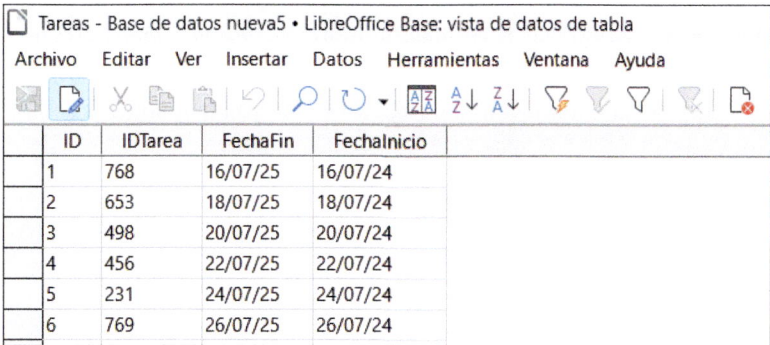

Insertar registros en LibreOffice Base

 Sabía que...

Un atajo de teclado que ayudará a completar la inserción de datos con rapidez será el uso de la tecla [Tabulador]. Con ella, es posible desplazarse al siguiente campo del registro para continuar escribiendo el dato que corresponda.

5.2. Bajas de registros

Como la inserción de datos, la eliminación de los mismos es igual de sencilla. Para eliminar uno o varios registros de alguna tabla de la base de datos, se procede a seleccionar la cabecera de uno de ellos o a seleccionar un grupo de estos.

Id1	ID	Nombre	Apellido	Correo Elect	Fecha de Reg	Haga clic para agregar
1	1	Elrion	Lúminas	elrion.luminas@	05/03/2024	
2	2	Thalendir	Faerith	thalendir.faeritl	12/02/2023	
3	3	Sylwen	Nimbrethil	sylwen.nimbret	28/07/2022	
4	4	Eldanir	Sindarin	eldanir.sindarin	19/11/2023	
5	5	Laeriel	Estelwen	laeriel.estelwer	30/05/2021	
6	6	Arannis	Taurion	arannis.taurion	22/09/2020	
7	7	Nimrodel	Calenor	nimrodel.calen	10/01/2022	
8	8	Firion	Elerossë	firion.elerosse@	18/06/2023	
9	9	Galathil	Thranduilion	galathil.thrandu	04/04/2024	
10	10	Eärendil	Elwingear	earendil.elwing	17/08/2022	
(Nuevo)						

Eliminar registros

Una vez seleccionado el registro a eliminar, se continúa haciendo clic sobre la tecla [Suprimir] del teclado. Antes de suprimir los datos, se mostrará una advertencia sobre la eliminación del registro y este ya no aparecerá en la tabla.

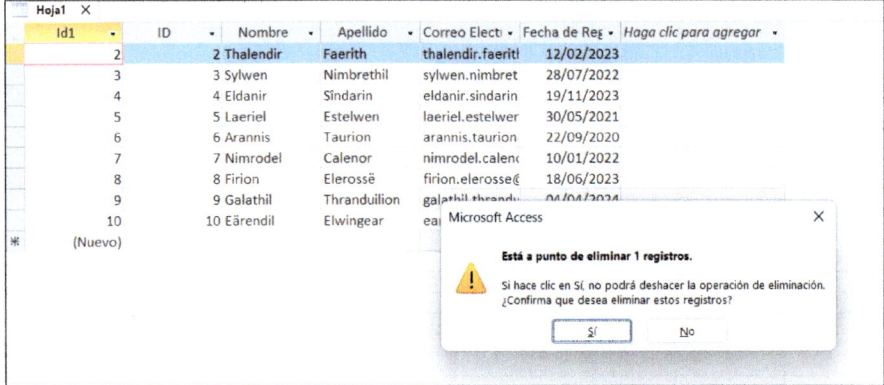

Aviso antes de eliminar registro en Access

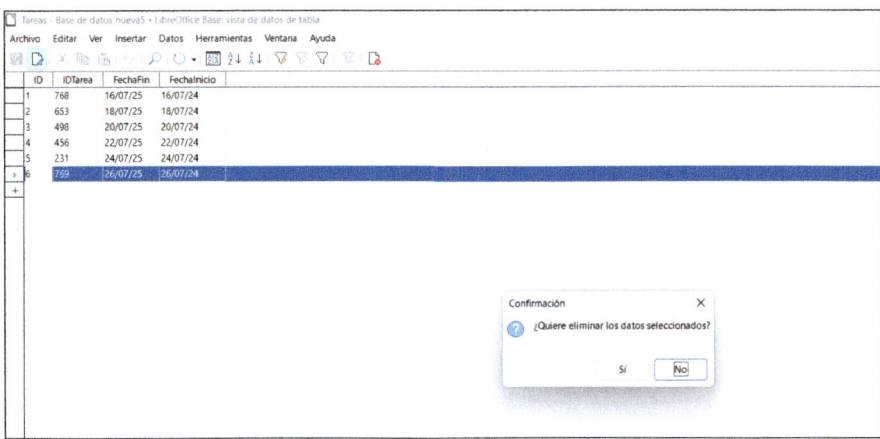

Eliminar registros en LibreOffice Base

Nota

Si deniega la confirmación de eliminación, volverá a aparecer.

5.3. Modificación de registros

Además de añadir en su totalidad nuevos registros o eliminarlos, en muchas ocasiones se requerirá la modificación de parte de los mismos, pudiendo hacerlo de uno o varios campos concretos del mismo.

Ejemplo

En el caso de una tabla donde se almacenen los datos de los trabajadores de una empresa, si uno de ellos cambiara de domicilio o se incrementara su número de hijos, no sería necesario eliminar todo el registro y añadir uno nuevo con los datos actualizados, sino que puede procederse a la modificación única de los campos afectados, facilitando así el trabajo.

Para realizar la actualización de un registro, se hará doble clic en el campo a modificar del registro en cuestión. Una vez seleccionado el contenido del campo, se procede a escribir el nuevo valor y, al terminar de hacerlo, se pulsaremos la tecla [Intro] para almacenar los cambios o simplemente se pulsa con el ratón fuera del mismo. Se observará el icono de un lápiz en el selector del registro a modificar, que indicará que se está modificando el valor de un campo.

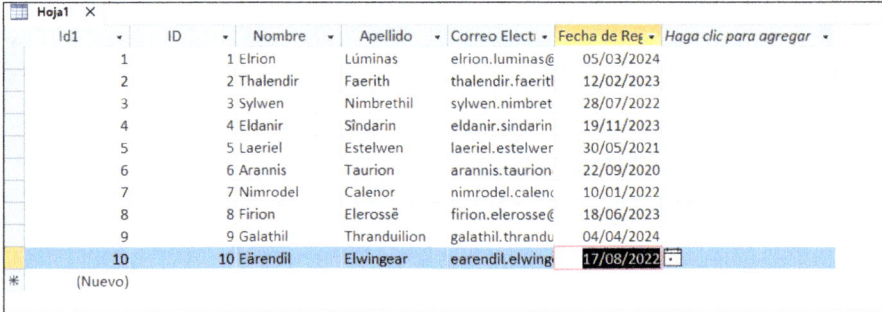

Modificar registros en Microsoft Access

	ID	IDTarea	FechaFin	FechaInicio	
	1	768	16/07/25	16/07/24	
	2	653	18/07/25	18/07/24	
	3	498	20/07/25	20/07/24	
	4	456	22/07/25	22/07/24	
	5	231	24/07/25	24/07/24	
▶	6	769	26/07/25	26/07/24	
+					

Modificar registros en LibreOffice Base

Recuerde

Los diferentes lenguajes con los que el sistema gestor facilita la comunicación con la base de datos son:

1. DDL: Lenguaje de definición de datos.
2. DML: Lenguaje de manipulación de datos.
3. DCL: Lenguaje de acceso o control de datos.

5.4. Eliminación de registros

En una base de datos, la eliminación de un registro puede ir condicionada a una serie de operaciones complementarias, es decir, que puede interesar realizar una serie de operaciones en la base de datos, siempre y cuando se realicen todas. Es lo que se conoce con el término de transacción, pero en el caso de que alguna operación no se realice por cualquier motivo, se deshacen las operaciones de ese mismo bloque que se hayan completado anteriormente.

 Ejemplo

Una transferencia bancaria que es realizada a través de dos operaciones diferentes, en una se le resta el saldo a la cuenta pagadora y en otra se incrementa el mismo a la cuenta destino. La base de datos debe garantizar que bajo cualquier concepto se realizarán las dos acciones o ninguna.

Para eliminar registros, ocurre lo mismo, es posible aceptar o no una serie de operaciones, siempre y cuando todas se hayan realizado con garantías. Este tipo de bases de datos se denominan bases de datos transaccionales y, aunque no son las que tratan en este capítulo, es recomendable conocerlas.

6. Utilidades para la localización de datos

A la hora de trabajar con grandes cantidades de datos, se agradece que estos se encuentren ordenados de algún modo para que, al observar una tabla concreta a simple vista, sea posible acceder al registro buscado con un simple movimiento de ratón.

Nota

Los registros son almacenados en la base de datos por el orden en el que fueron insertados, pero, gracias a una serie de técnicas, podrán ser mostrados de forma que sea más factible su localización.

6.1. Ordenaciones

El proceso a seguir para realizar una ordenación en un sistema gestor de bases de datos es similar en la mayoría de ellos. Aquí se va a diferenciar, como se viene haciendo hasta ahora, entre distintos sistemas gestores de bases de datos, como son *Microsoft Access y LibreOffice Base.*

Microsoft Access

Con *Microsoft Access* se puede ordenar la información de cualquier tabla, comenzando por abrirla desde su vista **Hoja de datos.** Acto seguido y desde la cabecera de la columna por la que se pretende ordenar, se hace clic sobre un dibujo con forma de triángulo invertido, el cual desplegará el menú que se puede observar a continuación.

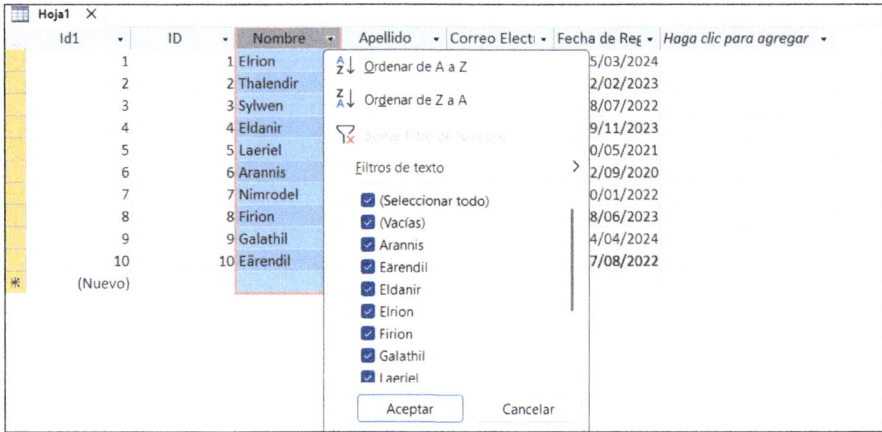

Ordenar registros en Microsoft Access

Los criterios de ordenación, como se ha podido observar, se basan en el orden alfabético de los campos de la tabla, ya sea este ascendente o descendente.

Una ordenación se puede llevar a cabo por más de un campo. Si fuera este el objetivo, se comenzaría seleccionado las columnas en cuestión y desplazándolas hasta la izquierda de la tabla, a continuación se accede al grupo de opciones **Ordenar** y filtrar de la cinta de opciones Inicio para hacer clic sobre los botones de orden **Ascendente** o **Descendente.**

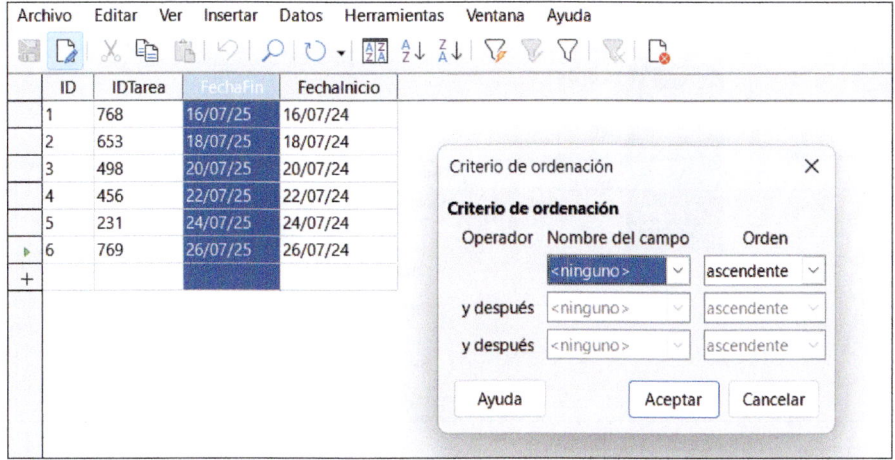

Ordenar registros en Microsoft Access

LibreOffice Base

Con *LibreOffice Base,* el proceso es similar: se selecciona la columna en cuestión y se elige desde la barra de herramientas uno de los botones **Ordenar, Orden Ascendente** u **Orden Descendente.**

 **Nota**

El botón Ordenar muestra el siguiente cuadro de diálogo, mediante el que se especifican los criterios de ordenación.

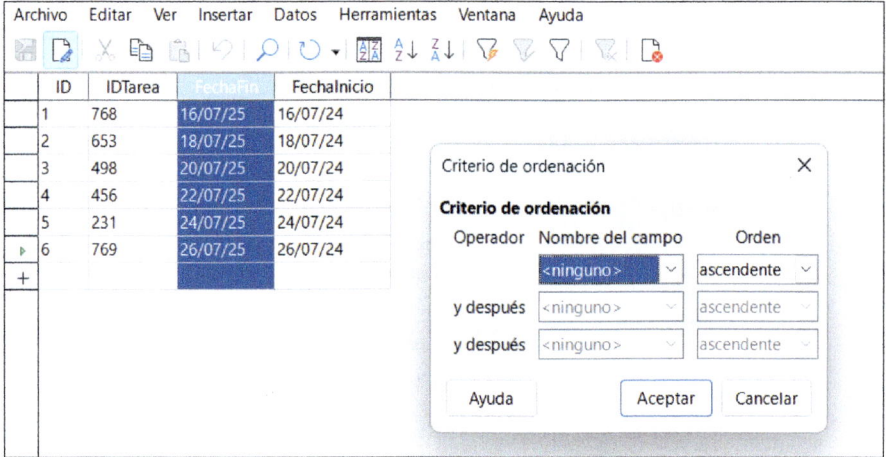

Ordenar registros en LibreOffice

6.2. Búsquedas

Si hubiera que destacar alguna característica de los sistemas de bases de datos en general, se podría nombrar el hecho de realizar consultas sobre la base de datos.

Importante

A través de las consultas, se realizan peticiones de información a la base de datos, indicándole dónde se quiere que realice la búsqueda, es decir, en qué tablas buscar, qué se quiere que sea devuelto por ella o, dicho de otro modo, la información que se solicita, y, por último, cómo se quiere que devuelva la información o, lo que es lo mismo, con qué aspecto.

El resultado de las búsquedas o consultas vendrá definido con la forma y el aspecto de una tabla.

A lo largo del capítulo, se ha comentado que un sistema gestor de base de datos utiliza ciertos lenguajes para facilitar el uso de la información que almacena. Este apartado, se centrará en las consultas llamadas de selección que pertenecen al lenguaje de manipulación de datos o DML.

El proceso para realizar una consulta se describe a continuación.

Microsoft Access

Con *Microsoft Access,* se selecciona la pestaña **Crear** desde la cinta de opciones y se selecciona la opción **Diseño de consulta,** que se encuentra dentro del grupo Otros.

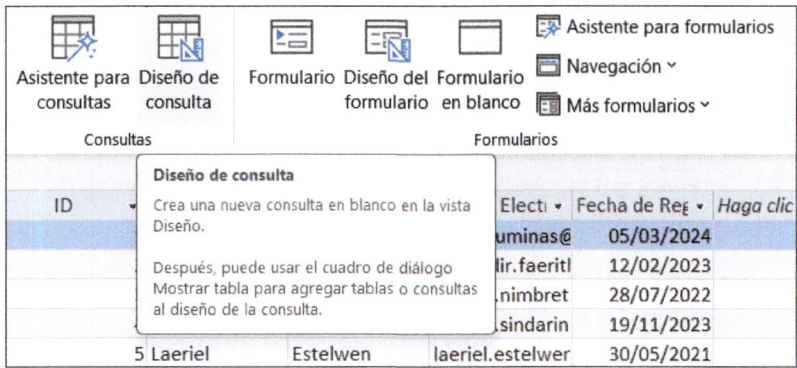

Diseño de consulta en Microsoft Access

Acto seguido, aparecerá la ventana **Mostrar tabla,** desde la que se selecciona la tabla desde la cual se pretende obtener datos y se abrirá una ventana que muestra sus campos.

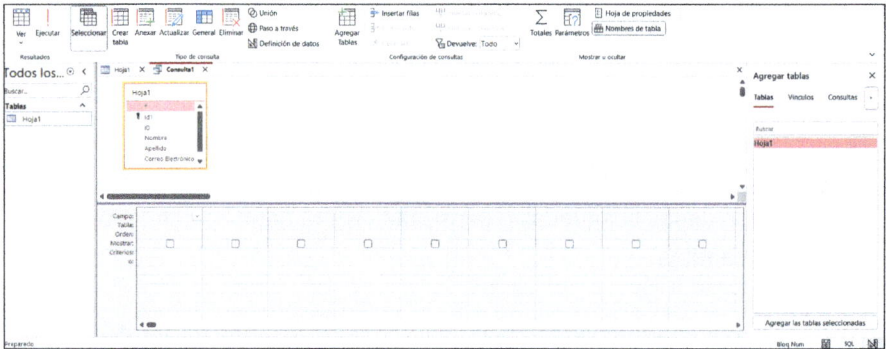

Diseño de consulta en Microsoft Access

Se siguen especificando las columnas que quiere que sean devueltas por la consulta y, una vez terminado, se ejecuta desde el botón **Ejecutar,** ubicado en el grupo de opciones **Resultados** de la pestaña **Diseño de la cinta** de opciones o eligiendo la vista de datos de la consulta. En la siguiente imagen, a título de ejemplo, se pretenden mostrar los clientes que tienen Cádiz por localidad.

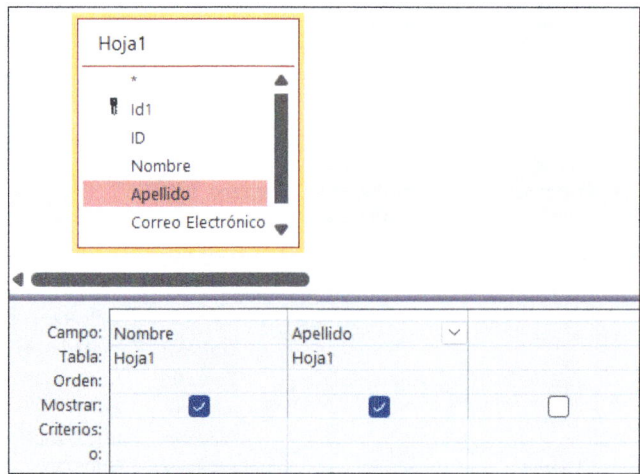

Diseño de consulta en Microsoft Access

Recuerde

El resultado de las búsquedas o consultas vendrá definido con la forma y el aspecto de una tabla.

El resultado de la consulta es el de la siguiente imagen.

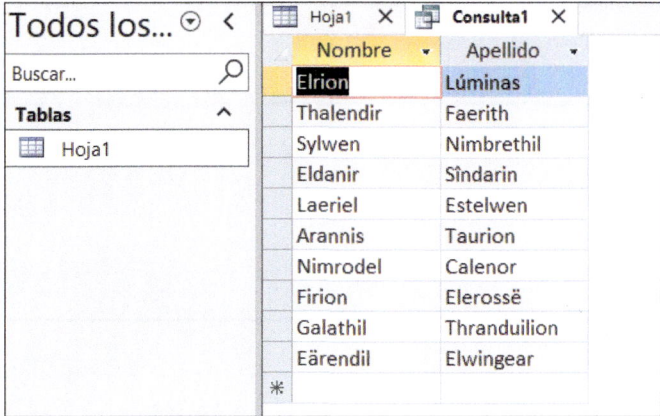

Diseño de consulta en Microsoft Access

LibreOffice Base

Con *LibreOffice Base* el proceso es similar. Se comienza seleccionando la opción **Crear una consulta en modo de diseño** y aparecerá la ventana **Agregar tabla o consulta,** desde la que se selecciona la tabla desde la cual pretenden obtener datos y se abrirá una ventana que muestra sus campos. Se continúa afinando la consulta como se realizó en el caso anterior y se especifican los campos que se quiere que sean devueltos por la consulta y las condiciones de búsqueda pertinentes.

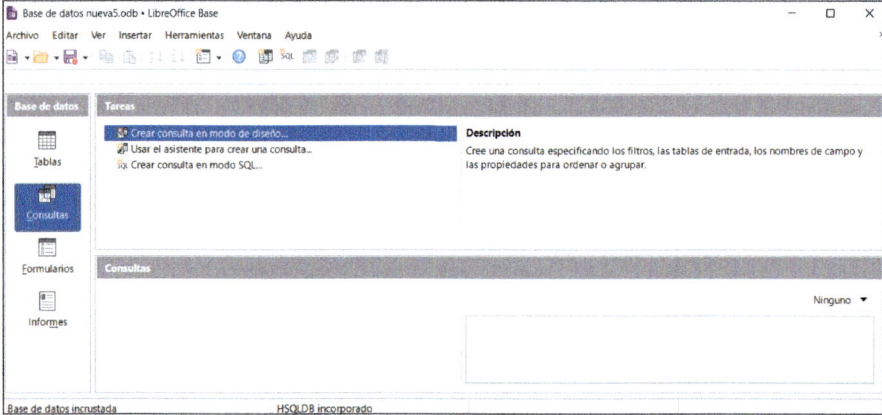

Diseño de consulta en LibreOffice Base

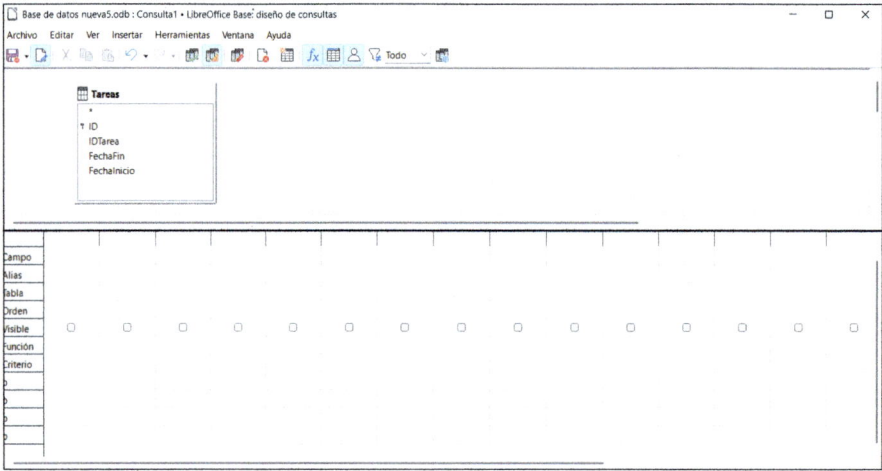

Diseño de consulta en LibreOffice Base

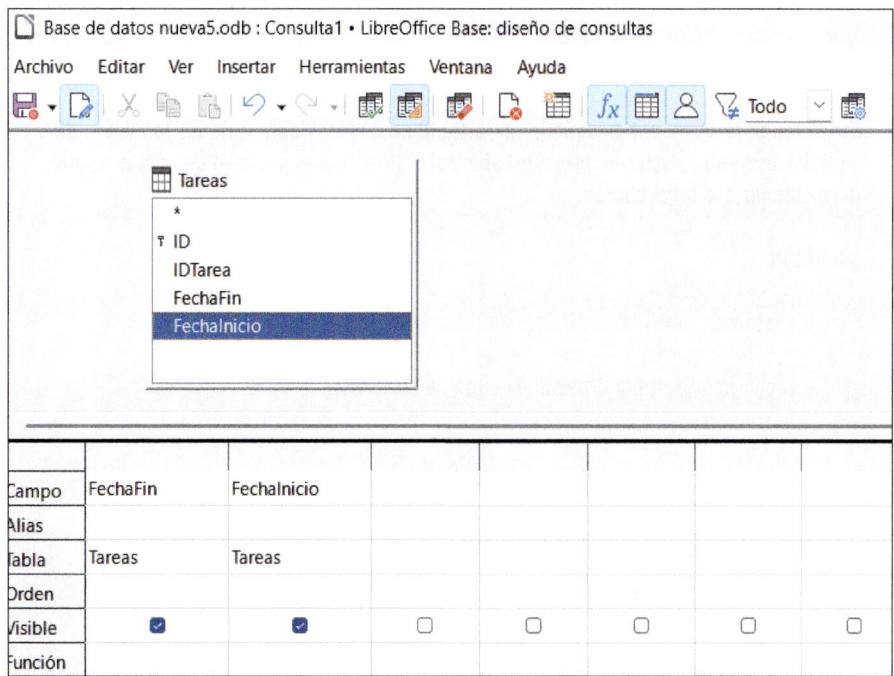

Diseño de consulta en LibreOffice Base

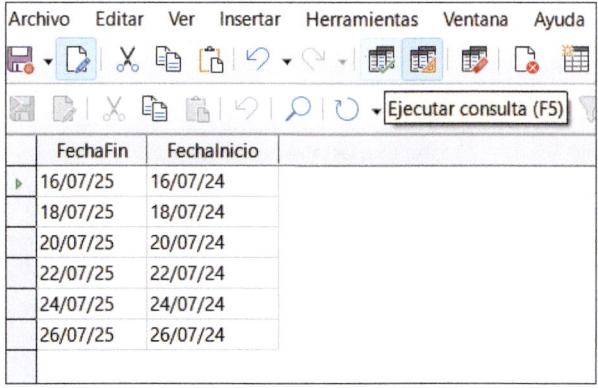

Diseño de consulta en LibreOffice Base

Aplicación práctica

Se pretende realizar una búsqueda en la tabla de clientes para obtener los datos de aquellos que se registraron antes del año 2023. Describa el proceso que debe seguir para obtener esa información.

SOLUCIÓN

Para realizar esta consulta en *Microsoft Access,* tendrá que seguir estos pasos:

1. Hacer clic en la pestaña **Crear** de la cinta de opciones.

2. Seleccionar la opción **Diseño de consulta.**

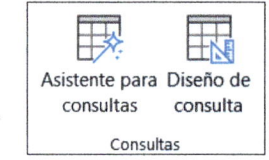

3. Elegir la tabla que contiene los datos (por ejemplo, Hoja1) y haz clic en **Agregar.** Luego, cierra esa ventana.

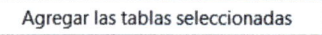

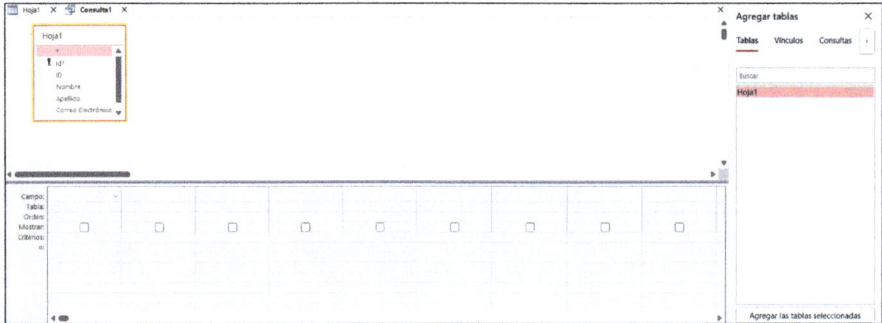

Continúa en página siguiente >>

<< Viene de página anterior

4. En la cuadrícula de diseño, añada los siguientes campos:

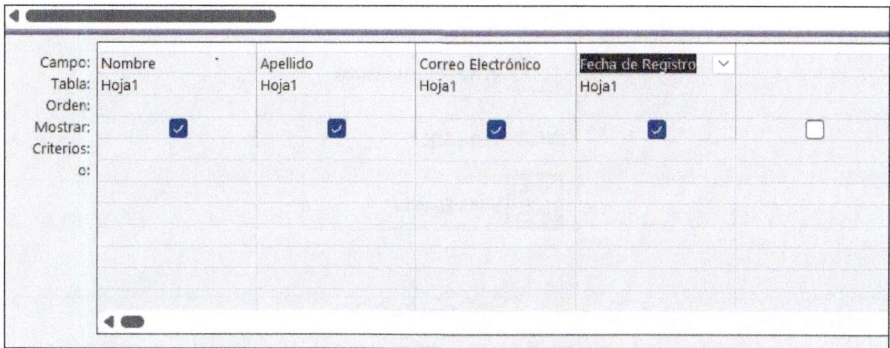

Nombre
Apellido
Correo Electrónico
Fecha de Registro

5. En la fila **Criterios** del campo **Fecha de Registro,** escriba lo siguiente:

<#01/01/2023#

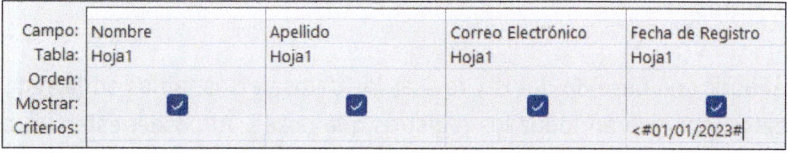

Esto filtrará los registros para mostrar solo aquellos cuya fecha de registro sea anterior al 1 de enero de 2023.

6. Ejecutar la consulta haciendo clic en el botón **Vista Hoja de datos** (icono con una hoja de cálculo).

Continúa en página siguiente >>

<< Viene de página anterior

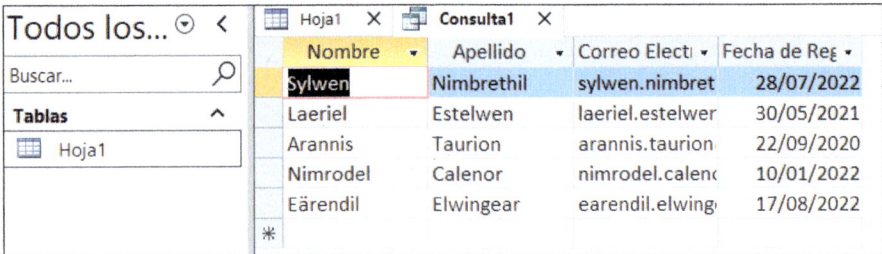

6.3. Filtros

Al abrir una base de datos y revisar los datos de sus tablas en la vista **Hoja de datos,** aparecerán todos los registros que posee. Al poseer estas un número elevado de registros, se podrá dar el caso de que no se puedan visualizar todos.

Nota

En este caso, se especifican los campos que se quiere que se muestren independientemente o los que se ajusten a ciertos criterios. Este proceso se conoce como filtro.

Para realizar un filtro sobre alguno de los campos, se hará desde la vista de **Hoja de datos,** seleccionando cualquier celda de la tabla y haciendo clic sobre el botón **Filtro,** ubicado en el grupo de opciones **Ordenar y filtrar** de la cinta de opciones **Inicio.** Seguidamente, aparecerá un menú contextual desde el que se elegirá el criterio de filtrado.

En la siguiente imagen se puede observar cómo se realiza un filtrado con la intención de que solo aparezcan los que se registraron en el año 2022:

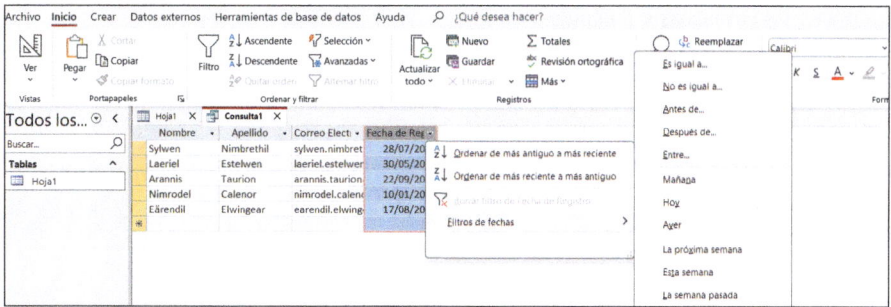

Filtrado de datos

Se observa que, después de realizar el filtrado, se mostrará el icono del botón **Filtro** sobre la columna sobre la que se ha realizado el filtrado.

De otro modo, se puede hacer clic con el botón derecho del ratón sobre una celda concreta y elegir el submenú **Filtros de texto** del menú contextual que aparece, el cual ofrece ciertas opciones de comparación del término a filtrar.

Recuerde

Para manipular ingentes cantidades de información almacenadas en bases de datos, se dispone de utilidades para la localización de datos en las mismas, como son las ordenaciones, las búsquedas o el filtrado.

Aplicación práctica

Se pretende obtener el mismo resultado obtenido en la aplicación práctica anterior, pero realizando un filtrado de fechas. Describa el proceso necesario para ordenar las fechas de registro de la más reciente a la más antigua.

SOLUCIÓN

En este caso, se selecciona la columna que contiene las fechas de registro y se hace clic sobre la opción **Ascendente** del grupo de opciones **Ordenar y Filtrar** de la cinta de opciones Inicio.

Continúa en página siguiente >>

<< Viene de página anterior

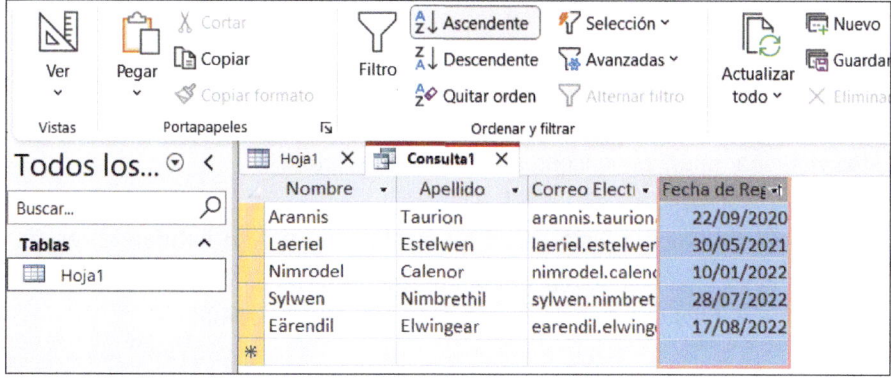

7. Impresión

En numerosas ocasiones, puede necesitarse que cierta información de la base de datos esté en un medio físico como el papel. Para este proceso, lo lógico será realizar una consulta de los datos que se necesitan y llevar a cabo una posterior impresión de los mismos, dado que imprimir toda la información de una base de datos puede resultar bastante engorroso a la hora de localizar un dato sobre el papel.

 **Nota**

Para agilizar la búsqueda y presentación de un dato sobre el papel es posible ayudarse de elementos como hojas de datos, formularios o informes.

Para realizar la impresión de cualquier objeto de la base de datos, bastará con abrirlo y seleccionar la opción **Imprimir** del menú del botón Inicio en *Microsoft Access* o, de otro modo, pulsar la combinación de teclas [Ctrl] + [P].

7.1. Hojas de datos

Las consultas realizadas sobre la base de datos o el filtrado de los datos almacenados en ella tendrán el aspecto de una tabla o, lo que es lo mismo, una vista de una serie de datos que contienen ciertas características en común. Estas vistas también se conocen como hojas de datos.

Una hoja de datos o vista es un elemento que, por su naturaleza, es un componente candidato a la impresión, porque, como se ha dicho, contiene una serie de integrantes que tienen alguna característica en común.

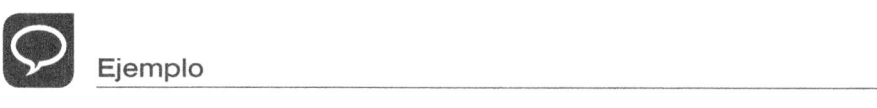

Ejemplo

Todos los clientes de una localidad concreta o los nacidos en un año determinado.

Además de su impresión, se puede realizar una vista predeterminada o preliminar de las hojas de datos, previa a su impresión, para evaluar si el aspecto de esta es el adecuado o el que se espera plasmar en el papel. Para ello, simplemente se debe seleccionar la opción **Vista preliminar** del submenú **Impresión** ubicada en el botón **Archivo.**

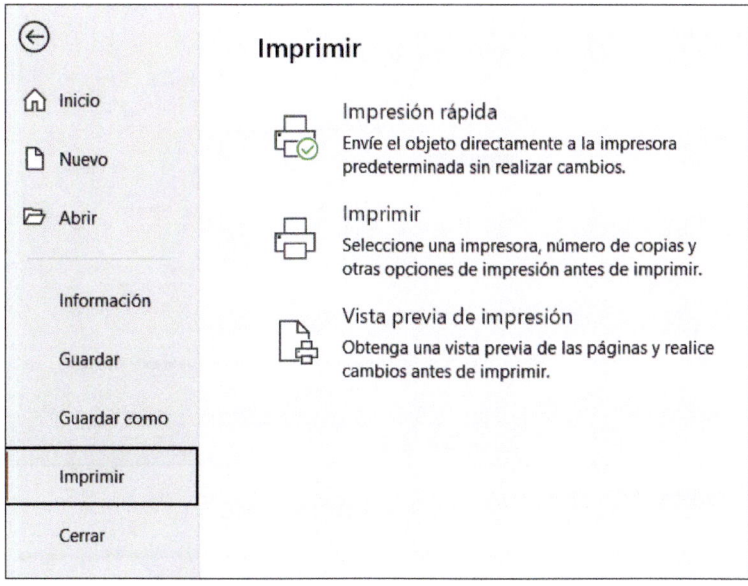

Vista preliminar de los datos

7.2. Formularios

Un formulario es un objeto que ayudará a realizar la gestión de una base de datos, ya que proporciona un cómodo método de seleccionar, insertar o actualizar los registros de la misma. Para crear un formulario, es posible servirse de los asistentes de creación que proporcionan los sistemas gestores de base de datos, como se puede observar en las siguientes imágenes.

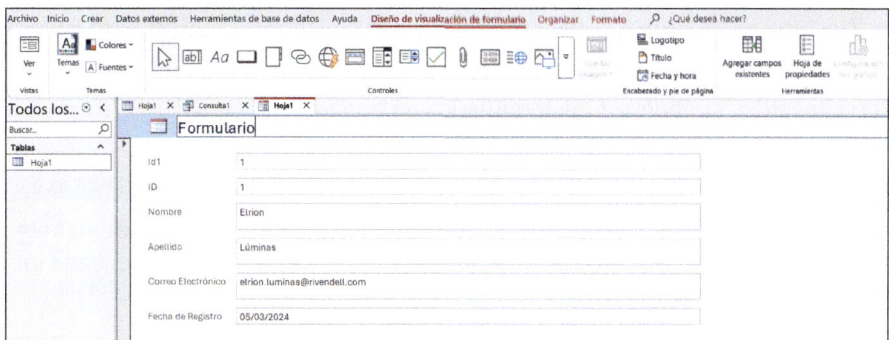

Creación de Formularios en Microsoft Access

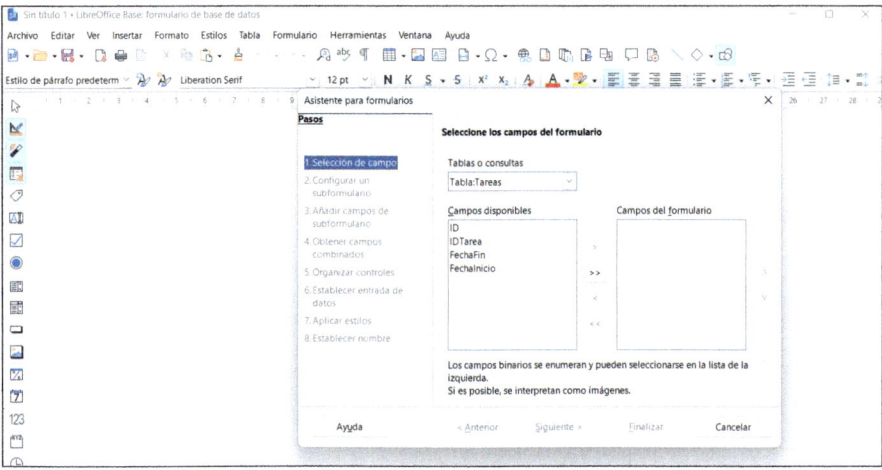

Creación de Formularios en LibreOffice Base

 **Nota**

En definitiva, los formularios son un elemento que facilita el mantenimiento de las tablas y que permite consultar, añadir nuevos datos, actualizar los existentes o borrarlos por medio de una interfaz más agradable, facilitando la tarea.

7.3. Informes

Por informe se entiende un conjunto de información organizada y clasificada a través de ciertos criterios y al cual se la aplica un determinado formato. Son elementos similares a los formularios en cuanto a su creación.

Para generar informes, se deberá elegir una tabla de la base de datos para posteriormente generar una plantilla que mostrará los datos en la página. Para ello, se dispone en *Microsoft Access el grupo de opciones* **Informe** ubicado en la cinta de opciones **Crear.**

Creación de Informes en Microsoft Access

La manera más rápida de crearlos será mediante la opción **Informes,** la cual mostrará los campos de la tabla elegida, donde cada registro aparece en una línea del informe. También se tiene un asistente para **Informes** que ayudará a configurar el informe durante el proceso.

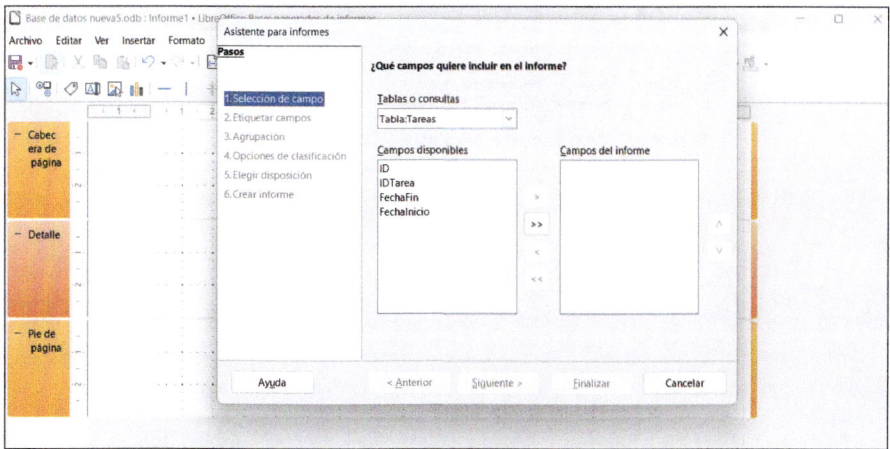

Creación de Informes en LibreOffice Base

Recuerde

Para mostrar o introducir datos en las tablas de una base de datos, se dispone de objetos para realizar el mantenimiento y gestión de los datos en las mismas, como son las hojas de datos, fomularios e informes.

El aspecto de un informe básico podrá ser el que se muestra en la siguiente imagen, el cual presenta la información de la lista de clientes de una empresa.

El aspecto del informe es totalmente configurable.

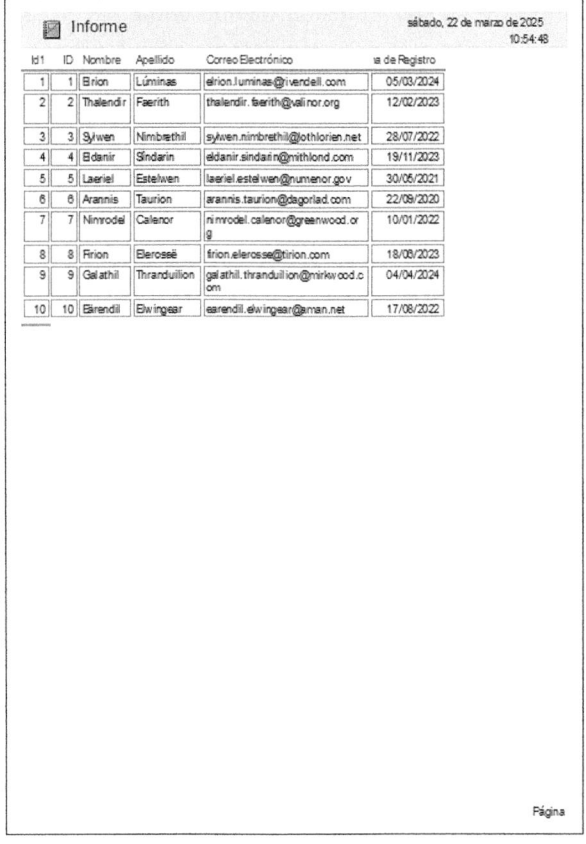

Aplicación práctica

Se pretenden mostrar a través de un informe todos los datos de todos los registros de una tabla, en este caso "CIUDAD". Describa cuál sería la forma más rápida de realizar dicho informe.

SOLUCIÓN

Para realizar un informe de todos los datos correspondientes a una tabla el proceso será sencillo. Primeramente, se abre la tabla en cuestión, acto seguido, se sitúa el ratón en una de sus celdas y, por último, se selecciona la opción Informe del grupo de opciones Informes de la cinta de opciones Crear.

El aspecto del informe será el siguiente.

cod_ciudad	ciudad	país
2	MALAGA	ESPAÑA
3	GRANADA	ESPAÑA
4	PARIS	FRANCIA
5	MILAN	ITALIA
6	ROMA	ITALIA
7	LONDRES	INGLATERRA

Ciudad — sábado, 22 de marzo de 2025 — 11:07:13

8. Resumen

A lo largo de este capítulo, se han descubierto los diferentes conceptos que rodean al *software* de aplicación *Base de datos,* así como su estructura y características. Se ha partido de un punto en el que el alumno ha podido comprobar cómo se realizan operaciones básicas, como abrir una base de datos, además de la introducción y modificación de datos en las tablas de la misma junto con su configuración previa. Se han expuesto las distintas operaciones que se pueden realizar en la edición de las mismas, como el alta y las bajas de registros o la modificación de ellos, además de su selección y operaciones básicas.

Se han estudiado diferentes usos de la información para la localización de los datos en las tablas, como son las ordenaciones, las búsquedas o los filtros de datos en ellas.

Por otro lado y en cuanto al aspecto que pueden tomar los datos almacenados en las tablas, se han estudiado recursos como las hojas de datos, formularios e informes.

Antes de realizar el proceso de impresión, se ha expuesto cómo realizar una vista previa del aspecto actual del objeto en cuestión de la base de datos de cara a corregir posibles errores.

Ejercicios de repaso y autoevaluación

1. ¿Qué ventaja presenta una base de datos con respecto a un fichero?

    a. Ninguna.
    b. Permite centralizar la información.
    c. Une la parte lógica a la parte física.
    d. Además de almacenar los datos, presenta su descripción.

2. ¿Qué es un sistema gestor de bases de datos?

    a. Un programa para mostrar datos.
    b. Un programa para insertar datos.
    c. Una aplicación que se encarga de mantener y gestionar la parte física de la base de datos.
    d. Una aplicación que permite distribuir los datos de la base de datos por correo electrónico.

3. ¿Qué tipo de las siguientes bases de datos es incorrecto?

    a. Relacional.
    b. En red.
    c. Jerárquica.
    d. Conmutada.

4. ¿Para qué sirve el panel de exploración de un gestor de bases de datos?

    a. Para realizar consultas.
    b. Para encontrar los objetos de la base de datos que se podrán abrir en el área de documento.
    c. Para insertar registros en las tablas.
    d. Para explorar las tablas de la base de datos.

5. ¿Con qué tipos de objetos trabajan las bases de datos?

    a. Libros, hojas y tablas.
    b. Tablas, formularios, consultas e informes.
    c. Tablas, libros, consultas y formularios.
    d. Tablas, hojas, consultas y formularios.

6. ¿Qué es una consulta?

    a. Es una pregunta u orden que se realiza a la base de datos para que muestre algún resultado o realice alguna modificación en ella.
    b. Es una pregunta que se realiza a la base de datos para que muestre algún resultado.
    c. Es una orden que se realiza a la base de datos para que realice alguna modificación en ella.
    d. Es una orden que se realiza a la base de datos para que genere un formulario.

7. ¿Con cuál de los siguientes lenguajes no trabaja un sistema gestor de bases de datos?

    a. Lenguaje de creación de datos o DRL.
    b. Lenguaje de definición de datos o DDL.
    c. Lenguaje de manipulación de datos o DML.
    d. Lenguaje de acceso o control de datos o DCL.

8. ¿Cuáles son las operaciones más usuales dentro del lenguaje de manipulación de datos o DML?

    a. Altas y bajas.
    b. Creación de tablas.
    c. Altas, bajas, modificaciones y consultas.
    d. Creación de tablas y consultas.

9. ¿Qué es un formulario?

    a. Es un objeto de la base de datos que proporciona un cómodo método de seleccionar los registros de la misma.
    b. Es un objeto de la base de datos que proporciona un cómodo método de seleccionar, insertar o actualizar los registros de la misma.

c. Es un objeto de la base de datos que proporciona un cómodo método de insertar los registros de la misma.

d. Es un objeto de la base de datos que proporciona un cómodo método de actualizar los registros de la misma.

10. ¿Qué ventaja ofrece un filtro?

a. Permite generar informes.

b. Permite visualizar los datos que se necesiten.

c. Facilita la inserción de registros.

d. Solo sirve para gestionar los formularios.

Capítulo 8
Tratamiento y presentación de información con *software* de presentaciones

Contenido

1. Introducción

Hasta el momento, se han estudiado diferentes formas de almacenar información dando un repaso por las aplicaciones de hoja de cálculo o los sistemas gestores de bases de datos. Cada uno proporciona al usuario una forma diferente de almacenar datos. Este capítulo se va a centrar en otro aspecto relacionado con la información, que es el de mostrarla a través de una serie de elementos multimedia que facilitarán que los usuarios que los diseñen expresen con claridad los datos y conceptos que pretendan transmitir.

Hoy en día, cualquier ámbito de mercado está estrechamente relacionado con la publicidad y el *marketing* y gracias a la informática se podrán realizar trabajos multimedia de un nivel profesional desde una serie de aplicaciones informáticas que conocemos como *Software de presentaciones.*

A lo largo del capítulo, se conocerá qué es una presentación multimedia, así como su estructura y una serie de características que la componen. A través de un *software* de presentaciones, se aprenderá a abrir y cerrar una presentación, así como los detalles que rodean la edición y el tratamiento de las diapositivas que componen la presentación y la impresión de las mismas.

En último lugar, se analizará cómo realizar presentaciones autoejecutables, las cuales facilitarán, además de la rapidez a la hora de abrirlas, una visión más profesional de la presentación.

2. Estructura y características de una presentación

Por presentación se entiende una secuencia de imágenes que se pueden combinar con textos o sonidos de diferentes formatos y que se crean con la finalidad de hacer llegar a un público los datos que en ella aparecen de un modo más interactivo y multimedia.

Nota

Así, la asimilación de los contenidos será más rápida e impactante, quedando retenida con mayor facilidad por parte de los asistentes a la presentación.

La naturaleza de los contenidos que se pueden incluir en una presentación es variada, permitiendo que formen parte de ella imágenes, sonidos, animaciones e incluso vídeo. Además, se podrán añadir transiciones y efectos a los contenidos multimedia de las mismas para que muestren mayor énfasis. Por otro lado, se conocerá cómo crear presentaciones que se ejecuten de manera automática.

La estructura básica de un *software* de presentaciones es muy similar a la que se encuentra en otros productos de una suite ofimática, como el procesador de textos.

 Nota

El espacio de trabajo se encuentra dividido en varias zonas claramente diferenciadas como la barra de título, las barras de menú, tareas, herramientas o cinta de opciones, el panel de exploración, el área de documento y la barra de estado.

A continuación, se van a ver detalladamente cada una de estas zonas en software de presentaciones, como son *PowerPoint 2024* e *Impress 25.2.1,* pertenecientes a las suites ofimáticas *Microsoft Office 2024* y *LibreOffice 25.2.1* respectivamente.

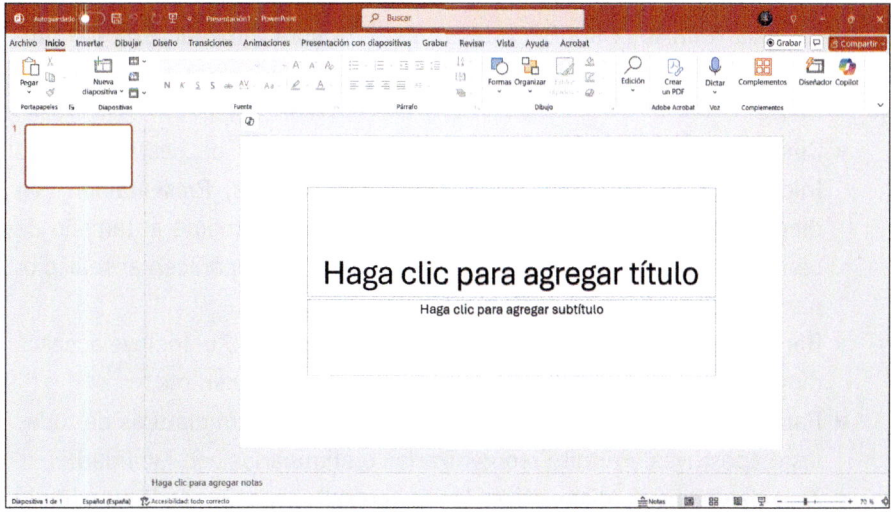

Microsoft PowerPoint

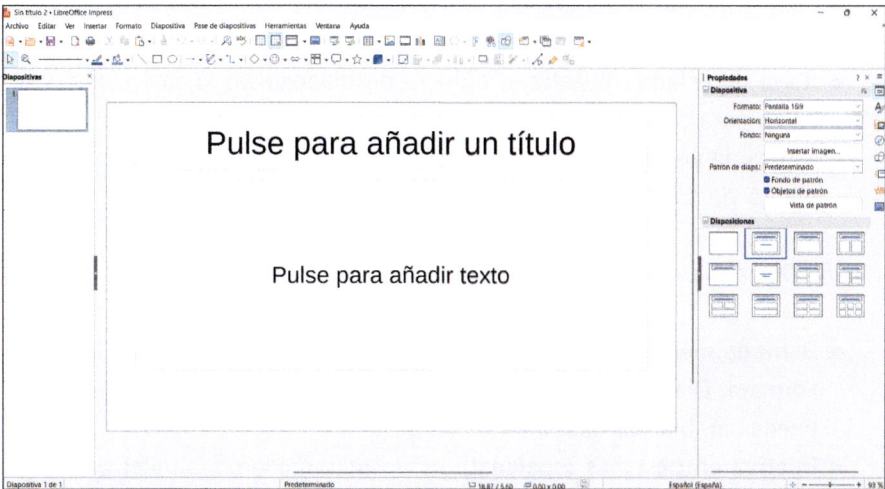

LibreOffice Impress

Cada una de las aplicaciones comentadas, se compone de los siguientes elementos:

Microsoft PowerPoint 2024 (Microsoft Office 2024)

- Pestaña *Archivo (Vista Backstage):* permite abrir, guardar, exportar, imprimir y gestionar opciones del archivo. Reemplaza al antiguo botón **Office.**

- **Cinta de opciones (Ribbon):** agrupa los comandos en pestañas como **Inicio, Insertar, Diseño, Transiciones, Animaciones, Presentación con diapositivas, Revisar** y **Vista.** Se adapta automáticamente al tamaño de pantalla. Además, incluye fichas contextuales que aparecen al seleccionar objetos (por ejemplo, **Formato de imagen).**

- **Barra de herramientas de acceso rápido:** personalizable. Incluye accesos directos a funciones como **Guardar, Deshacer, Rehacer,** etc.

- **Panel de miniaturas (panel izquierdo):** muestra las miniaturas de todas las diapositivas. Permite reorganizarlas o eliminarlas con facilidad.

- **Área de diseño de diapositivas (zona central):** espacio donde se edita la diapositiva activa. Se pueden insertar textos, imágenes, gráficos, vídeos y objetos 3D.

- **Panel de notas (inferior):** permite añadir notas visibles solo para el presentador.

- **Barra de estado:** muestra el número de diapositiva, idioma, zoom y el botón para cambiar el modo de vista.

- **Modos de vista:** incluye vistas como *Normal, Clasificador de diapositivas, Página de notas* y *Presentación.*

LibreOffice Impress 25.2.1 (LibreOffice 25)

- **Barra de menús clásica:** con menús como **Archivo, Editar, Ver, Insertar, Formato, Diapositiva, Herramientas, Presentación, Ventana** y **Ayuda.** Se puede cambiar por una interfaz en pestañas.

- **Interfaz en pestañas (opcional):** estilo más moderno, similar a Power-Point, activable desde **Ver → Interfaz de usuario → Pestañas.**

- **Barra de herramientas estándar y contextual:** contienen botones para tareas frecuentes como **Guardar, Deshacer, Insertar imagen, Formato de texto,** etc.

- **Panel de diapositivas (izquierda):** muestra la lista de diapositivas en miniatura. Permite cambiar su orden o eliminar.

- **Área de trabajo (central):** donde se edita la diapositiva activa con texto, imágenes, gráficos y objetos.

- **Panel de tareas (derecha):** muestra opciones de formato, diseño de diapositivas, animaciones y transiciones.
- **Panel de notas (inferior):** permite escribir notas para cada diapositiva.
- **Barra de estado:** muestra la posición del cursor, el número de diapositiva y permite ajustar el *zoom*.

3. Trabajo con presentaciones

A la hora de trabajar con presentaciones, las aplicaciones *PowerPoint* de *Microsoft* e *Impress* de *LibreOffice* facilitarán la creación de las mismas a través de plantillas, temas o asistentes, los cuales servirán de apoyo hasta que se adquiera la soltura necesaria con el programa y se sea capaz de generarlas por uno mismo.

 Nota

Siempre se podrán crear presentaciones desde plantillas predefinidas en las aplicaciones o desde una página en blanco.

A continuación, se podrán observar diferentes ilustraciones de cómo comenzar a generar una presentación de las formas expuestas en ambas aplicaciones.

3.1. Microsoft PowerPoint

Para comenzar con la creación de una presentación, debe acudirse a la ventana de **Archivo** de la aplicación y elegir la opción **Nuevo** o, de otro modo, elegir el botón **Nuevo** de la barra de herramientas de acceso rápido. Ambos caminos abrirán la ventana **Nueva presentación,** desde la que se ofrecen varias alternativas de creación, como son **Presentación en blanco** o **Plantillas y Temas instalados.**

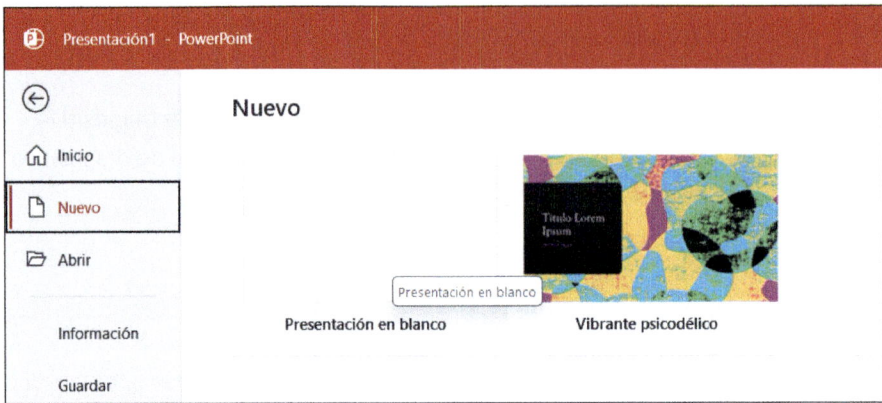

Presentación en blanco en Microsoft PowerPoint

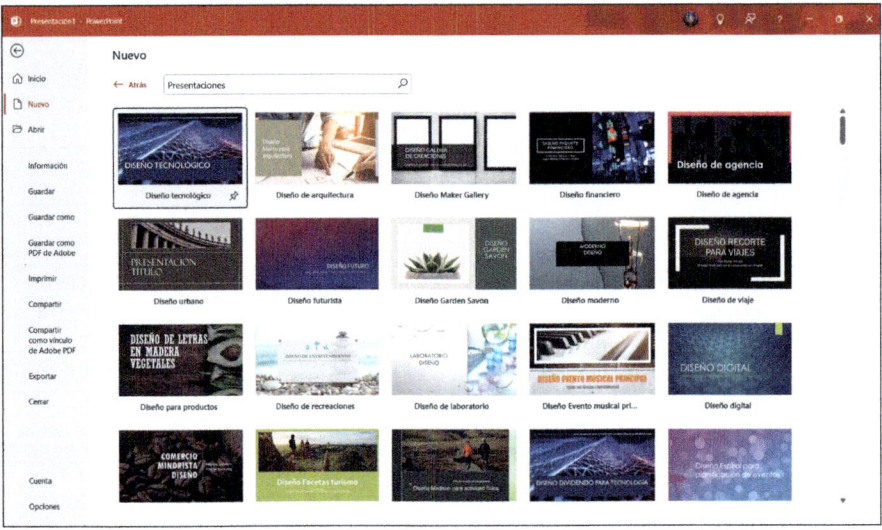

Plantillas instaladas en Microsoft PowerPoint

3.2. LibreOffice Impress

Al abrir la aplicación se mostrará la siguiente pantalla principal:

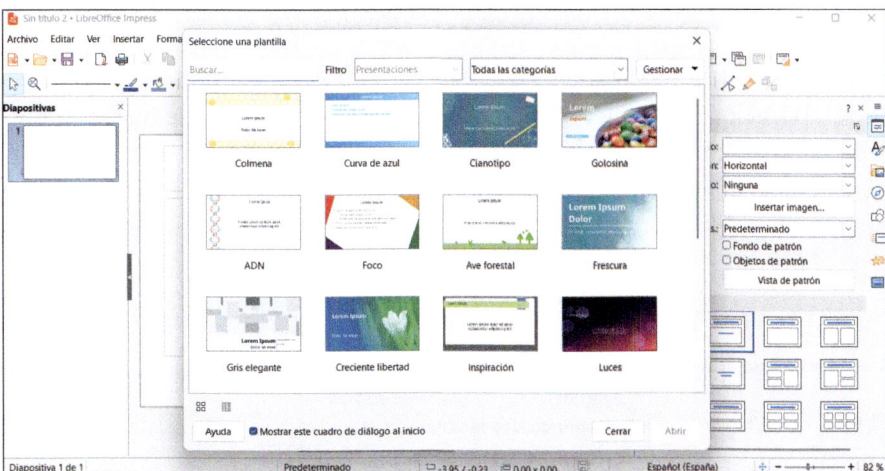

Presentación vacía de LibreOffice Impress

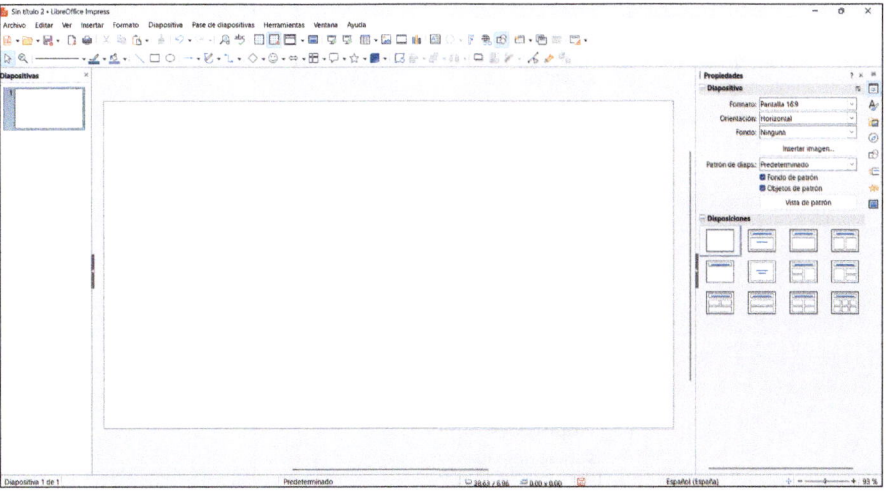

Presentación vacía de Libre Office Impress

3.3. Abrir y cerrar una presentación

A continuación, se describe con detalle cómo abrir y cerrar una presentación.

Abrir

Entre las diferentes maneras que existen para abrir una presentación des-de su aplicación, todas llevan a la ventana **Abrir.** Desde ella, se navegará por el árbol de directorios del equipo hasta encontrar el archivo en cuestión de la presentación que se pretende abrir.

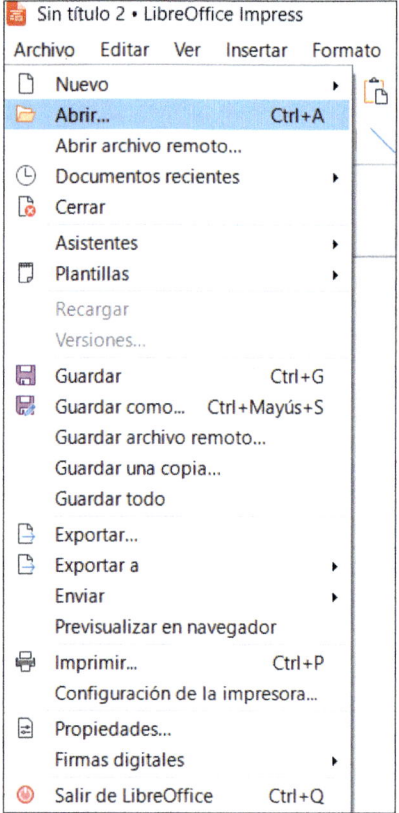

Ventana Abrir en Impress

Entre las diferentes formas de abrir una base de datos, se encuentran las siguientes.

Desde Microsoft PowerPoint

En las últimas versiones de *Microsoft* el proceso para abrir una presentación es intuitivo y moderno gracias a la interfaz basada en la **Vista Backstage.** El botón **Office** fue sustituido por la pestaña **Archivo,** como ocurre en todas las aplicaciones de *Microsoft 365.*

1. Abra *PowerPoint.*
2. Haga clic en la pestaña **Archivo** ubicada en la esquina superior izquierda.
3. En el menú lateral, seleccione la opción **Abrir.**
4. *PowerPoint* mostrará varias ubicaciones desde las que puede abrir archivos:

   ı **Recientes:** archivos abiertos recientemente.
   ı **OneDrive:** archivos almacenados en la nube.
   ı **Este dispositivo (o Examinar):** para buscar en tu disco duro o en unidades extraíbles.

5. Seleccione la ubicación deseada y navegue hasta el archivo de presentación.
6. Haga doble clic sobre el archivo o selecciónelo y pulse **Abrir.**

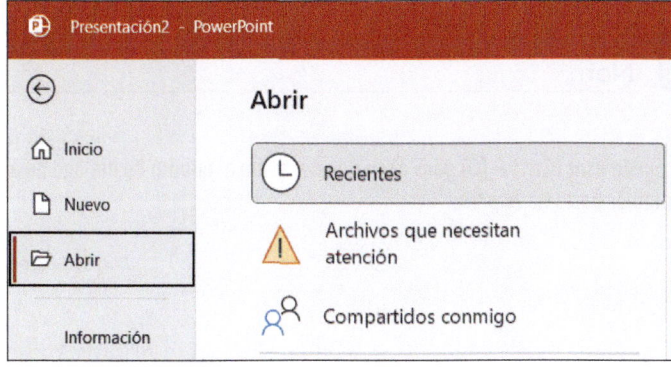

Abrir PowerPoint

 Nota

También se puede usar el atajo [Ctrl] + [O] para abrir directamente la ventana de apertura de archivos desde cualquier lugar dentro de *PowerPoint.*

Desde LibreOffice Impress

1. Inicie *LibreOffice Impress:*

   ⏐ Si abre *LibreOffice* desde el lanzador principal, puede seleccionar directamente un archivo desde el panel de archivos recientes o pulsar en "Abrir archivo..." desde la pantalla de inicio.
   ⏐ Si está ya dentro de *Impress,* continúe con el siguiente paso.

2. En la barra de menús superior, haga clic en **Archivo.**
3. Seleccione la opción **Abrir.**
4. Se abrirá una ventana de diálogo para explorar su equipo.
5. Navegue hasta la carpeta donde se encuentra la presentación (.odp para archivos de Impress, o .ppt/.pptx si es compatible con *Power-Point).*
6. Seleccione el archivo deseado y haga clic en **Abrir.**

 Nota

Se puede usar [Ctrl] + [O] para abrir directamente el cuadro de diálogo de archivos desde cualquier parte de *Impress.*

Continúa en página siguiente >>

<< Viene de página anterior

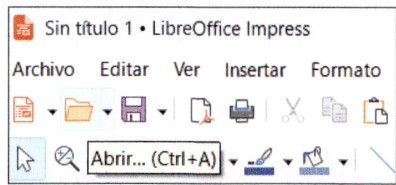

Abrir archivo en la barra superior

Cerrar

Si se han terminado los trabajos de edición sobre la presentación, se podrán cerrar de varias formas. La operación de cerrar una presentación abierta son igual de sencillas que para su apertura. Si no se ha guardado previamente la presentación, se advertirá este hecho mediante un cuadro de diálogo y se podrá tanto guardar los cambios realizados como desechar la propuesta.

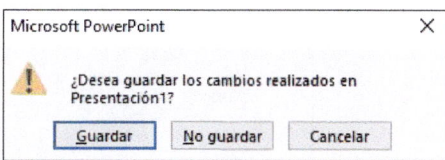

Cerrar Presentación

Entre las diferentes formas de cerrar una base de datos, se encuentran las siguientes.

Desde Microsoft PowerPoint

Se podrá optar por hacer clic sobre el botón **Archivo** y seleccionar la opción **Cerrar.** Si no se ha guardado el documento y se selecciona el botón **Cerrar,** se propondrá hacerlo en este momento, como se ha comentado con anterioridad.

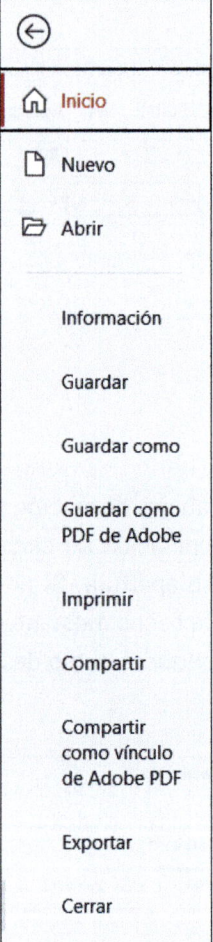

Cerrar en PowerPoint

Desde LibreOffice Impress

Para cerrar un documento, se puede utilizar el menú **Archivo** de la barra de tareas y seleccionar la opción **Cerrar.**

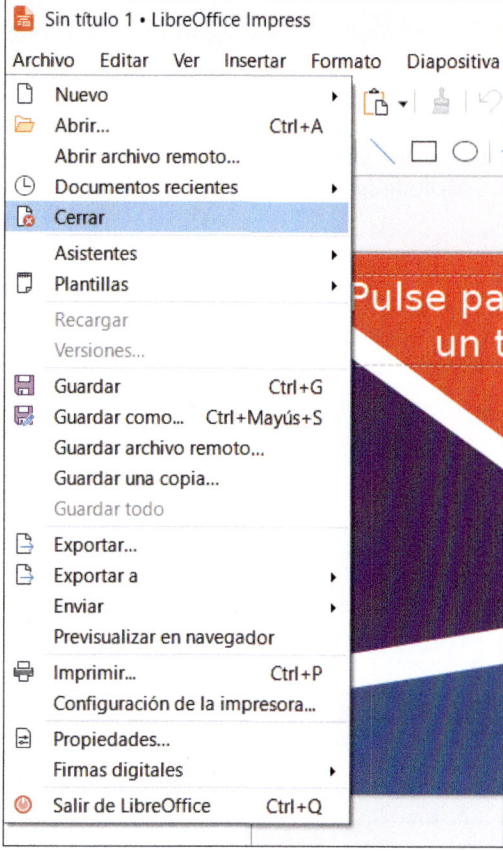

*Cerrar documento desde el menú **Archivo** en Impress*

3.4. Presentación de diapositivas

Al terminar la edición de una presentación durante la edición de la misma, se puede realizar una previsualización del trabajo elaborado para ver cómo está quedando, por si hubiera que hacer algún retoque o mejora. Esto es lo que se conoce con el nombre de *Presentación de diapositivas*.

 **Nota**

Mediante esta acción, se contempla la presentación de las diapositivas que se está diseñando. Para ello, se cuenta con una serie de características con las que personalizar dicha presentación.

Microsoft PowerPoint

Para reproducir una presentación, debe acudirse a la ficha **Presentación de diapositivas** de la cinta de opciones, en la que se podrán determinar diversas configuraciones: desde dónde comenzar la reproducción, si ocultar alguna diapositiva en la reproducción y hasta el monitor de salida de la misma.

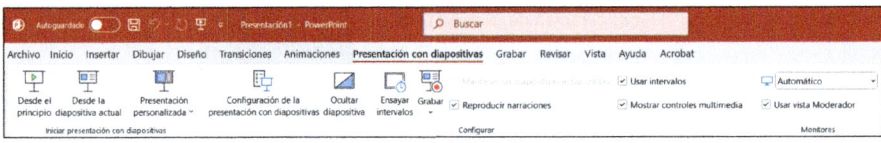

Presentación de diapositivas desde Microsoft PowerPoint

 Sabía que...

De un modo más rápido, se podrá reproducir la presentación desde el botón Presentación con diapositivas ubicado en la barra de estado o pulsando la tecla [F5].

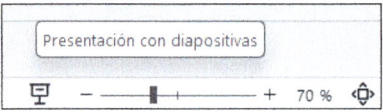

Presentación con diapositivas en PowerPoint

El desplazamiento de las diapositivas a través de la presentación se realizará con las flechas del cursor del teclado, tanto con [arriba] y [abajo] como con [izquierda] o [derecha]. De igual modo, se puede avanzar hasta el final de la presentación pulsando la barra espaciadora o haciendo clic con el ratón encima de la diapositiva que se esté mostrando en la presentación.

LibreOffice Impress

De igual forma, se puede reproducir una presentación desde el menú **Presentación,** ubicado en la barra de menús desde el que, además, es posible realizar una configuración previa a la reproducción. De un modo más rápido, se hará clic sobre el botón **Presentación** ubicado en la barra de herramientas.

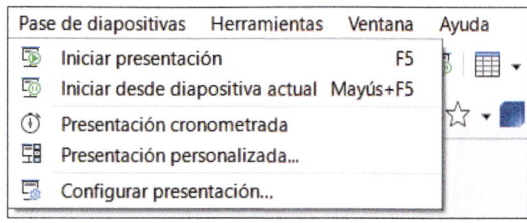

Presentación de diapositivas desde LibreOffice

Nota

De un modo más rápido, se podrá reproducir la presentación desde el botón Presentación con diapositivas ubicado en la barra de estado o pulsando la tecla [F5].

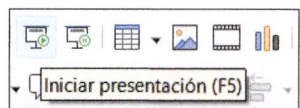

*Presentación de diapositivas desde
LibreOffice Impress*

3.5. Impresión de diapositivas

Si se imagina que se está asistiendo a una presentación, se podrá observar que el ponente no utiliza solo el recurso de reproducir una presentación de diapositivas en un ordenador a través de un proyector, sino que es posible que se apoye de alguna de estas diapositivas para hacer partícipes a los asistentes con diapositivas impresas en papel.

Ejemplo

La hoja que contenga el índice, para que estos no pierdan el flujo de trabajo que se está siguiendo o simplemente para que se la lleven a casa.

Para imprimir los datos inmersos en las diapositivas que conforman una presentación existen diferentes alternativas, que se pasa a conocer a continuación.

Nota

Cualquier *software* de presentaciones ofrecerá la posibilidad de imprimir cualquiera de las diapositivas que compongan la presentación, así como la totalidad de la misma.

Microsoft PowerPoint

Para realizar la impresión de cualquiera de las diapositivas de la presentación, bastará con abrirla y seleccionar la opción **Imprimir** del menú del botón **Inicio** o, de otro modo, pulsar la combinación de teclas [Ctrl] + [P]. A través de ambos métodos, se abrirá el cuadro de diálogo **Imprimir** desde el que se configurará la impresión.

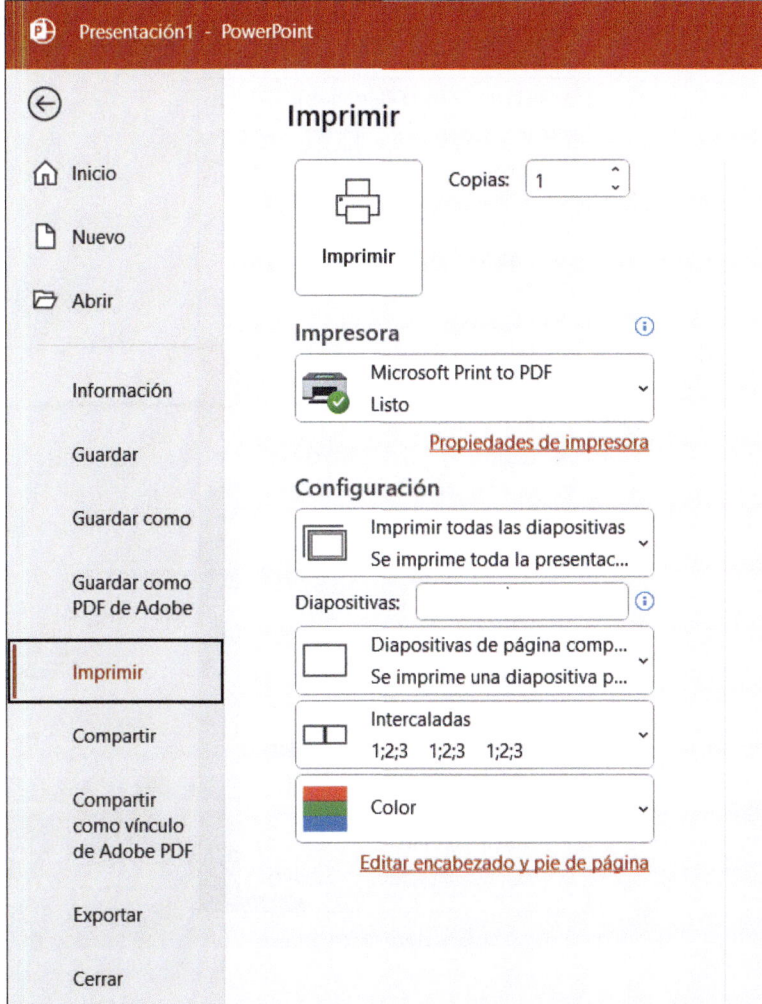

Impresión de diapositivas desde Microsoft PowerPoint

LibreOffice Impress

La impresión de cualquiera de las diapositivas de la presentación se llevará a cabo después de abrirla y con la opción **Imprimir** del menú **Archivo** ubicado en la barra de menús, desde el botón **Imprimir** en la barra de herramientas o, de otro modo, pulsando la combinación de teclas [Ctrl] + [P]. A través de ambos métodos, se abrirá el cuadro de diálogo **Imprimir,** desde el que se configurará la impresión.

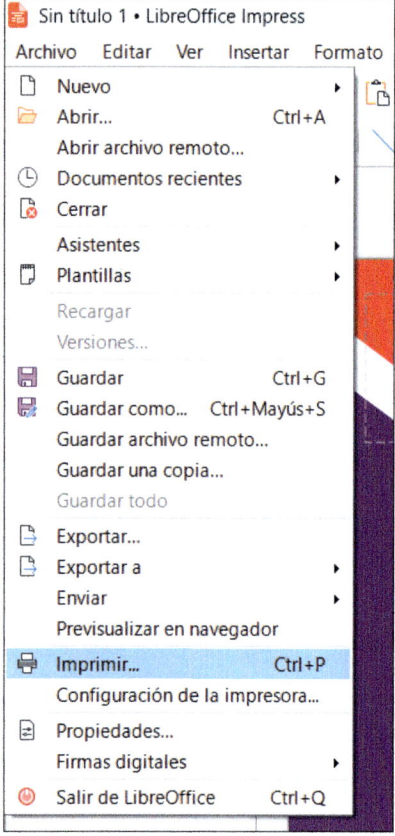

Impresión de diapositivas desde LibreOffice Impress

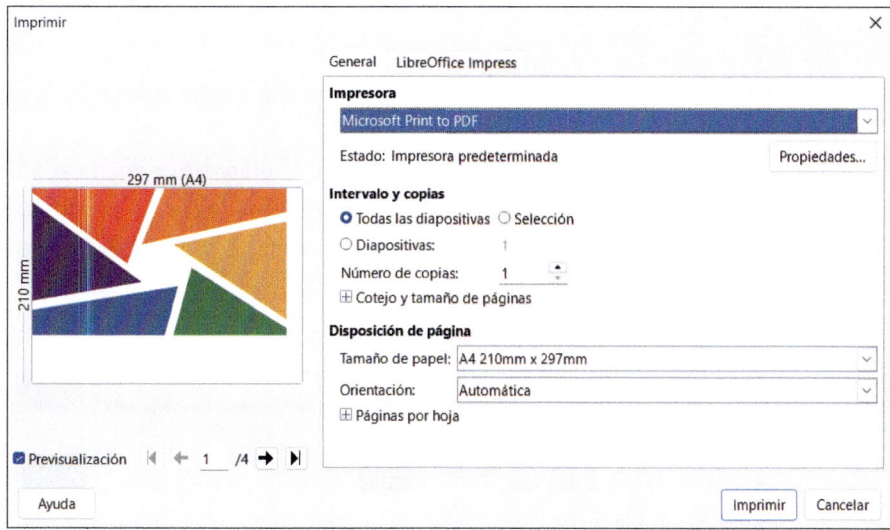

Impresión de diapositivas desde LibreOffice Impress

3.6. Edición de los textos de las diapositivas

Las operaciones que se pueden aplicar a una diapositiva en cuanto a textos se refiere son similares a las que se realizan en un procesador de textos, pudiendo así insertar texto con un formato y estilos personalizados en lo que a fuente, color o tamaño se refiere, además de proporcionar la alineación y sangrías que se requieran.

Al crear una diapositiva, se podrá elegir un diseño predefinido para esta.

 Nota

Así, una vez creada la diapositiva, se elige el diseño que más se adapte a las necesidades.

Para elegir el diseño, debe actuarse como se especifica a continuación.

Microsoft PowerPoint

Se hace clic con el botón derecho del ratón sobre la diapositiva en cuestión y se elige la opción **Diseño,** la cual desplegará un menú desde donde se podrán observar las previsualizaciones de los diseños predefinidos y elegir el diseño que se quiera aplicar a la diapositiva.

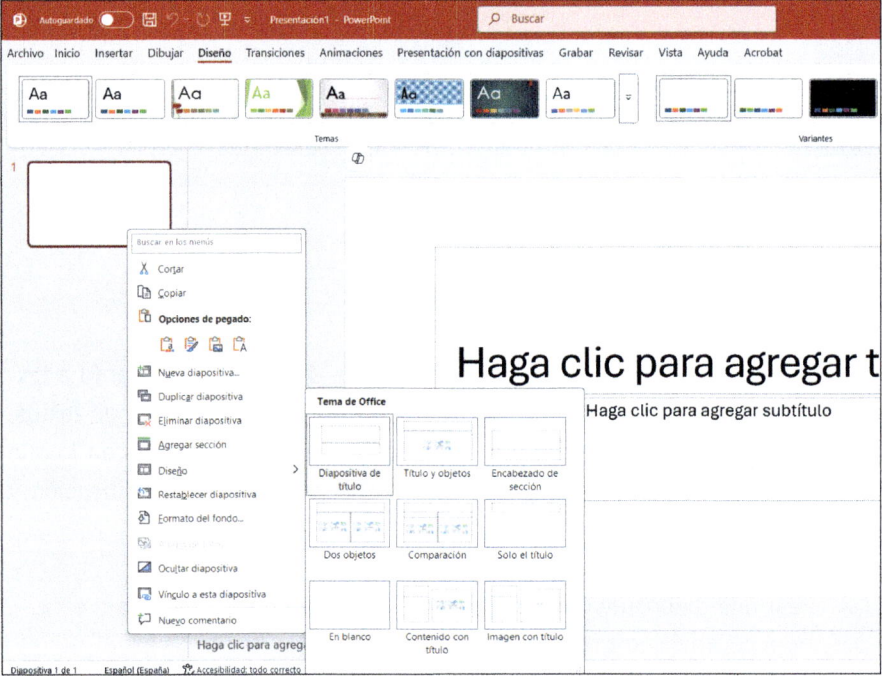

Diseño de diapositivas desde Microsoft PowerPoint

LibreOffice Impress

Se hace clic con el botón derecho del ratón sobre la diapositiva en cuestión y se elige la opción **Diseño de diapositiva,** la cual desplegará en el panel de tareas un menú desde donde se podrán observar las previsualizaciones de los diseños predefinidos y elegir el diseño que se quiera aplicar a la diapositiva.

 **Nota**

También existe la opción al hacer clic sobre la opción de menú **Formato** desde la barra de menús.

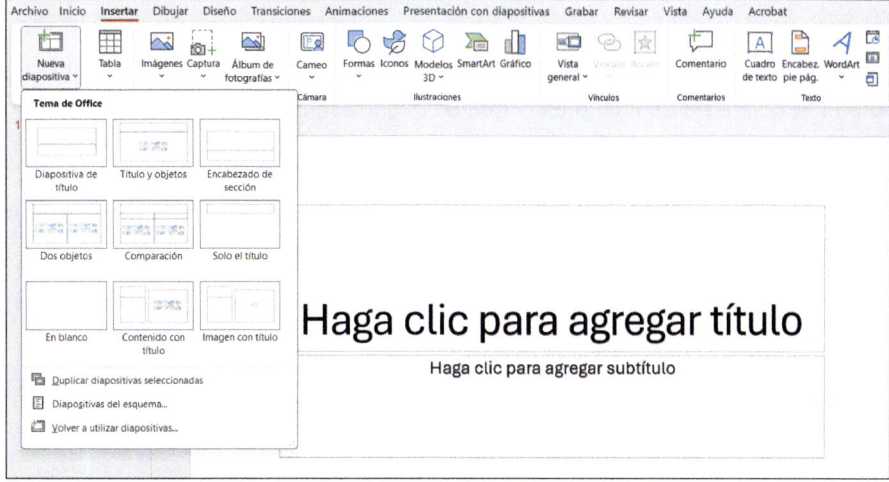

Diseño de diapositivas desde LibreOffice Impress

Una vez elegido un diseño concreto, se pueden editar los cuadros de texto que en él se integran, pudiendo dar el formato que se desee al texto que se escriba.

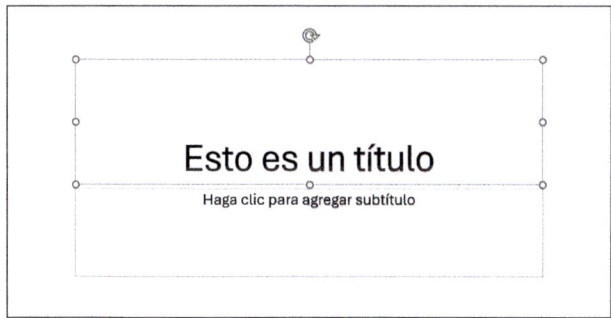

Insertar texto en diapositivas desde Microsoft PowerPoint

Nota

Además, es posible crear nuevos campos de texto si la diapositiva lo requiere.

Herramientas para la edición de textos

Para la edición de textos, se requieren una serie de herramientas que incorpora el *software* de aplicaciones y que se describen a continuación.

Microsoft PowerPoint

Desde la pestaña **Inicio** de la cinta de opciones, se localizan todas las herramientas necesarias para la edición de textos y, en concreto, se podrán encontrar en los grupos de opciones **Fuente** y **Párrafo**.

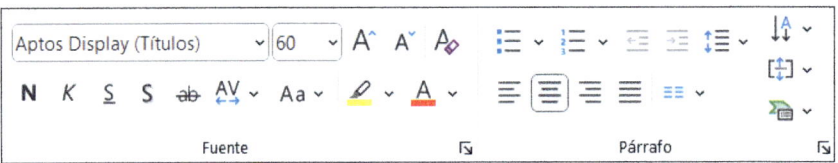

Edición de textos en diapositivas desde Microsoft PowerPoint

LibreOffice Impress

En este caso, se encontrarán todas las herramientas necesarias para la edición de texto en la barra de herramientas **Formateo del texto**.

Edición de textos en diapositivas desde LibreOffice Impress

Nota

Desde el menú **Formato** de la barra de menús, también se encuentran las opciones para la edición del texto.

Elementos multimedia

Además de un texto que defina bien el contenido que se pretende difundir, es posible añadir elementos multimedia a la presentación, como son imágenes, sonidos o vídeos.

Microsoft PowerPoint

Desde la pestaña **Insertar** de la cinta de opciones, se localizan todas las herramientas necesarias para la inserción de objetos y, en concreto, se podrán encontrar en los grupos de opciones **Tabla, Ilustraciones, Vínculos, Texto, Clip multimedia** y **Vídeo.**

Inserción de objetos en diapositivas desde Microsoft PowerPoint

LibreOffice Impress

En este caso, se encontrarán todas las herramientas necesarias para la inserción de objetos desde el menú **Insertar** de la barra de menús.

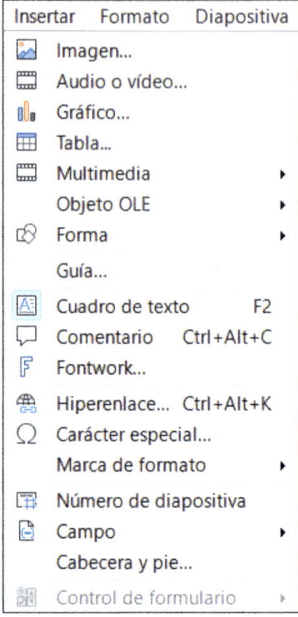

Inserción de objetos en diapositivas desde LibreOffice Impress

 Aplicación práctica

Imagine que un amigo que está estudiando una asignatura de informática le pide el favor de explicarle el funcionamiento de un archivo de presentaciones que le ha enviado un profesor. Usted le deberá explicar el proceso de apertura, guardado y cierre de la misma para que él pueda continuar por sí solo. Hágalo a través de *PowerPoint*.

SOLUCIÓN

Le comentará a su amigo que la forma más sencilla de abrir una presentación es hacer doble clic directamente sobre el archivo. No obstante, también puede abrirla desde la propia aplicación. Para ello, deberá iniciar *PowerPoint,* hacer clic en la pestaña **Archivo**, ubicada en la parte superior izquierda, y seleccionar la opción **Abrir**. Esto mostrará el explorador de archivos desde donde podrá buscar el documento en su equipo o en la nube *(OneDrive,* por ejemplo). Alternativamente, puede pulsar el atajo de teclado [Ctrl] + [O] para acceder directamente a esta ventana.

Continúa en página siguiente >>

<< Viene de página anterior

Una vez haya hecho los cambios necesarios en la presentación, puede guardarlos haciendo clic en **Archivo → Guardar,** o bien pulsando la combinación [Ctrl] + [G], que es más rápida.

Para cerrar el archivo, debe volver a la pestaña **Archivo** y seleccionar la opción **Cerrar.** Si no ha guardado los últimos cambios, *PowerPoint* le preguntará si desea hacerlo antes de cerrar el archivo.

4. Presentaciones autoejecutables

Al término de la edición de una presentación, solo quedará guardarla en el equipo para almacenarla hasta el día en que se vaya a utilizar.

En el supuesto de una presentación pública, no quedaría nada formal que un ponente abra una presentación haciendo doble clic sobre el archivo de presentación en cuestión y que este se ejecute desde el *software* de presentaciones donde haya sido generado, teniendo que darle a la opción en cuestión para comenzar su reproducción. La solución a esto es lo que se conoce como *Presentaciones autoejecutables.*

 Importante

Las presentaciones autoejecutables se guardarán especificando un formato de presentaciones concreto para que, al hacer clic sobre ellas, pasen al modo de reproducción de las mismas en lugar de abrirse en modo edición.

4.1. Microsoft PowerPoint

En *PowerPoint,* para guardar una presentación como archivo de diapositivas que se abra directamente en modo presentación, se debe hacer clic en la pestaña **Archivo,** seleccionar **Guardar como,** elegir la ubicación deseada y, en el cuadro de diálogo que aparece, escribir el nombre del archivo y cambiar el tipo a "Presentación con diapositivas de PowerPoint (*.ppsx)". Luego, simplemente hay que hacer clic en **Guardar.** Este formato es ideal cuando se quiere compartir la presentación para que otros la vean sin poder editarla, ya que se abrirá directamente en pantalla completa.

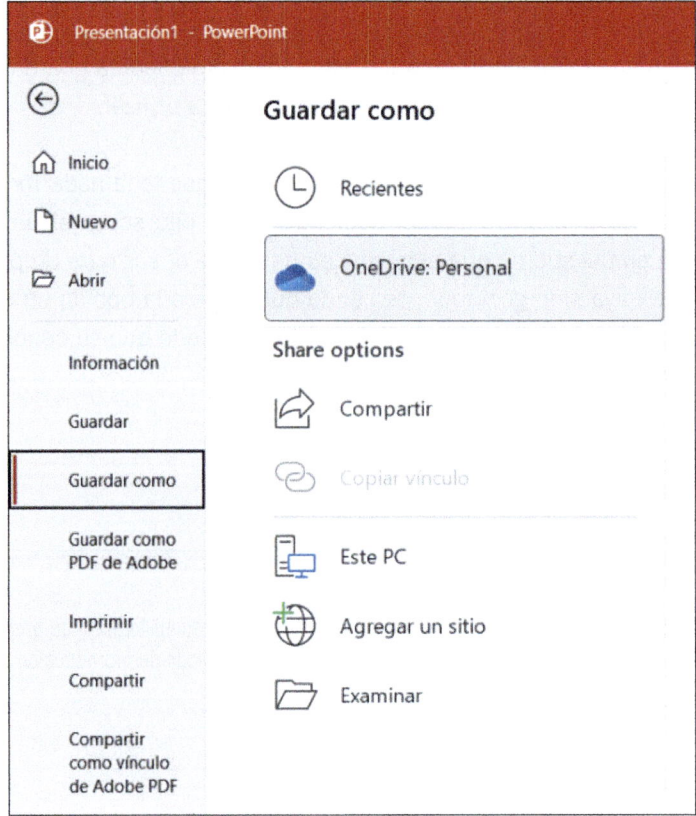

Guardar diapositiva en PowerPoint

4.2. LibreOffice Impress

En este caso, debe acudirse al menú **Archivo** y seleccionar la opción **Guardar como,** pudiendo elegir a continuación entre las opciones de presentación establecidas.

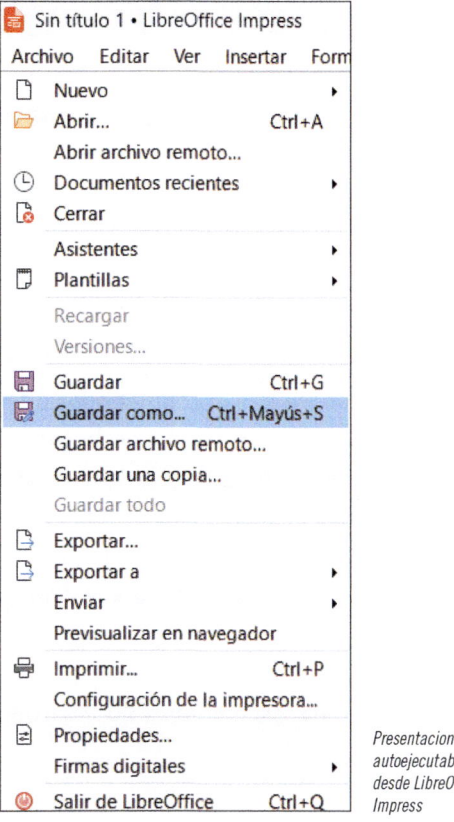

Presentaciones
autoejecutables
desde LibreOffice
Impress

 **Importante**

Para ciertos programas de *software* libre, se requerirá una aplicación de terceros para reproducir la presentación de modo autoejecutable o incluso un visor proporcionado por *Microsoft Office.*

Aplicación práctica

Si alguien le pidiera consejo sobre la creación de una presentación multimedia auto-ejecutable, ¿cómo le explicaría en breves palabras el método para su creación?

SOLUCIÓN

Se le sugerirá que utilice, en lugar del método convencional para guardar el trabajo reali-zado, la opción **Guardar** como y, una vez abierto el cuadro de diálogo **Guardar,** elegir en el tipo de archivo la opción Presentación con diapositivas de **PowerPoint,** en lugar de **Presen-tación de PowerPoint.** El archivo que se generará será una presentación autoejecutable.

5. Resumen

A lo largo de este capítulo, se han descubierto los diferentes conceptos que rodean al *software* de presentaciones, así como la estructura y características de las mismas. Se ha partido de un punto en el que se ha podido comprobar cómo se realizan operaciones básicas, como crear, abrir o cerrar presentacio-nes, además de la introducción y modificación de textos en las diapositivas de las mismas, junto con su configuración previa a la exposición.

Se ha estudiado la estructura básica de una presentación, así como los elementos y características más elementales de las mismas y los usos que se le pueden dar.

Se han expuesto las distintas pautas para realizar operaciones en la edición de las mismas, como la inserción de objetos multimedia desde imágenes, so-nido e incluso vídeo.

Por otro lado, se ha hecho mención a la impresión de las diapositivas que componen la presentación de manera individual o de la totalidad de ellas.

Por último, se ha mostrado cómo realizar presentaciones autoejecutables, aprendiendo a crearlas y configurarlas para realizar presentaciones acordes con los objetivos propuestos.

Ejercicios de repaso y autoevaluación

1. ¿Dentro de qué categoría se coloca un *software* de presentaciones?

    a. Contabilidad.
    b. Gestión documental.
    c. Multimedia.
    d. Servicio web.

2. ¿Qué nombre recibe el panel en el que se encuentran los títulos y miniaturas de la presentación en *Impress?*

    a. Panel de diapositivas.
    b. Panel de títulos.
    c. Panel de fichas.
    d. No es un panel, es la opción Presentación de la barra de menús.

3. ¿Qué modos de creación de diapositivas proporciona *PowerPoint?*

    a. Presentación en blanco, desde una plantilla o por importación.
    b. Desde una plantilla, desde un tema o por importación.
    c. Presentación en blanco, desde un tema o por importación.
    d. Presentación en blanco, desde una plantilla o desde un tema.

4. ¿Cuál de las siguientes acciones no se realiza directamente desde la pestaña Archivo de *PowerPoint?*

    a. Abrir una presentación existente.
    b. Exportar una presentación como vídeo.
    c. Insertar una imagen en una diapositiva.
    d. Guardar una copia de la presentación en *OneDrive.*

5. ¿A través de qué tecla se reproducirá una presentación?

   a. F1.
   b. F3.
   c. F5.
   d. F7.

6. ¿Qué combinación de teclas es común tanto a *PowerPoint* como a *Impress* para realizar impresiones de diapositivas?

   a. [Ctrl] + [L].
   b. [Ctrl] + [P].
   c. [Shift] + [L].
   d. [Shift] + [P].

7. ¿Es posible imprimir solo una de las diapositivas de la presentación?

   a. No, la totalidad de ellas.
   b. Solo en el caso de que la presentación tenga una sola diapositiva.
   c. Se pueden imprimir una, varias o todas.
   d. Sí, pero solo desde *Impress*.

8. ¿Cómo se muestran los diseños que se pueden aplicar a una diapositiva en *PowerPoint*?

   a. Desde la barra de menús.
   b. Desde la pestaña Insertar de la cinta de opciones.
   c. Haciendo clic con el botón derecho sobre la diapositiva.
   d. Solo se puede determinar al crear la presentación.

9. ¿Qué grupos de la pestaña Inicio se encargan de ofrecer las herramientas de edición de textos?

   a. Fuente y estilos.
   b. Fuente y tamaño.
   c. Tamaño y estilos.
   d. Fuente y párrafo.

10. **Diga cuáles de los siguientes recursos no se puede insertar en una diapositiva.**

    a. Un sonido.
    b. Un vídeo.
    c. Una carpeta con imágenes.
    d. Una fotografía.

Capítulo 9

Búsqueda de la información a través de internet/intranet

Contenido

1. Introducción

Como ocurriera en otras ocasiones, a lo largo de este capítulo, se conocerán a fondo una serie de herramientas que rodean al tratamiento de la información, en este caso en el ámbito de Internet. Para ello, se definirá qué es Internet y se expondrán sus características más elementales y algunos casos de uso. Se conocerá qué es un documento web y las diferentes formas de acceso que existen a los mismos desde una herramienta tan especial como es el navegador, además de a los diferentes servicios que ofrece la red de redes. Se expondrán los principales navegadores que existen en la actualidad, así como su configuración y funcionamiento para que la exploración por parte del internauta sea lo más cómoda y eficaz. Para ello, se describirán conceptos como los favoritos, el historial o las páginas de inicio. Para conocer a fondo una página web, se estudiará la estructura de esta, dependiendo del contenido de la misma, no pasando por alto las páginas seguras. Como ejemplo de estas, se conocerá todo lo que rodea al concepto de buscador, así como sus tipos y características.

Se hará un repaso del entorno inseguro que es Internet y de los agentes maliciosos que en él existen, así como sus posibles remedios o prevenciones. Se hablará del antivirus, *antiphising*, *antispyware* o del *firewall* como elementos de prevención a tener en cuenta.

Por último, se analizarán los conceptos de certificado digital y firma digital, además del proceso para obtener el nombrado certificado a través de una entidad certificadora.

2. Características y usos de la red Internet "Red de redes"

Por Internet se entiende un grupo de redes de ordenadores y equipos interconectadas entre sí físicamente mediante cable a través de los protocolos TCP/IP que trabajan como una única red lógica cuyo alcance se mide a nivel mundial.

Sabía que...

El término Internet comenzó a usarse en el año 1969 gracias a los trabajos de universidades estadounidenses al realizar la primera conexión entre computadores denominada ARPANET.

Gracias a la extensión que adquiere Internet a lo largo del globo, es comparable a la red telefónica. Existen casos en los que la señal no se propaga a través de cable, como en una red local, o por autopistas de información, como es la fibra óptica, sino que se realizan transmisiones vía satélite.

Internet no se propaga solo en extensión a lo largo del mundo, sino que se encuentra inmerso en nuestras vidas. Esto se debe a que muchas de las acciones cotidianas que las personas realizan con asiduidad se ven claramente mejoradas con el uso y soporte que proporciona internet.

Ejemplo

Ejemplo de esto lo podemos encontrar en la cesta de la compra, son multitud de hipermercados y grandes superficies que facilitan acceso a sus productos y stockage a través de internet mediante el cual se pueden realizar pedidos de casi cualquier producto que podamos necesitar, no solo en el ámbito de la alimentación sino en cualquiera.

Entre los usos más comunes de Internet que afectan a la rutina diaria, cabe citar los siguientes:

- Comunicación a través de servicios de mensajería, redes sociales o correo electrónico.
- Reproducción multimedia de audio o vídeo.
- Consulta de información en buscadores o lectura de prensa.

- Acceso a servicios públicos o privados, desde comercio electrónico o de banca al propio de una delegación de gobierno.
- Educación, ya sea para realizar matriculaciones online para universidades o para recibir formación online.
- Acceso al ocio mediante juegos online o descarga de archivos.

3. Documentos web

Un documento web es lo que comúnmente se conoce como página web, a través del cual se encuentra la forma habitual de mostrar información en Internet, en este caso digital, por medio del navegador, ya sea esta mediante texto, imágenes, sonidos e incluso vídeo.

Estos documentos electrónicos se encuentran generalmente expresados en HTML, que es un lenguaje de marcas que interpreta el navegador para mostrar cierta información.

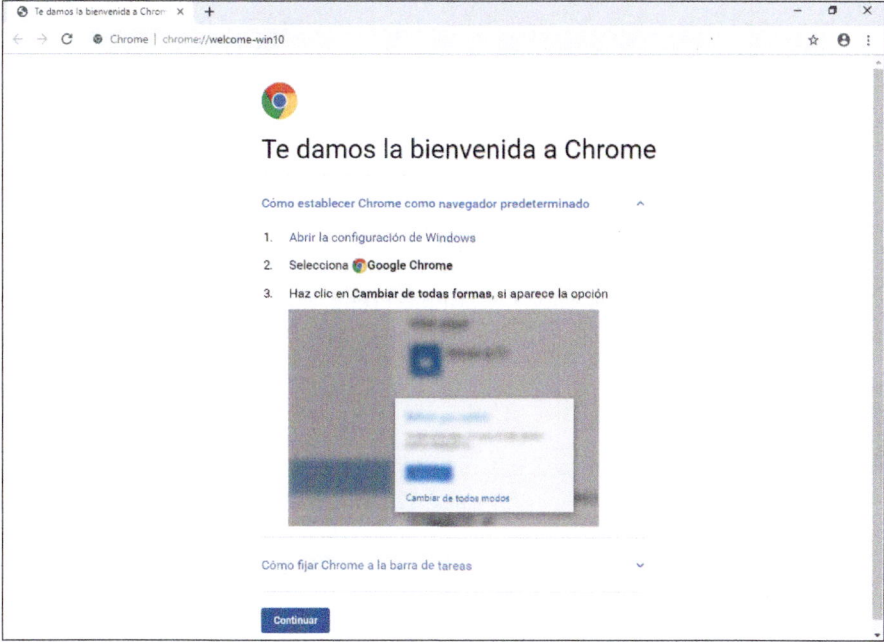

Documento web

Nota

Este lenguaje genera páginas web estáticas que, al complementarse con otros lenguajes como JAVASCRIPT, PHP o JAVA, posibilita el desarrollo de páginas web dinámicas cuyo contenido será generado a la hora de visualizarlas y con los que se realizarán aplicaciones web más complejas.

4. Acceso y servicios de internet

El acceso a internet se realiza por medio de una serie de elementos que, en el orden correcto y bien configurados, ofrecerán una conexión que hoy en día se extiende a diferentes ámbitos, aparte del que se refiere a un ordenador personal.

Entre los elementos necesarios para conectarse a Internet, se encuentran los siguientes:

- Un ISP o proveedor de servicios de internet: es la empresa de telecomunicaciones que suministra el acceso a Internet.
- Una línea telefónica, que suministra el acceso y la comunicación.
- Un ordenador desde el que acceder a las páginas gracias al navegador.
- Un *router,* que se conecta a la línea telefónica para recibir la señal que permitirá realizar la conexión.
- Un navegador, que será el *software* mediante el cual se mostrarán las páginas cuyas direcciones se indiquen mediante el protocolo "http".

 Nota

Hoy día, existen otros tipos de conexión a Internet, además de las tradicionales, como las conexiones de banda ancha móvil o 4G (y próximamente 5G), que se realizan a través de dispositivos móviles como módem USB o desde los mismos teléfonos móviles.

Entre la extensa variedad de protocolos utilizados y servicios ofrecidos por Internet, cabe destacar a los siguientes debido a su uso cotidiano:

- **SMTP:** protocolo utilizado por el servicio de correo electrónico.
- **HTTP:** protocolo utilizado por la web.
- **FTP:** protocolo de transferencia de ficheros entre equipos en red.
- **TELNET:** protocolo para emular conexiones remotas mediante un terminal.
- **DNS:** se refiere al servicio de nombres de dominio, el cual recibe las direcciones IP remotas a partir del DNS.
- **NFS:** protocolo que permite la conexión de ficheros en red.

 Aplicación práctica

Explique cuál sería el flujo normal de actuación que seguiría un usuario doméstico que pretenda tener acceso a Internet en casa.

SOLUCIÓN

Lo primero será disponer de un ordenador para realizar la navegación. Si ya lo tiene, pasará a contratar la línea telefónica con algún operador de telecomunicaciones o ISP (para el ejercicio CONECTA2 S.A.)

Se puede dar el caso de que ya se posea el alta de la línea y solo se tenga que solicitar a CONECTA2 S.A. el acceso ADSL. Si no es el caso, se solicitará el alta conjunta de línea y ADSL a CONECTA2 S.A.

Una vez instalada la línea y el ADSL, se necesita un dispositivo de conexión, como es un router, que se conecta a la línea telefónica y al ordenador.

Después de configurar la red, se instalará en el equipo un navegador, en caso de que no tenga ninguno instalado o se prefiera otro por cualquier motivo.

Después de todo esto, se estaría en disposición de navegar por Internet, eso sí, se recomienda el uso de un *software* antivirus.

5. Uso del navegador

Se refiere al *software* imprescindible con el que se podrá acceder y navegar por la red de Internet. En la actualidad, según el sistema operativo que utilice el usuario, este proporcionará un navegador determinado, aunque es posible instalar casi cualquiera de los que existen en el mercado en el equipo.

Sabía que...

Por lo general, este tipo de *software* suele ser gratuito en la mayoría de los casos y no siempre se podrá encontrar una alternativa dentro del *software* libre.

Una vez instalado, se pasará a realizar la configuración de ciertos elementos que ayudarán a la hora de navegar por Internet y que se analizarán en los siguientes apartados.

5.1. Navegadores

Como ya es sabido, el navegador es el *software* utilizado para navegar por Internet.

Nota

El navegador realiza una conexión entre el servidor web donde se encuentra alojada la página que se pretende visitar, generalmente mediante el protocolo HTTP o en su variante HTTPS mediante una conexión segura.

Hoy en día, la comunidad de internautas dispone de una amplia variedad de navegadores con los que disfrutar del contenido que ofrece la web. Entre los más destacados, se encuentran los siguientes:

- **Google Chrome:** navegador web desarrollado por Google, basado en el motor *Chromium.* Es el más popular a nivel mundial debido a su velocidad, integración con los servicios de Google y su amplia compatibilidad con extensiones.
- **Mozilla Firefox:** navegador de código libre y abierto desarrollado por la fundación Mozilla. Se destaca por su enfoque en la privacidad, personalización y compatibilidad con estándares abiertos de la web.
- **Microsoft Edge:** el navegador oficial de Microsoft, basado en *Chromium,* que ha reemplazado por completo a *Internet Explorer.* Ofrece integración con *Windows,* mejoras de seguridad y compatibilidad con extensiones de *Chrome.*
- **Safari:** navegador desarrollado por Apple, exclusivo para sus dispositivos, como Mac, iPhone y iPad. Es altamente optimizado para el ecosistema de Apple, ofreciendo velocidad y eficiencia en el consumo de energía.
- **Opera:** basado en *Chromium,* se ha modernizado y ofrece características únicas como un bloqueador de anuncios integrado, una VPN gratuita y accesos directos a redes sociales dentro del navegador.

Además de estos navegadores, existen alternativas como *Brave,* que prioriza la privacidad bloqueando anuncios y rastreadores de forma nativa, y *Vivaldi,* que ofrece una experiencia altamente personalizable para usuarios avanzados.

Google Chrome   Mozilla Firefox   Microsoft Edge   Safari   Opera

5.2. Configuración del navegador, descripción y funcionamiento

Cualquiera de los navegadores mencionados con anterioridad posee unas rutinas de configuración y funcionamiento similares.

Nota

Todos están estructurados en una ventana compuesta en la mayoría de los casos por una barra de herramientas, una barra de direcciones y una serie de pestañas donde se cargarán las páginas elegidas.

Desde la barra de direcciones, se introduce la URL o dirección web de la página que se quiera consultar en el navegador.

 Sabía que...

Gracias a las pestañas que incorpora, se podrán consultar tantas páginas web como se desee sin tener que cerrar la que se hayan abierto previamente.

Entre las opciones de configuración que se permiten en un navegador, se encuentran la gestión de marcadores o favoritos, la ejecución de ventanas emergentes o bloqueo de *popups,* seguridad, limpieza del historial de exploración o la elección de la página de inicio, que se cargará siempre que se abra el navegador.

5.3. Exploración de páginas web

Como ya es sabido, para acceder al contenido de una página web se deberá teclear su dirección en la barra de direcciones del navegador, pero no es esta la única forma de hacerlo. A continuación, se muestra otra serie de casos en los que es posible acceder a páginas web:

- Desde los Marcadores o Favoritos.
- Desde un Buscador.
- Desde el Historial de navegación.

En los siguientes apartados, se explicarán algunos de estos métodos de acceso o exploración de páginas web.

5.4. Favoritos

Los favoritos o marcadores son las direcciones de las páginas web que se utilizan con más frecuencia o que por algún motivo se quieren recordar.

 Nota

Estas se podrán almacenar para que sus posteriores accesos sean más rápidos, dado que se pueden consultar en cualquier momento.

Para almacenar la dirección de una página web, simplemente hay que añadirla desde el navegador a los favoritos o marcadores de este.

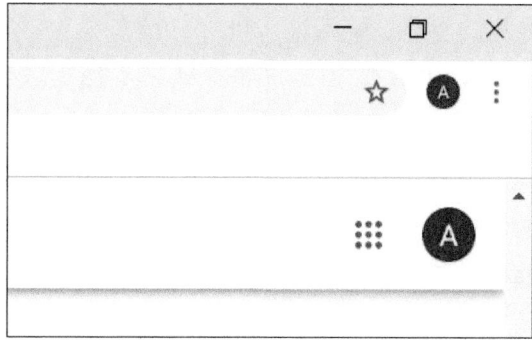

Marcadores Google Chrome

Aplicación práctica

Explique cómo generar una carpeta denominada "Prensa deportiva" en el navegador con el objetivo de almacenar favoritos o marcadores, además de añadir alguno de ellos a dicha carpeta. Para el ejercicio, utilice, por ejemplo, Google Chrome.

SOLUCIÓN

Se accede al navegador en cuestión, se carga la página (en este caso la ficticia <www.unsacodegoles.com>) y se hace clic sobre el icono en forma de estrella amarilla que se ubica en la barra de direcciones, se hace clic sobre el botón **Editar** y aparecerá la ventana **Editar marcador,** donde se vuelve a hacer clic en un botón, en este caso en **Nueva carpeta,** se le pone por nombre "Prensa deportiva" y se acepta.

A continuación, se agrega el marcador a la carpeta que se acaba de crear haciendo clic en la estrella amarilla. Desde el menú desplegable **Carpeta,** se elige la opción **Selecciona otra carpeta** y se elige la que se ha creado. Por último, se acepta.

El marcador de la página <www.unsacodegoles.com> se ha creado en la carpeta "Prensa deportiva".

5.5. Historial

Además de poder almacenar uno mismo las direcciones de las páginas web que le resulten más relevantes, el mismo navegador lo podrá hacer por el usuario de todas aquellas páginas que visite. Esto lo realiza desde el historial de navegación.

Nota

El historial resulta especialmente útil si se desea volver a acceder a una web que se visitó hace unos días y no se recuerda su dirección.

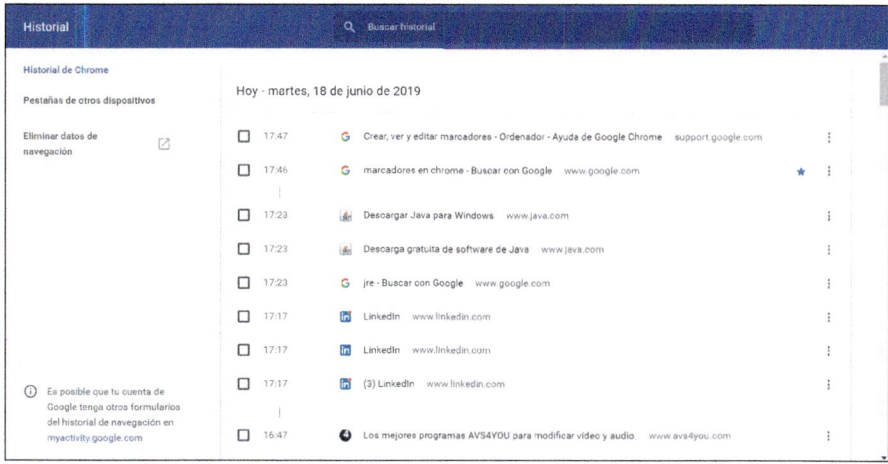

Historial Google Chrome

5.6. Páginas de inicio

Por página de inicio se entiende la página que se abre de forma automática cada vez que se inicia el navegador. Esta puede predefinirse desde las opciones de configuración del mismo y, por norma general, será una página que se utilice con frecuencia.

Configurar Página de inicio Firefox

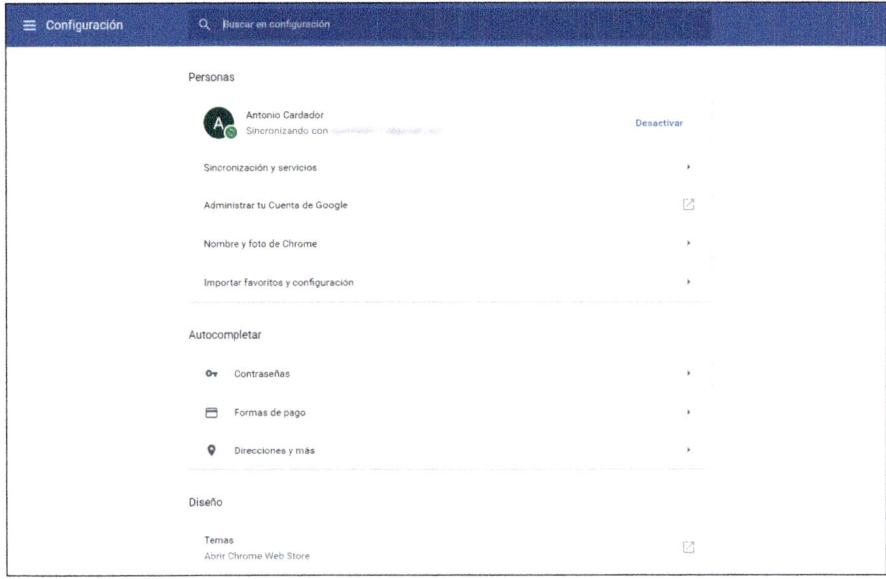

Configurar Página de inicio Chrome

 **Ejemplo**

La dirección de un buscador, la dirección del periódico deportivo favorito o, en un ámbito laboral, la dirección de la aplicación web de la empresa.

5.7. Barras de herramientas

Un navegador, como cualquier aplicación, dispone de opciones y herramientas desde las que realizar diferentes acciones. Todas estas acciones de uso frecuente se agrupan en la barra de herramientas.

Entre las opciones más comunes de una barra de herramientas, cabe citar las siguientes:

- Botón Página de inicio.
- Botones de Navegación (adelante, atrás, detener o actualizar).
- Botón Imprimir.
- Botón Favoritos o Marcadores.
- Barra de direcciones.
- Cuadro de texto Buscar.

Barra de herramientas Firefox

6. Estructura de las páginas web

El propósito de una página web marcará la estructura de la misma, siendo lo lógico, antes de diseñarla, organizarse de cierta forma para saber en cada momento la información que se va a mostrar y el flujo de navegación que se seguirá para ello.

 Importante

Para organizar el contenido, hay que tener claro cuál va a ser el propósito de la página web, además del público al que va dirigida.

6.1. Contenidos

El contenido de una página web marcará la estructura de la misma, entrando en escena para ello el concepto *framework,* el cual establece una estructura conceptual de soporte al desarrollo de la página web.

 Ejemplo

No tendrá la misma estructura una página web dedicada a mostrar una cantidad de imágenes considerable que una página en la que el texto ocupe el mayor porcentaje de la misma.

El tipo de contenidos determinará el tipo de estructura de la página, entre las que podremos encontrar las siguientes:

- **Estructura de árbol o jerarquizada:** desde una página raíz o de inicio cuelgan una serie de páginas hojas.
- **Estructura en línea:** desde una página raíz o de inicio se suceden una serie de páginas ordenadas de manera continua o sucesiva.
- **Estructura en red:** en este tipo de estructura no se observa ninguna jerarquía, con lo que todas pueden estar conectadas entre sí formando una malla de contenidos.

6.2. Hipervínculos

A lo largo de cualquier página web, se encuentran una serie de elementos de texto que a priori parecen ser solo texto, pero que, al situar el ratón sobre ellos, transformarán el aspecto de este y, si además se hace clic sobre ellos, dirigirán hacia otras páginas web del sitio. Estos elementos se conocen como enlaces o hipervínculos.

hipervínculos - Deciencias.net

www.deciencias.net/disenoweb/elaborardw/paginas/hipervinculos.htm ▾

¿Qué es un **hipervínculo**? Un **hipervínculo** es un enlace, normalmente entre dos páginas web de un mismo sitio, pero un enlace también puede apuntar a una ...

Hipervínculos de texto

Nota

Es común que, al situar el ratón sobre los enlaces, se altere el color de las palabras que los identifican, además de mostrarse subrayadas.

Un hipervínculo puede ser de diferente naturaleza y el destino u objetivo de este cambiar entre una serie de posibles alternativas. Tanto un fragmento de texto como una imagen pueden ser enlaces a otros elementos, que pueden ser otras páginas web, imágenes, vídeos, documentos de texto e incluso enlaces a correo electrónico.

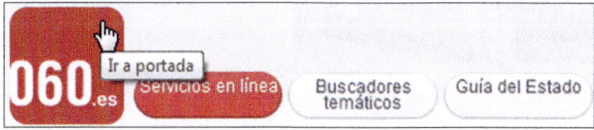

Hipervínculos de imagen

6.3. Páginas seguras

A la hora de navegar por Internet, se encuentra en multitud de páginas el apelativo de páginas webs "seguras".

Nota

Esto se debe a que el protocolo designado para realizar las transacciones HTTP se basa en una versión mejorada de este, denominada HTTPS, el cual se utiliza para la transferencia segura de datos.

Como clientes habituales de este protocolo se encuentran las entidades bancarias, así como cualquier web que utilice transacciones monetarias para su objeto de negocio, como pueden ser tiendas online, gestión de reservas o cualquier tipo de pagos. Por otro lado, será empleado por páginas webs en las que se transfieran datos personales o contraseñas que no deban ser vulneradas.

Acceso a página segura

Para este cometido, el servidor web donde se alojen estas páginas web seguras debe aceptar conexiones HTTPS, con lo que este deberá disponer de un certificado digital o certificado de clave pública para dicho servidor firmado por una autoridad de certificación que certifique que el titular es quien dice ser.

7. Clientes web

Un cliente web es cualquier aplicación que haga uso de Internet. Hasta el momento, se conocen los navegadores, que muestran el contenido de una página web después de realizar dicha petición al servidor donde se encuentra alojada por medio de su dirección.

Además de estos, Internet está plagada de aplicaciones clientes que de un modo u otro solicitan recursos a un servidor, como gestores de correo, gestión de redes sociales o reproductores de música y vídeo en *streaming.*

7.1. Características y usos

Sea cual sea el ámbito en el que se encuentre el cliente web, la característica más notable en su modelo es que sigue la filosofía de la arquitectura cliente-servidor.

 Nota

La arquitectura cliente-servidor se rige por un modelo de datos distribuido en el que los datos se encuentran en la máquina servidora a la que acceden los demandantes o clientes a través de peticiones.

Entre los usos más destacados, destacan los siguientes:

Multimedia

Existen numerosos clientes multimedia que acceden a contenidos tales como imágenes, música o vídeo mediante *streaming* para la reproducción de los mismos.

Cliente de música Spotify

Correo electrónico

Se encargan de gestionar las cuentas de correo electrónico, permitiendo la manipulación de las mismas en modo local o accediendo directamente al servidor de correo.

Cliente de correo
Mozilla Thunderbird

Redes sociales

En el ámbito de las redes sociales, es muy común actualmente que un usuario no posea una sola cuenta en ellas.

 Nota

Existen diferentes tendencias dentro de las redes sociales y el uso de varias de ellas es muy común.

Para gestionar el acceso de varias cuentas existen aplicaciones clientes que los gestionan.

Cliente gestor de redes sociales Hootsuite

8. Utilización de buscadores

Desde la red es posible consultar casi cualquier tipo de información, pero ¿cómo llegar hasta ella? Existen una serie de páginas denominadas buscadores que permiten, con la simple introducción de unas palabras clave o texto significativo para la búsqueda, acceder a páginas relacionadas con el asunto solicitado que son mostradas gracias a un complejo motor de búsqueda.

Nota

Cada buscador posibilita al usuario realizar desde búsquedas sencillas hasta búsquedas más complejas, las cuales acotarán la gran cantidad de posibles resultados que se ofrezcan.

8.1. Tipos de buscadores. Características

Existen diferentes tipos de buscadores, al igual que diferentes naturalezas para los contenidos a buscar. Entre los buscadores más extendidos, destacan los siguientes:

- **Buscadores jerárquicos:** examinan las páginas buscando información sobre sus contenidos para mostrar los resultados más relevantes.
- **Metabuscadores:** se trata de un sistema que hace uso de la información de los buscadores más utilizados devolviendo las páginas de los mejores resultados obtenidos por estos.
- **Buscadores verticales:** son buscadores de temas concretos y están especializados en sectores específicos.

Entre los buscadores más utilizados y conocidos, se encuentran los siguientes:

- *Google.*
- *Yahoo.*
- *Bing.*
- *Live Search.*
- *Ask.*

8.2. Criterios de búsqueda

Al realizar una búsqueda en Internet, se podrán delimitar los parámetros de la misma para afinar los resultados que se obtendrán al introducir los términos relacionados con el concepto del cual se pretende obtener información.

Ejemplo

Desde Google, se encontrará un enlace hacia una búsqueda avanzada para introducir parámetros en la búsqueda.

Búsqueda avanzada de Google

Aplicación práctica

Explique cómo realizaría una búsqueda sobre los términos "navegadores de Internet" a través del buscador *Google* y que en sus resultados no aparezca información sobre *Mozilla Firefox,* que no aparezca en idiomas que no sean el español, además de que los resultados se obtengan de enlaces documentos web en ".pdf".

SOLUCIÓN

Se accede a www.google.es, se tipean en el cuadro de búsquedas los términos "navegadores de Internet" y se hace clic sobre el enlace búsqueda avanzada, especificando los términos "Mozilla Firefox" en la opción **No mostrar páginas** que contengan…, se elige como idioma el español y, por último, el tipo de archivo, que será "Adobe PDF". El resultado de la búsqueda será el que muestra la siguiente imagen.

Búsqueda avanzada de Google

9. Protección del equipo frente a *software* malicioso procedente de Internet *(phising, malware, spyware)*

Como es bien sabido, a través de Internet circulan infinidad de amenazas para el equipo que vulneran la seguridad de los archivos y documentos, poniendo en peligro la integridad del mismo. Estas amenazas, también denominadas *software* malicioso, se encuentran, en la mayoría de los casos, camufladas detrás de un goloso cartel o mediante el acceso a una página web que, sin saberlo, instalará en el equipo y sin el consentimiento del usuario ciertas aplicaciones que residirán en el sistema, realizando una labor que el usuario desconoce.

Para evitar este tipo de amenazas, se presentan a continuación una serie de ayudas en forma de *software* que mejorarán la seguridad del equipo e incluso eliminarán las amenazas detectadas.

9.1. Antivirus

Se trata de un programa imprescindible en cualquier equipo informático debido a la extensión de virus residentes en la red. Esta herramienta evitará disgustos indeseados, al impedir que el ordenador se infecte con la consecuente acción del virus en cuestión.

 Definición

Virus
Por virus se entiende, desde el punto de vista informático, cualquier programa cuyo objetivo es su reproducción en los diferentes dispositivos del sistema, la destrucción de datos e incluso del propio sistema.

A la mayoría del *software* malicioso se le conoce como virus, ya que tienen en común la destrucción de archivos, programas y sistemas, pero también existen los *gusanos,* que son programas que se replican enviando copias de sí mismos a través de la red, teniendo como finalidad colapsar la red ocupando el ancho de banda disponible, o los *troyanos,* que son programas cuyo objetivo no es el que aparentemente tiene el programa o suplantar al verdadero programa.

Como casos importantes a tener en cuenta a la hora de evitar una infección en el equipo, se tendrá especial cuidado con las aplicaciones de mensajería o correo electrónico, así como la de tener en todo momento el antivirus actualizado.

 Consejo

Quizá las personas con más experiencia en el ámbito de la informática recomienden como el mejor antivirus el sentido común, ya que si hay algo que no imprima confianza no se debe abrir o hacer clic sobre ello, pasando directamente a su eliminación.

9.2. *Antiphising*

Debido a la proliferación de los negocios a través de Internet, ha aparecido un nuevo concepto a tener en cuenta por parte de los usuarios, el *phising*, que se refiere a un tipo de delito o estafa a través de la red. Estos se cometen mediante la adquisición fraudulenta de información confidencial de los usuarios, como son contraseñas o datos bancarios. Lo lógico en estos casos es que la persona estafadora se haga pasar por una entidad de confianza mediante comunicados electrónicos aparentemente fiables, como correos electrónicos, imitación de páginas web oficiales e incluso realizando llamadas telefónicas.

Los programas *antiphising* se dedican a detectar e identificar contenidos *phising* tanto en la web como en el correo electrónico, integrándose tanto en navegadores como en gestores de correo. Por otro lado, los filtros de *spam* ayudan a los usuarios a protegerse de los ataques de *phising*.

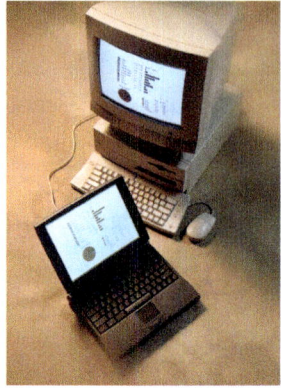

Phising en la red

9.3. *Antispyware*

El *spyware* o programa espía es una aplicación que se instala de forma sigilosa y camuflada en un equipo informático para recabar tanto información sobre las actividades realizadas en dicho equipo como información del usuario para su posterior distribución a empresas de publicidad o empresas interesadas en la diversificación masiva de información a través de la red. Entre la información que se recopila por este tipo de *software,* se tienen los mensajes o correos electrónicos de los usuarios, así como sus contactos y contraseñas de acceso a servicios online, además de los datos propios de la conexión a Internet, como su dirección IP, DNS, ubicación, etcétera.

 **Nota**

Este tipo de *software* se sirve de virus, troyanos u otro *software* secundario como de apoyo a su instalación para entrar en el sistema a atacar.

El *software antispyware* se encarga de detectar este tipo de amenazas recorriendo los puntos flacos del sistema donde normalmente pueden atacar para identificar sus acciones maliciosas.

9.4. *Firewall*

En la actualidad, casi todos los ordenadores tienen posibilidad de conectarse a Internet y, dada la proliferación de *software* malicioso, es casi imprescindible el uso de un *firewall* que actúe como primera línea de defensa ante las amenazas procedentes de Internet, protegiendo todas las conexiones de red.

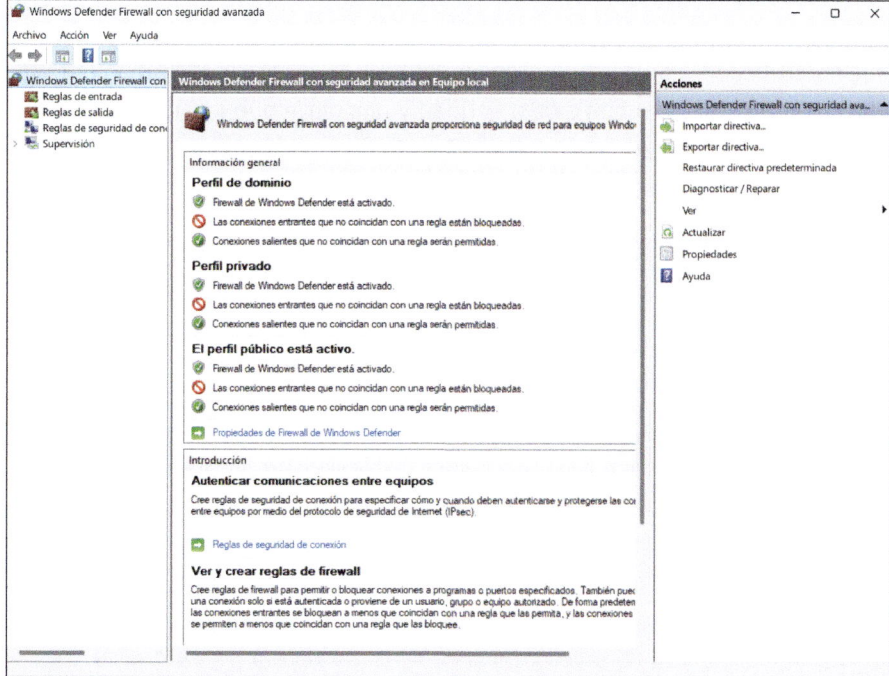

Firewall de Windows

 Definición

Firewall o cortafuegos
Programa que monitoriza el tráfico y las conexiones de red y bloquea aquellas conexiones o programas que no se hayan autorizado de antemano, controlando tanto el tráfico entrante de Internet como el saliente hacia Internet.

10. Certificados y firmas digitales

En Internet es bien sabido que la seguridad es un tema a tener muy en cuenta, debido a la ingente cantidad de códigos maliciosos que circulan por la red a los que están expuestos todos los usuarios. Por ello, existen diferentes métodos para asegurar que las operaciones por la red sean seguras. Entre ellas, se encuentran los certificados digitales y las firmas digitales, conceptos que van cogidos de la mano.

Un certificado digital es un archivo digital que garantiza legítimamente la relación entre una persona física o entidad y una clave pública y que será ratificado por una autoridad certificadora. Por otro lado, la firma digital se encarga de identificar a la persona firmante o dar validez a documentos.

 Sabía que...

La diferencia con la firma manuscrita radica en la seguridad que posee la firma digital, ya que es muy difícil de falsificar, debido a que incorpora información codificada representativa y propia del autor de la firma.

10.1. Entidades certificadoras

La entidad encargada de emitir y revocar los certificados digitales utilizados en una firma electrónica se conoce como entidad certificadora o autoridad de certificación (AC), que verifica la identidad de la persona física o empresa que la solicita antes de expedir dicho certificado. Los certificados emitidos por las entidades certificadoras se encuentran a su vez firmados electrónicamente por dicha entidad.

En España, es posible encontrar diferentes autoridades de certificación, tanto públicas como privadas, como pueden ser las siguientes, entre otras muchas:

- Fábrica Nacional de Moneda y Timbre-Real Casa de la Moneda (FNMT-RCM).
- Ministerio de Comercio, Industria y Turismo.
- Ministerio de Defensa de España.
- Servicio de Salud de Castilla-La Mancha (SESCAM).
- Dirección General de la Policía y de la Guardia Civil-Cuerpo Nacional de Policía.

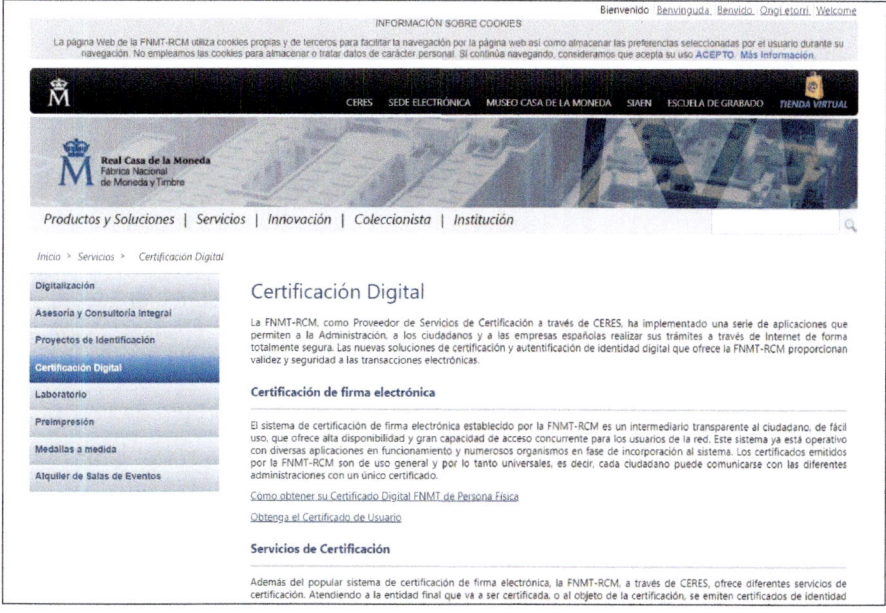

Real Casa de la Moneda y Timbre

10.2. Certificados de usuario

Como se ha comentado, el certificado de usuario es un documento firmado electrónicamente por una entidad prestadora de servicios de certificación que asocia la firma electrónica al usuario de la misma, dotando a este como firmante dentro del ámbito electrónico o telemático.

El proceso para obtener un certificado electrónico para una persona física se resume en las siguientes fases:

■ Acceder a la página <www.ceres.fnmt.es>.
■ Solicitar el certificado.
■ Personarse físicamente en una oficina de registro para aportar la acreditación de la identidad.
■ Descarga del certificado desde Internet e instalación automática.

 Importante

Para que la instalación del certificado se haga correctamente, hay que realizar su descarga desde el mismo ordenador y con el mismo usuario desde donde se solicitó.

Al término de la instalación, se podrá corroborar su instalación desde el navegador desde el que se ha instalado, por ejemplo, para *Internet Explorer,* se accede desde el menú **Herramientas, Opciones de Internet.** Seguidamente, desde la pestaña **Contenido** y, a continuación, desde el apartado de certificados, se hace clic sobre el botón de **Certificados** y, por último, sobre la pestaña **Personal.** Aparecerá una ventana similar a la de la siguiente imagen.

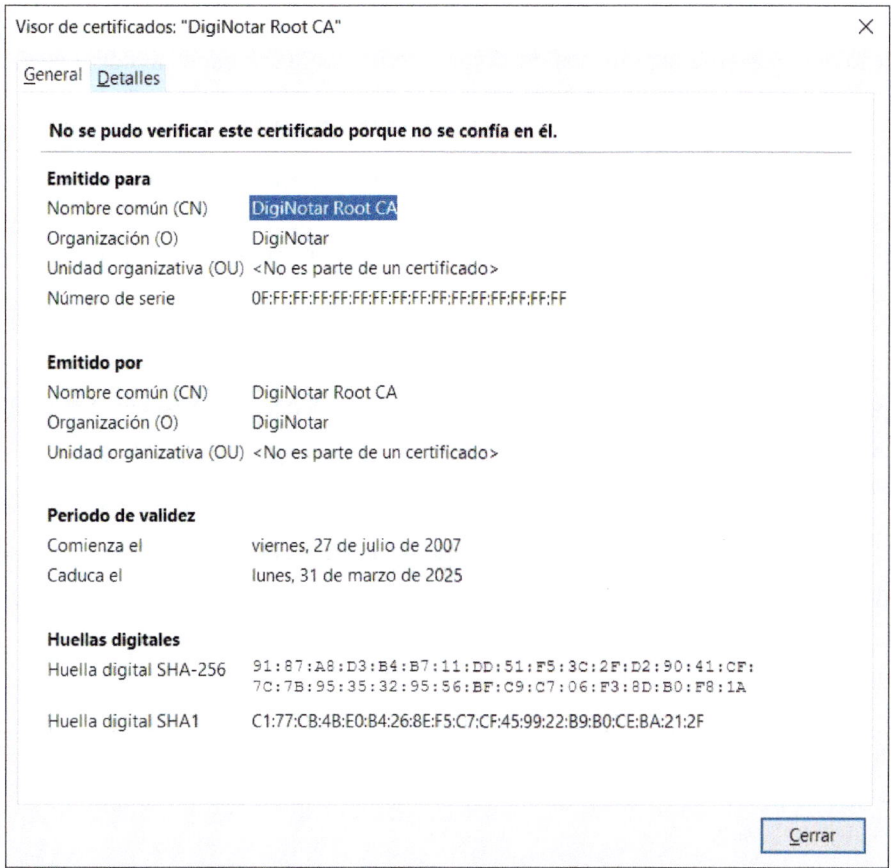

Certificado de usuario

11. Resumen

Al largo de este capítulo, se han conocido a fondo una serie de herramientas que rodean al tratamiento de la información, en este caso en el ámbito de Internet.

Se ha definido qué es Internet y se han expuesto sus características más elementales, así como algunos casos de uso.

Se ha estudiado qué es un documento web y las diferentes formas de acceso que existen a los mismos desde una herramienta tan especial como es el navegador, además de a los diferentes servicios que ofrece la "red de redes".

Se han expuesto los principales navegadores que existen en la actualidad, así como su configuración y funcionamiento para que la exploración por parte del internauta sea lo más cómoda y eficaz. Para ello, se han introducido conceptos como los favoritos, el historial o las páginas de inicio.

Para conocer a fondo una página web, se ha estudiado la estructura de esta, dependiendo de su contenido, no pasando por alto las páginas seguras. Como ejemplo de página web, se ha conocido todo lo que rodea al concepto de buscador, así como sus tipos y características.

Se ha hecho un repaso al conocido entorno inseguro que es Internet y de los agentes maliciosos que en él existen, así como sus posibles remedios o prevenciones (antivirus, *antiphising*, *antispyware* y *firewall).*

Por último, se han estudiado conceptos como certificado digital y firma digital, así como posibles entidades certificadoras y el proceso de obtención de dicho certificado.

Ejercicios de repaso y autoevaluación

1. ¿Con cuál de los siguientes lenguajes no se complementa HTML para el desarrollo de páginas web?

    a. PHP.
    b. JAVASCRIPT.
    c. C.
    d. JAVA.

2. ¿Cómo se denomina la empresa de telecomunicaciones que permite el acceso a internet?

    a. SPI.
    b. PSI.
    c. ISP.
    d. IPS.

3. ¿Cuál de los siguientes protocolos se utiliza para emular conexiones remotas mediante un terminal?

    a. TELNET.
    b. FTP.
    c. FTTP.
    d. NFS.

4. ¿Cuál de las siguientes combinaciones es incorrecta?

    a. *Safari-Apple.*
    b. *Internet Explorer-Microsoft.*
    c. *Firefox-Mozilla.*
    d. *Chrome-Adobe.*

5. ¿Mediante qué termino se conoce a las direcciones de las páginas web que se utilizan con más frecuencia?

   a. Accesos directos.
   b. Favoritos.
   c. Servicios.
   d. Protocolos.

6. ¿Qué páginas se almacenan en el historial?

   a. Las visitadas recientemente, desde el último día hasta varias semanas.
   b. Solo las visitadas el último día.
   c. Solo las visitadas la última semana.
   d. Siempre se eliminan pasadas unas horas.

7. ¿Qué es recomendable utilizar como página de inicio?

   a. Un buscador.
   b. La página deportiva favorita.
   c. La página del correo electrónico.
   d. La que se utilice con más frecuencia.

8. ¿Qué significa HTTPS?

   a. Que se está accediendo a una página de servicios.
   b. Que se está accediendo a una página de seguros.
   c. Que se está accediendo a una página con transferencia de datos segura.
   d. Que se está accediendo a una página con transferencia de datos online.

9. ¿Cuál de los siguientes no es un buscador en red?

   a. *Google.*
   b. *Bing.*
   c. *Find.*
   d. *Live Search.*

10. ¿Cómo se llama la entidad encargada de emitir y revocar los certificados digitales?

    a. Entidad certificadora o autoridad de certificación.
    b. Entidad autorizada.
    c. Autoridad digital de emisión.
    d. Entidad de emisión digital.

Capítulo 10

Programas de comunicación a través de internet/intranet

Contenido

1. Introducción

A lo largo de este capítulo, se va a realizar un recorrido por una serie de aplicaciones utilizadas para comunicarse con amigos, compañeros de trabajo e incluso con personas no conocidas pero con las que se tiene algún tema en común sobre un medio que es Internet.

Entre las diferentes aplicaciones, se encuentra el correo electrónico, mediante el cual se aprenderá a crear cuentas en un servidor web, además de conocer la estructura de los gestores de correo, analizando cada uno de sus elementos, como la bandeja de entrada, elementos enviados, elementos eliminados, correo no deseado, carpetas personales, envío de mensajes, lectura de mensajes, eliminación de mensajes, mover o copiar mensajes, archivos adjuntos o herramientas de colaboración.

Por otro lado, se expondrán dos herramientas de comunicación web como son los foros y los blogs, especificando sus características, tipos y herramientas. Otras aplicaciones a tratar serán la mensajería instantánea y las videoconferencias, entre las cuales se encontrará un paralelismo y de las que se explicarán sus características y funciones, configuración y los accesos o permisos a conversaciones.

Por último, se conocerán las plataformas de aprendizaje electrónico o *e-Learning* a través de sus características, funciones, tipos y configuración.

2. El correo electrónico

El medio de comunicación más extendido en Internet es el correo electrónico, que se basa en un servicio mediante el cual los usuarios intercambian información a modo de mensajes a través de la red gracias al protocolo SMTP y desde el que pueden además adjuntar ficheros digitales.

Nota

Los requisitos para utilizar un servicio de correo electrónico son poseer una conexión a Internet y tener una cuenta en algún servidor de correo electrónico, ya sea gratuito o de pago.

La utilización del correo electrónico se antepone en muchos casos al correo ordinario, principalmente por las siguientes razones:

- **Efectividad:** no existen retrasos de última hora y se recibe como norma general a los pocos segundos de su envío.
- **Seguridad:** se garantiza que llegará al destinatario cuya cuenta de correo se haya especificado en el envío.
- **Coste:** el envío no produce un coste adicional a la cuota de la conexión a Internet que se posea.
- **Gestión:** se podrá almacenar tanto en la red como en el equipo, pudiendo eliminar aquellos correos que no se deseen, ahorrando un espacio considerable en estanterías, además del gasto en archivadores y carpetas.

Una cuenta de correo electrónico se identifica de la siguiente forma:

usuario@servidor.com

Donde:

- **usuario:** identificador del usuario de la cuenta.
- **@:** símbolo que deriva del inglés *at* ("en" en español), dando a entender "usuario en servidor".
- **servidor:** dominio del servidor donde se encuentra la cuenta.
- **.com:** extensión del servidor.

2.1. Creación de cuentas de correo proporcionadas por un servidor web

A la hora de elegir un servicio de correo electrónico, se puede optar entre contratar uno de pago, pudiéndose adaptar el dominio a la imagen corporativa de la empresa, o, por otro lado, hacer uso de uno de los variados servicios gratuitos que encuentran en la red a modo de servidores web de correo.

 Nota

Como dato a tener en cuenta, además del ya nombrado coste, los servidores web de correo gratuitos incorporan publicidad en sus cuentas.

A continuación, se conocerá la forma de crear una cuenta de correo electrónico desde el servidor web de correo gratuito proporcionado por Google, conocido con el nombre de *Gmail*.

Al cargar la página <www.google.es>, aparecerá su barra de herramientas, desde la que se hace clic en **Gmail.**

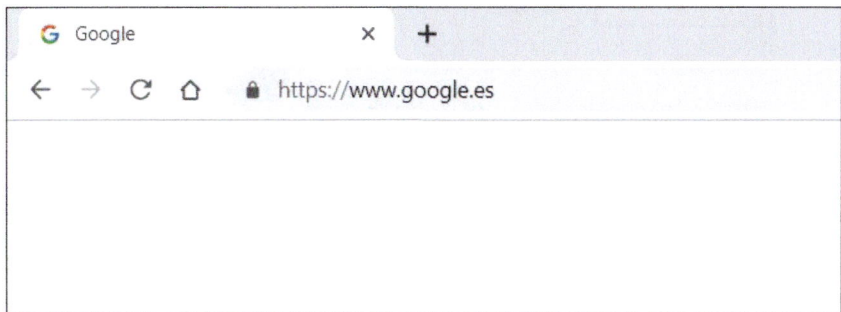

Crear cuenta Gmail 1

Se continúa seleccionando el botón **Crear una cuenta,** ubicado en la esquina superior derecha de la ventana.

Crear cuenta Gmail 2

Este botón dará paso a un formulario de suscripción en el que se podrá elegir el nombre de la que será la cuenta de usuario y comprobar si existe, además de la contraseña, mediante la que se accede a ella. Por otro lado, especificarán una serie de datos personales, como nombre, apellidos o fecha de nacimiento, y unos datos de seguridad, como una pregunta y su respuesta que solo el usuario conoce y que utilizará en caso de que haya olvidado la contraseña.

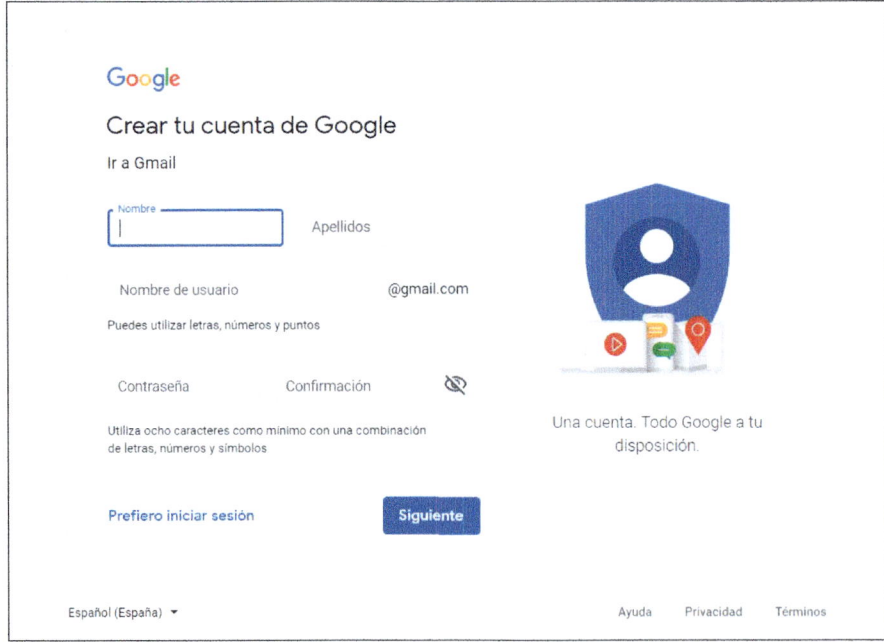

Crear cuenta Gmail 3

Al final de dicho formulario, se aceptan las condiciones del servicio de Google haciendo clic sobre el botón **Acepto. Crear mi cuenta.**

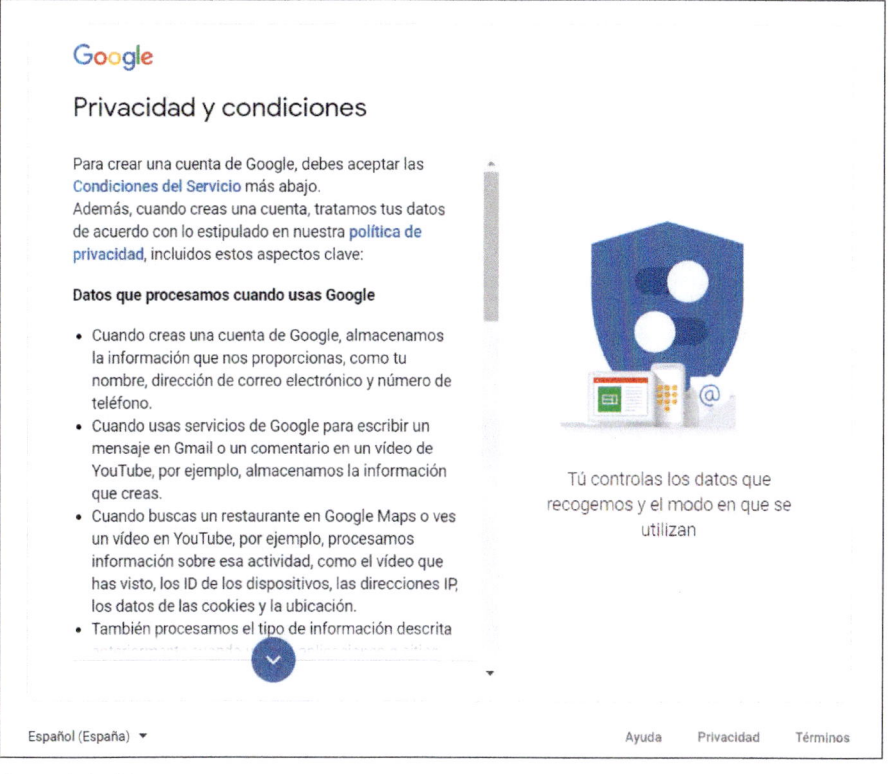

Crear cuenta Gmail 4

Aceptación de las condiciones de Gmail

Gmail comunica que ha finalizado el proceso de suscripción correctamente y facilita un acceso a la misma, haciendo clic en el botón **Mostrarme mi cuenta.**

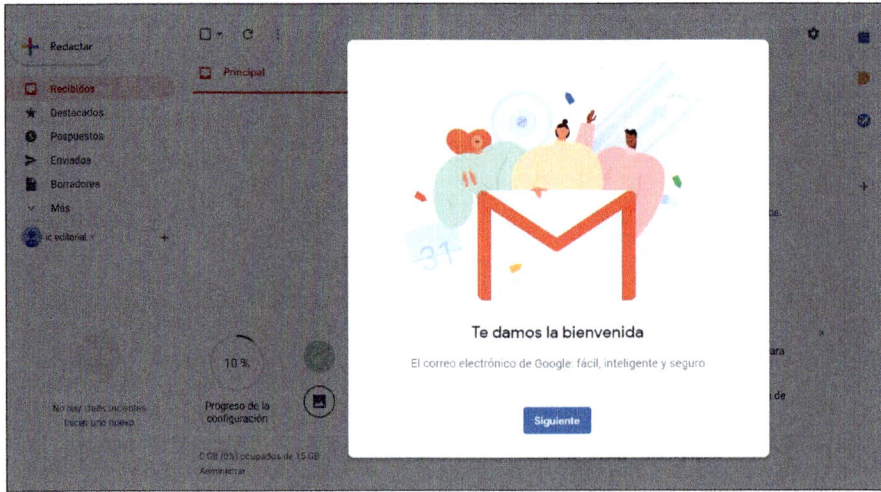

Crear cuenta Gmail

Por último, se presenta en el navegador el aspecto de la aplicación web con la que gestionar dicha cuenta.

Recuerde

Se puede optar entre contratar un servicio de correo de pago, pudiéndose adaptar el dominio a la imagen corporativa de la empresa, o hacer uso de uno de los variados servicios gratuitos que encuentran en la red a modo de servidores web de correo.

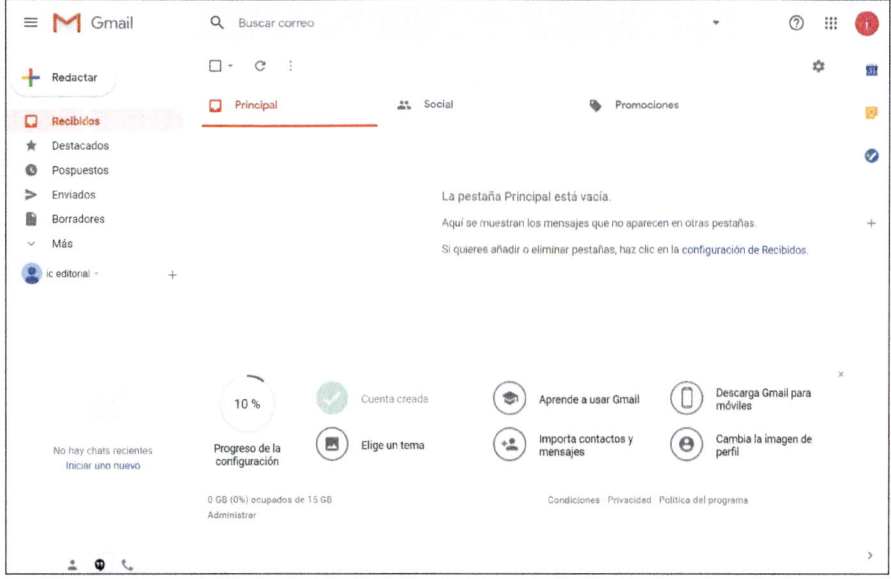

Crear cuenta Gmail

2.2. Estructura de los programas de correo electrónico

A continuación, se explica la estructura de los programas de correo electrónico más utilizados en la actualidad. Como ejemplo se puede tomar el cliente *Thunderbird* de Mozilla en su versión moderna, aunque también es aplicable a otros programas como *Correo de Windows 11, Outlook de Microsoft 365, Mail (Mac)* o *Evolution (Linux)*.

 Nota

Estos elementos son comunes en la mayoría de gestores de correo electrónico actuales, tanto de escritorio como web.

Los elementos principales que conforman la interfaz moderna son los siguientes:

- **Barra superior (o barra de comandos):** sustituye a la antigua "barra de menús" y agrupa los botones principales para acciones como **Nuevo mensaje, Responder, Reenviar, Eliminar, Archivar, Marcar como leído/ no leído** o **Buscar.** En algunos programas, como *Outlook web* o *Correo de Windows 11,* esta barra cambia según el contexto (correo, calendario, tareas, etc.).
- **Panel de navegación o carpetas:** se encuentra en el lado izquierdo y permite acceder a carpetas como **Bandeja de entrada, Enviados, Borradores, Papelera, Spam,** y otras carpetas personalizadas. En *Outlook* y *Gmail,* también se incluyen etiquetas o categorías.
- **Panel de mensajes (o lista de correos):** muestra los correos electrónicos contenidos en la carpeta seleccionada. Cada correo se muestra con información clave: remitente, asunto, parte del contenido, fecha y si está leído o no. A menudo, incluye opciones rápidas como fijar, marcar o eliminar.

- **Panel de vista previa (o lector de correos):** al seleccionar un mensaje, su contenido se muestra en este panel. Desde aquí se pueden ejecutar acciones como **Responder, Reenviar, Mover** o **Etiquetar,** y visualizar los adjuntos, enlaces o el historial del mensaje.
- **Buscador global:** situado generalmente en la parte superior, permite buscar mensajes por remitente, asunto, palabras clave, fecha o carpeta. En aplicaciones modernas, como *Outlook* y *Thunderbird 115,* incluye sugerencias inteligentes y filtros avanzados.

Nota

Estas estructuras han sido simplificadas y optimizadas en los últimos años para adaptarse a pantallas táctiles, sincronización con la nube, y un diseño más limpio y responsivo.

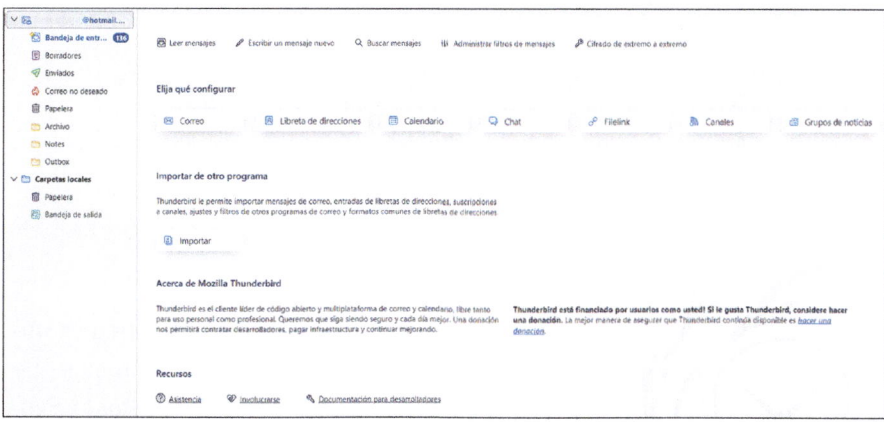

Gestor de correo Mozilla Thunderbird

Aplicación práctica

Un amigo ha decidido montar una empresa y a usted, como experto en informática, le pide consejo sobre las diferentes formas de creación de cuentas de correo. Explique qué configuración será la más acertada y qué aspecto tendrán las direcciones de la empresa.

SOLUCIÓN

Al ser un ámbito empresarial, se recomienda contratar una empresa especializada en gestionar servidores de correo, además de poder personalizar la imagen corporativa a través de un dominio que se corresponda con una página web publicitaria. Ya decididos con el nombre, por ejemplo, "Repuestos Paco", las direcciones tendrán la siguiente sintaxis:

<ventas@repuestospaco.com>

Por otro lado, se podrá configurar un gestor de correo que se instale en la oficina de ventas, configurando su cuenta correspondiente. Se podría consultar si la empresa encargada del dominio facilita el acceso web a dichas cuentas por si en algún caso se necesitara acceder a ella desde fuera de la oficina.

2.3. Bandeja de entrada

La organización por carpetas de los *e-mails* en un gestor de correo es imprescindible si se quiere mantener el orden. Entre las diferentes carpetas que se pueden encontrar predefinidas en un gestor de correo, cabe resaltar la *Bandeja de entrada*, en la que se almacenan todos los *e-mails* recibidos. Si el servidor de correo aún no ha descargado los *e-mails,* podrá hacerse de forma manual seleccionando el botón **Recibir** de la barra de herramientas y estos se descargarán en la bandeja de entrada.

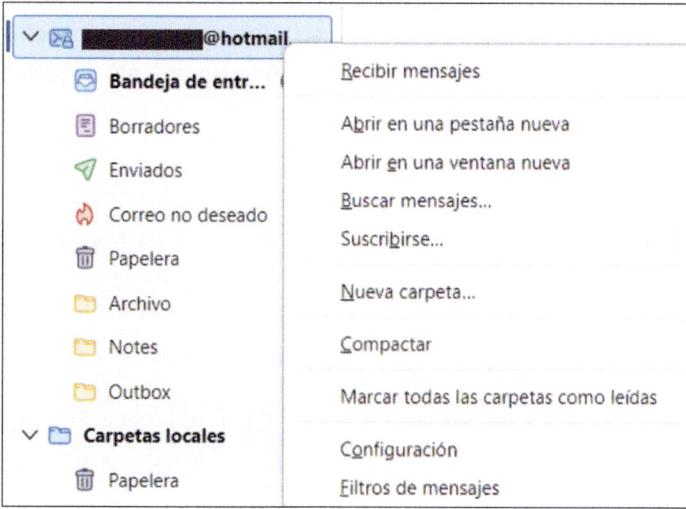

Bandeja de entrada

2.4. Elementos enviados

A la hora de enviar un correo electrónico, este quedará almacenado de forma predefinida en la carpeta *Elementos enviados,* que es otra carpeta establecida por el gestor de correo para hacer más fácil la gestión de los correos electrónicos.

 **Nota**

De esta forma, se pueden comprobar pasado un tiempo los correos electrónicos salientes, quiénes fueron sus destinatarios, la fecha del envío y, por supuesto, su contenido.

2.5. Elementos eliminados

De todos los correos electrónicos almacenados en las carpetas del gestor de correo, se podrán eliminar aquellos que no sirvan. Para ello, simplemente se seleccionan y se pulsa la tecla [Supr] del teclado.

Estos, al igual que ocurre en cualquier sistema operativo, no se eliminan de forma permanente, sino que se quedan almacenados en una carpeta especial, conocida como *Papelera*.

 Nota

Será desde la papelera desde donde se podrán eliminar para siempre en caso de no necesitarlos nunca más.

2.6. Correo no deseado

Entre la ingente cantidad de correos electrónicos que es posible recibir, se encuentra un tipo de correos, llamado correo no deseado, correo *spam* o correo basura. Este tipo de correo electrónico tiene la característica de que, de una forma u otra, no ha sido solicitado por el receptor.

 Sabía que...

Generalmente, el spam se suele utilizar como medio abusivo de publicidad que, gracias a la fácil difusión mediante el correo electrónico, se hace llegar a millones de usuarios rápidamente.

Los gestores de correo actuales permiten establecer ciertos *e-mails* como no deseados, de modo que, cuando se reciban, se almacenen directamente en la carpeta de Correo no deseado sin pasar por la Bandeja de entrada. En la versión más reciente de *Thunderbird,* esta configuración se realiza accediendo al menú principal (≡), seleccionando la opción Ajustes y, dentro de ella, accediendo a la sección Privacidad y seguridad. Desde ahí, en el apartado **Control del correo basura,** se pueden activar filtros automáticos, decidir qué hacer con los mensajes detectados como no deseados y configurar si deben moverse a una carpeta específica.

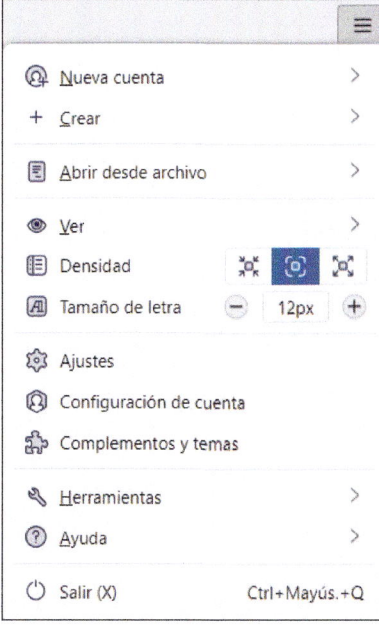

Menú principal Thunderbird

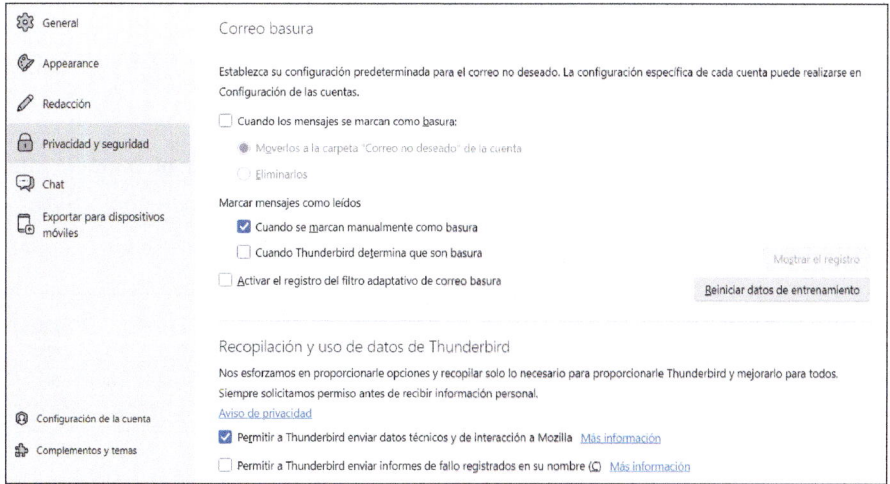

Privacidad y seguridad en Thunderbird

Nota

Thunderbird puede aprender de las decisiones del usuario gracias a su sistema de entrenamiento, lo que permite mejorar la detección de mensajes no deseados con el uso.

2.7. Carpetas personales

Las carpetas personales son conocidas también como carpetas locales y se componen de una serie de carpetas que el usuario creará de forma manual y personalizada y cuyo contenido no estará almacenado en el servidor de correo con el que tiene la cuenta, sino que lo hará de manera local en su equipo.

 Nota

Estas carpetas tienen como misión reunir los correos electrónicos que tienen alguna característica en común, como pueden ser todos los recibidos por el mismo remitente o los que traten sobre un mismo tema.

Para almacenar directamente un correo que se reciba en la bandeja de entrada en una de estas carpetas, se debe crear lo que se conoce como filtro.

Carpetas locales en Thunderbird

Redactar en Thunderbird

2.8. Envío de mensajes

Desde un gestor de correo electrónico, como *Mozilla Thunderbird,* se facilita el envío de correos electrónicos y se reduce su acción a unos pocos clics de ratón. Para ello, se comienza seleccionando el botón **Redactar,** ubicado en la barra de herramientas, que mostrará la ventana de redacción del correo. En esta ventana, se deben rellenar los siguientes campos:

- **De:** se refiere a la identidad de quién envía el correo electrónico.
- **Destinatario:** destinatario a quien va dirigido el correo electrónico.
- **Asunto:** breve descripción del motivo del envío.
- **Cuerpo:** contenido de la información del correo electrónico.

 Sabía que...

Es posible elegir entre:

- Para o to: todos los son tratados de igual forma.
- CC o con copia: el mensaje original no va dirigido a ellos, pero deben estar informados.
- CCO o con copia oculta: igual que CC, pero no son visibles por los demás.

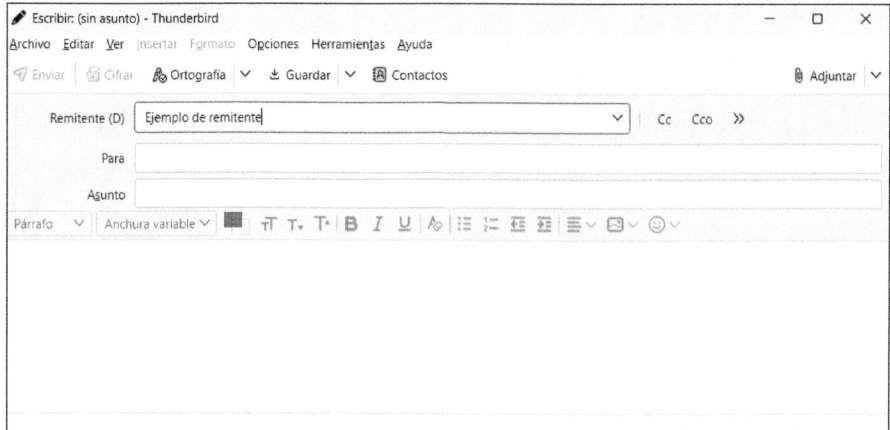

Completar campos en un correo electrónico en Thunderbird

2.9. Lectura de mensajes

Para leer los correos electrónicos recibidos, se seleccionará por norma general la bandeja de entrada desde el panel de carpetas y los *e-mails* contenidos en ella se mostrarán en el panel de contenido.

Para abrirlos y ver su contenido, se hace clic una vez sobre ellos y se mostrarán en el panel de previsualización o, por el contrario, si se hace doble clic sobre ellos, se abrirán en una pestaña independiente del gestor de correo.

2.10. Eliminación de mensajes

Eliminar un mensaje es una acción simple que no comprende ninguna complejidad y que se lleva a cabo primeramente seleccionando el mensaje en cuestión desde el panel de contenido y, posteriormente, pulsando la tecla [Supr] del teclado.

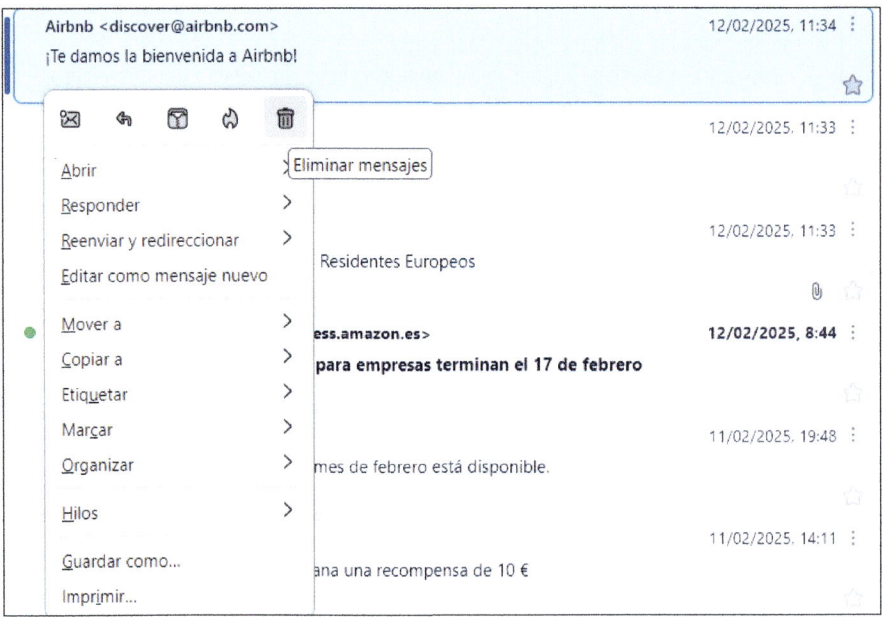

Eliminar mensaje en Thunderbird

De otra forma, se podrá realizar seleccionando de igual modo el mensaje a eliminar y haciendo clic sobre el botón **eliminar** del panel de previsualización.

2.11. Mover o copiar mensajes

Una de las formas para organizar los *e-mails* recibidos en la bandeja de entrada es moverlos o copiarlos a otras ubicaciones. Para ello, se puede optar por diferentes métodos.

Ejemplo

Para mover un mensaje entre carpetas, basta con hacer clic sobre el mensaje en cuestión con el botón derecho del ratón y aparece un menú contextual en el que se elige la opción **Mover a** o **Copiar a**. Seguidamente, se especifica la nueva ubicación del mensaje entre las cuentas que existan configuradas en el gestor de correo o sobre las carpetas locales. La acción descrita se podrá llevar también a cabo desde la opción **Mensaje** de la barra de menús, teniendo el mensaje a mover o copiar previamente seleccionado.

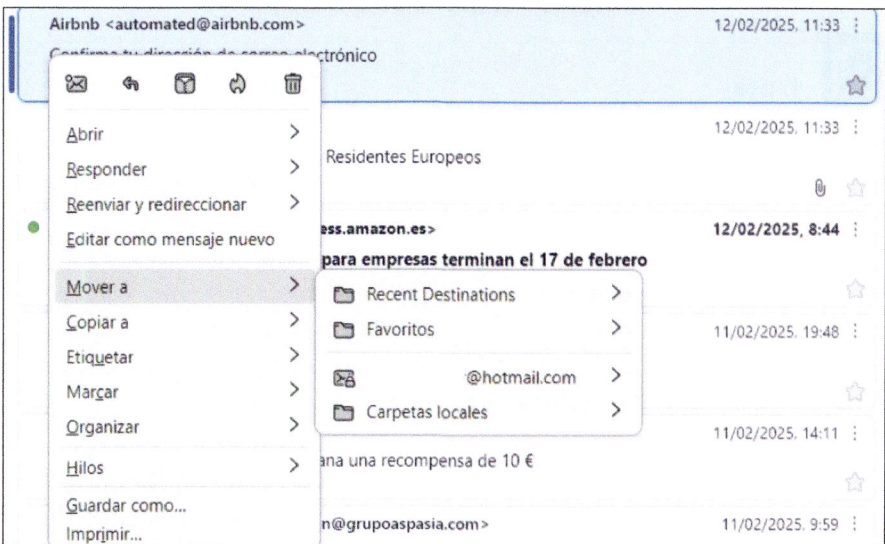

Mover o copiar mensajes en Thunderbird

2.12. Archivos adjuntos

A la hora de enviar un mensaje electrónico, puede que surja la necesidad de que este vaya acompañado por algún archivo específico, además de la información que se haya escrito en él. Esto es posible hacerlo mediante el botón **Adjuntar,** que se encuentra en la ventana de redacción de un nuevo mensaje.

Será posible añadir archivos de tipo imagen, sonido, vídeo o algún documento de texto, hoja de cálculo, etcétera.

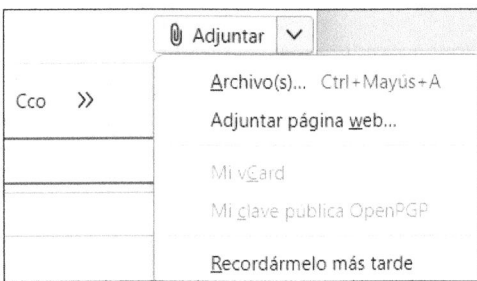

Adjuntar archivo en Thunderbird

 Nota

Se debe tener en cuenta la limitación de espacio para el envío de mensajes que contenga el servidor de correo.

2.13. Herramientas de organización

Desde un gestor de correo electrónico, se podrán organizar los mensajes, como ya es sabido, tanto mediante la creación de carpetas manuales en el servidor de correo donde se tenga la cuenta, como de carpetas locales en el propio equipo.

Como herramientas de organización, es posible ayudarse de lo que se conoce como filtro o regla. Se trata de una serie de acciones que seguirán los correos electrónicos que se reciban.

Ejemplo

Algunos filtros son: mover o copiar un mensaje, reenviarlo, marcarlo como leído, eliminarlo o establecer su prioridad cuando sea enviado por algún destinatario en concreto o contenga cierta palabra en su asunto o cuerpo.

Para establecer un filtro, se hará desde la opción **Herramientas** de la barra de menú, seleccionando **Filtros de mensajes.** Estos podrán ser aplicados a cualquiera de las cuentas de correo que haya configuradas en el gestor de correo.

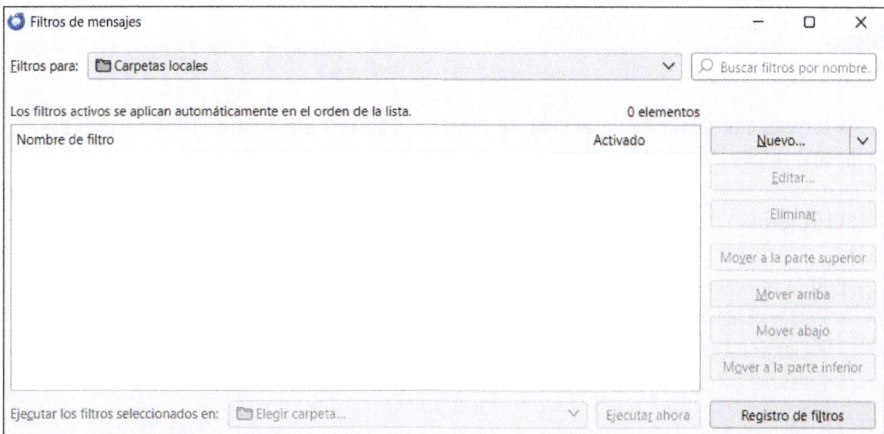

Filtros de mensajes en Thunderbird

En la ventana **Filtros de mensajes,** se hace clic sobre el botón **Nuevo** para definir una nueva regla de filtrado que se configurará según la necesidad desde la ventana **Reglas de filtrado.**

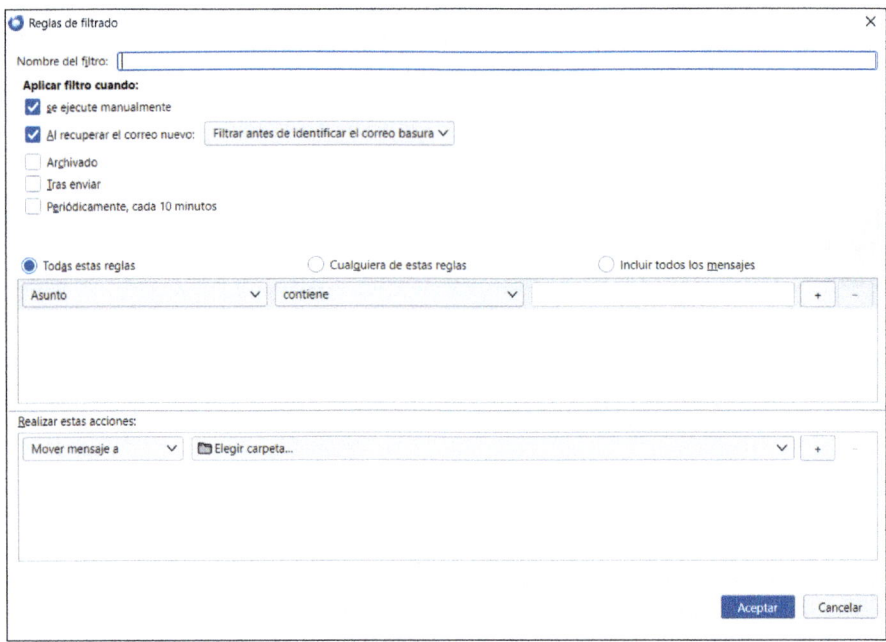

Reglas de filtrado en Thunderbird

 Aplicación práctica

Si tuviera que describir la acción de enviar un correo electrónico en 4 resumidos pasos, ¿cuáles elegiría?

SOLUCIÓN

1. Abrir la cuenta de correo autentificándose con sus credenciales.
2. Pulsar el botón **Nuevo correo** o **Redactar**, según la aplicación.
3. Rellenar los campos **Destinatario, Asunto** y el contenido del mensaje o **Cuerpo.**
4. Pulsar el botón **Enviar** y esperar a que salga de la carpeta **Mensajes enviados.**

3. Foros y blogs

En Internet, la comunicación entre usuarios se lleva a cabo por muchas vías. Se ha estudiado con detenimiento el correo electrónico, pero existen otras herramientas por las que comunicarse a través de la web se convierte en algo fácil e intuitivo. Ejemplo de estas herramientas son el foro y el blog.

Por foro se entiende una página o aplicación web a la que se accede desde el navegador y desde la que se podrá intervenir en debates o hilos de discusión dando la propia opinión a los temas expuestos.

 Nota

La comunicación también se llevará a cabo a través de mensajes, con la salvedad de que estos serán visibles a todos los componentes de la comunidad del foro.

Por otro lado, un blog es otra herramienta de comunicación mediante la cual se accede a una página o aplicación web desde el navegador y desde la que se podrán observar temáticas ordenadas cronológicamente y por lo general escritas por el mismo autor. Los artículos escritos admiten el uso de comentarios donde los autores responderán sus consultas o puntos de vista. Es una herramienta que se suma a las redes sociales donde determinado tipo de personas se comunican con la masa social.

 Sabía que...

Los blogs se encuentran bastante extendidos entre personas famosas, como futbolistas, actores o cantantes, que aprovechan para contestar ciertos temas que ellos mismos exponen sobre sus carreras profesionales.

3.1. Características

Entre las características más notables de un foro o un blog, cabe citar las siguientes:

- Los foros están regulados por algún responsable designado para mantener la cordialidad dentro de las conversaciones mantenidas.
- Cada aparición o entrada en los mismos va acompañada de cierta información del usuario que la realiza, como su nombre o fotografía y la fecha en que se produjo.
- Las apariciones se pueden mostrar por temas u ordenadas cronológicamente por orden de aparición o por más recientes.
- Se pueden denegar automáticamente comentarios que contengan ciertas palabras definidas por el creador.
- Pueden existir foros y blogs para cualquier temática, ya sea en el ámbito laboral, de educación o por ocio.
- Sea cual sea el tema, son una fuente de aprendizaje.
- Existen blogs tanto gratuitos como de pago.

3.2. Tipos

Cualquier temática de discusión es objeto de un foro o blog, siendo quizás los tipos de foros más extendidos los siguientes:

- Foros de debate.
- Foros públicos y privados o protegidos.
- Foros de amigos.
- Foros de ayuda.
- Foros deportivos.
- Foros de videojuegos.
- Foros de descargas.

Recuerde

Los foros están regulados por algún responsable designado para mantener la cordialidad dentro de las conversaciones mantenidas.

En cuanto a los tipos de blog, cabe citar los siguientes:

- Blogs temáticos.
- Blogs personales.
- Foto blogs.
- Blogs educativos.
- Blogs políticos.
- Blogs corporativos o de negocios.
- Blogs colaborativos.
- Audio blogs.

3.3. Herramientas

Existen diferentes herramientas para realizar la monitorización de los temas o comentarios realizados en un foro o blog. A continuación, se citan algunos de ellas:

- **Google Alerts:** envía notificaciones por correo electrónico cuando se detectan nuevas menciones de términos específicos en la web.
- **Talkwalker Alerts:** ofrece un servicio similar al de *Google Alerts,* con opciones de personalización avanzadas.
- **Mention:** permite rastrear menciones en tiempo real en diversas plataformas, incluyendo blogs, foros y redes sociales.
- **Brand24:** proporciona monitoreo de menciones en línea y análisis de sentimientos para comprender mejor la percepción pública.
- **Google Groups:** permite organizar grupos de discusión y acceder a foros públicos y privados según las temáticas elegidas.

4. Mensajería instantánea

Las nuevas tecnologías contribuyen al auge de la comunicación a través de redes como Internet, ya no solo a través del ordenador, sino mediante teléfonos móviles, tabletas PC o diferentes dispositivos móviles de pequeñas dimensiones que dispongan de conexión a Internet.

Una de las herramientas de comunicación más extendida en este tipo de dispositivos es la mensajería instantánea, gracias a la que dos usuarios pueden mantener una comunicación, mediante texto generalmente y en tiempo real. Para ello, deberán poseer la citada conexión a Internet, además de un *software* de mensajería instantánea, también conocido como cliente IM (del inglés *Instant Messaging)*.

4.1. Características y funciones

Para citar las características de la mensajería instantánea, se puede hacer una clasificación atendiendo a dos bloques claramente diferenciados:

- Contactos:

  - Gestión de usuarios de la lista.
  - Mostrar mensajes de estado a los contactos.
  - Sincronización de contactos.
  - Llamadas a contactos.
  - Agrupación de contactos.
  - Información de la ubicación.

- Conversación:

  - Mantener conversaciones con varios contactos.
  - Mostrar diferentes estados (existe el modo inactivo).
  - Diferentes tipos de mensajes, visuales o acústicos.
  - Se sabe cuando los contactos están escribiendo.
  - Conversaciones en grupo.
  - Envío de ficheros e historial de conversaciones.

Recuerde

Para comunicarse a través de la mensajería instantánea, se deberá tener conexión a Internet y de un *software* conocido como cliente IM.

4.2. Configuración y herramientas del programa

Este apartado podría centrarse en cualquiera de los clientes de mensajería instantánea existentes, como pueden ser *Whatsapp, Telegram y Skype.* De cualquier modo y sea cual sea el cliente que se utilice, se van a citar los pasos genéricos necesarios para iniciar una conversación en cualquiera de ellos, que son:

- Descarga e instalación del cliente de mensajería instantánea.
- Acceder al cliente de mensajería.
- Ya se está listo para comenzar alguna conversación con alguno de los contactos.
- Es importante mantener el móvil cerca del dispositivo informático.

A continuación, se puede ver un ejemplo de *Whatsapp web* y *Telegram* para ordenadores.

WhatsApp Web

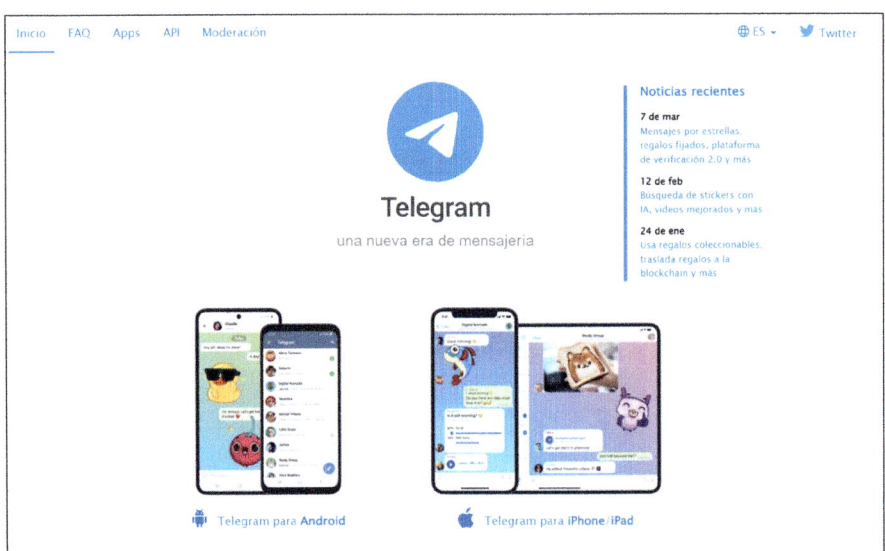

Telegram Messenger

4.3. Accesos y permisos a conversaciones

Es posible que la gestión de los diferentes clientes de mensajería varíe circunstancialmente de unos a otros, pero por norma general permitirán tener acceso a conversar solo con los contactos incluidos en la lista de contactos, siempre y cuando estos estén conectados. Asimismo, es posible que permitan dejar mensajes escritos a los mismos cuando presenten el estado desconectado para que los lean cuando vuelvan a iniciar sesión. Otros permitirán conversar aun estando en un estado de desconexión en modo invisible.

 Nota

Se podrá bloquear a ciertos usuarios que se encuentren en la lista para que siempre vean al usuario como no conectado.

5. Videoconferencia

A lo largo de este capítulo, se están conociendo las diferentes herramientas de comunicación existentes en la red. Las vistas hasta ahora (correo electrónico, foros, blogs o mensajería instantánea) se sustentan en el texto como medio de comunicación, aunque sea posible enviar ficheros como imágenes o sonidos a través de ellas. En este caso, se va a dar un paso más para conocer el funcionamiento de lo que se conoce como videoconferencia, que es una forma de comunicarse a través de Internet en tiempo real mediante audio y vídeo.

 Nota

A diferencia de los sistemas de comunicación anteriores, la videoconferencia se realiza de forma bidireccional y simultánea.

5.1. Características y funciones

Además de permitir la comunicación, las videoconferencias aportan un grado más de conexión entre emisor y receptor. Para poder llevar a cabo una comunicación por videoconferencia, se necesitan los siguientes elementos:

- Un emisor y un receptor.
- Una conexión a Internet.
- Que cada uno esté en posesión de un equipo informático.
- Un *software* que permita las videoconferencias.
- Auriculares o altavoces, un micrófono y una cámara web.

Entre las características y funciones más relevantes que posee el sistema de comunicación por videoconferencia, cabe señalar las siguientes:

- Integración de grupos de trabajo.
- Facilita el acercamiento entre personas situadas en ubicaciones distantes.
- No posee la necesidad de un equipamiento avanzado, lo que reduce su coste.
- No se alteran los mensajes y no existe ambigüedad en los mismos, al realizarse mediante un cara a cara virtual.
- Unida a la tecnología móvil, se podrá realizar en cualquier parte.
- Se establece en cualquier ámbito laboral, de educación, ocio, etcétera.

5.2. Configuración y herramientas del programa

En cualquier aplicación que permita realizar videoconferencias, es fundamental ajustar correctamente los parámetros de audio y vídeo desde el propio programa, con el fin de garantizar una comunicación clara y estable. Estas configuraciones permiten optimizar la calidad de la transmisión según el dispositivo y la conexión disponible.

Como ejemplo, en herramientas como *Microsoft Teams, Zoom* o *Google Meet,* el usuario puede acceder a los ajustes desde el menú de su perfil o mediante el icono de engranaje (⚙), donde podrá configurar dispositivos de entrada y salida (micrófono, altavoces y cámara), así como realizar pruebas previas a la reunión. En algunos casos, se incluyen filtros de vídeo, cancelación de ruido y ajustes de fondo.

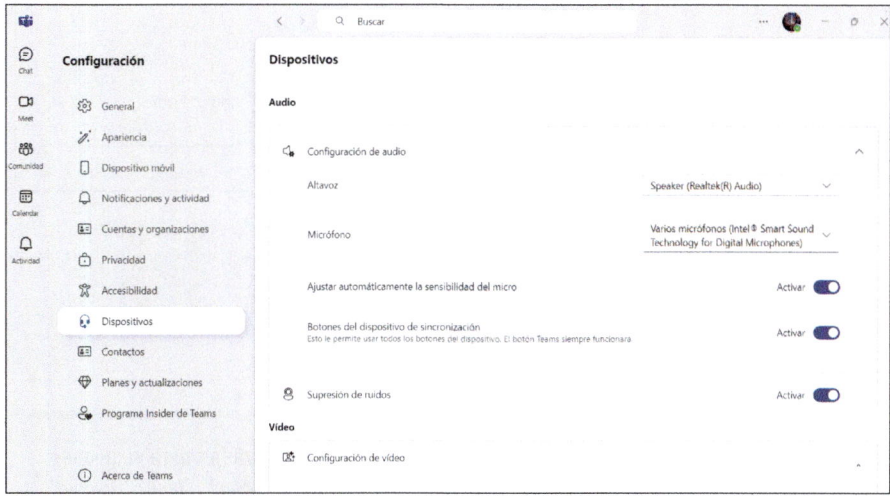

Configuración de videoconferencia

 Nota

Skype dejó de estar disponible en mayo de 2025. Se puede acceder a *Microsoft Teams* con las credenciales de *Skype,* manteniéndose los chats y contactos.

Estas aplicaciones también ofrecen opciones adicionales, como pruebas de conexión, estadísticas en tiempo real de la llamada, grabación en la nube o en local, y la posibilidad de integrar calendarios o herramientas de colaboración en línea.

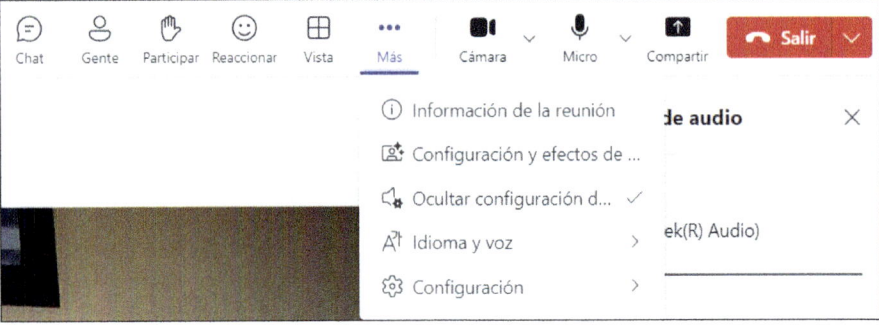

Opciones en una reunión con Teams

 **Nota**

Además de *Microsoft Teams,* existen otras aplicaciones muy utilizadas para reuniones virtuales y mensajería instantánea, como *Zoom, Google Meet, Jitsi Meet, Slack* o *Discord,* cada una con características específicas y niveles de personalización que se adaptan a diferentes entornos educativos, profesionales o sociales.

5.3. Accesos y permisos a conversaciones

Al igual que ocurría en la mensajería instantánea, la gestión de las diferentes aplicaciones de videoconferencia varían entre ellas en características puntuales, pero, de igual modo, se conseguirá establecer una conexión con los contactos incluidos en la lista de contactos siempre y cuando estos estén conectados, lo que se hará enviando una petición de conexión que deberá ser aceptada por cada uno de los asistentes a dicha videoconferencia.

Recuerde

En toda aplicación que permita realizar videoconferencias, se deberán ajustar los parámetros de vídeo y audio correspondientes al *software* instalado en el equipo para optimizar
la calidad de la emisión.

Aplicación práctica

**Describa cuáles serían los pasos para mantener una comunicación por videoconfe-
rencia.**

SOLUCIÓN

Lo primero será disponer de una conexión a Internet y reunir el *hardware* necesario: un
ordenador, una *webcam* y altavoces o auriculares con micrófono.

Seguidamente, se instalará una aplicación que permita realizar dicha comunicación.

El paso siguiente será añadir contactos a la lista y, por último, ofrecer peticiones de conexión a algún contacto para realizar una videoconferencia y que este la acepte.

6. Plataformas *e-learning*

La educación, al igual que otros campos, se ha visto ampliamente benefi-
ciada gracias al uso de los adelantos de las nuevas tecnologías de la información y la comunicación. ¿Quién diría hace unos años que se podrían realizar
cursos de formación, ciclos formativos e incluso carreras a través de Internet?

Todas estas formas de enseñanza hacen uso de lo que se conoce como
aprendizaje electrónico o *e-learning*. Para ello, además de la red, se necesita
un entorno, en este caso web, donde apoyar la enseñanza, que consistirá en

aplicaciones que están diseñadas para dicho objetivo compuestas de páginas web que facilitan el uso de foros y correos electrónicos para la resolución de dudas, pruebas de evaluación *online,* envío de ejercicios y tareas, además de poder descargar los recursos didácticos de los que conste el curso en cuestión.

6.1. Características y funciones

La formación electrónica facilita la enseñanza a distancia gracias al uso de las herramientas de comunicación ya conocidas, pero, además, hay una serie de características y funciones que la hacen aún más especial, debido a que rompe un sinfín de barreras que se escapan a la formación presencial.

Entre las diferentes características y funciones del aprendizaje electrónico, destacan las siguientes:

- Rápida y constante actualización de recursos y contenidos.
- Gestión de usuarios.
- Reducción de costes.
- Flexibilidad de horarios.
- Prácticas y asesoramiento desde casa.
- Eliminación de barreras físicas a personas con discapacidad.
- Intercambio de opiniones, consultas y ayuda entre compañeros y profesores a través de un entorno web 2.0.
- Evaluación constante y flexible.

6.2. Tipos de plataformas

Existen numerosos desarrollos de plataformas digitales destinadas a la gestión de contenidos educativos, tanto en entornos escolares como universitarios o corporativos. Estas plataformas permiten organizar, compartir y evaluar recursos y actividades de forma estructurada, creando auténticas comunidades virtuales de aprendizaje en línea.

Entre las más utilizadas en la actualidad, destacan:

- **Google Classroom:** plataforma gratuita de Google ampliamente implantada en centros educativos. Facilita la gestión de clases, tareas y calificaciones, y se integra de forma nativa con *Google Drive, Documentos, Meet* y otras herramientas del ecosistema.

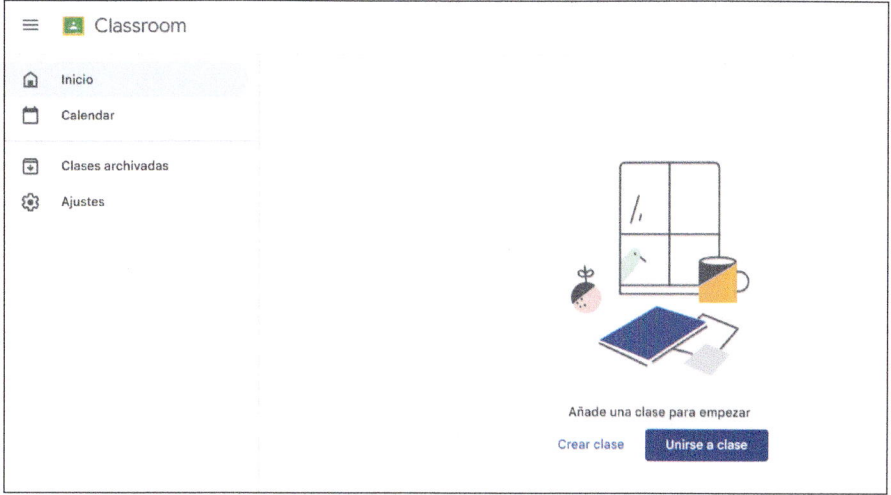

Plataforma Classroom

- **Microsoft Teams for Education:** herramienta colaborativa incluida en *Microsoft 365,* que combina mensajería, videollamadas, almacenamiento en la nube y gestión de clases y contenidos. Muy utilizada en institutos y universidades por su entorno seguro y su integración con otras aplicaciones de *Office.*

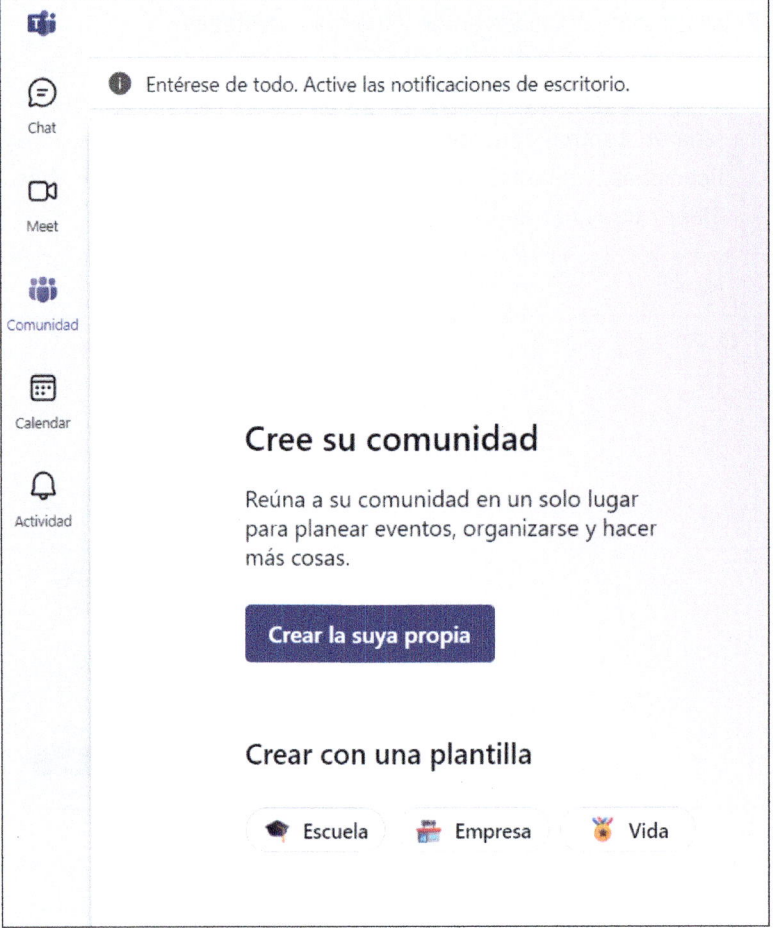

Microsoft Teams

- ■ ***Canvas LMS:*** plataforma de aprendizaje flexible y moderna, orientada tanto a centros educativos como a formación profesional. Ofrece seguimiento del progreso del alumnado, calificaciones, foros, tareas, videoconferencias integradas y compatibilidad con estándares como SCORM o LTI.

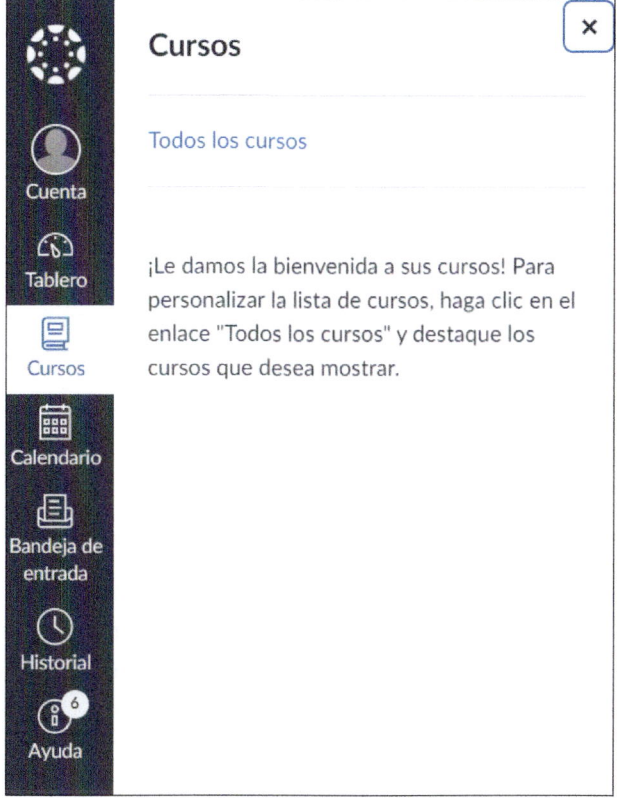

Plataforma de Canvas

- **Moodle:** aunque no tan dominante como en años anteriores, sigue siendo una alternativa libre y personalizable, especialmente en entornos donde se requiere un mayor control del sistema. Continúa siendo relevante por su comunidad y flexibilidad.

Plataforma Moodle

- **WordPress** con *plugins* educativos (como *LearnDash* o **Tutor LMS**): permite transformar un sitio web en una plataforma de formación *online,* integrando cursos, evaluaciones y suscripciones.

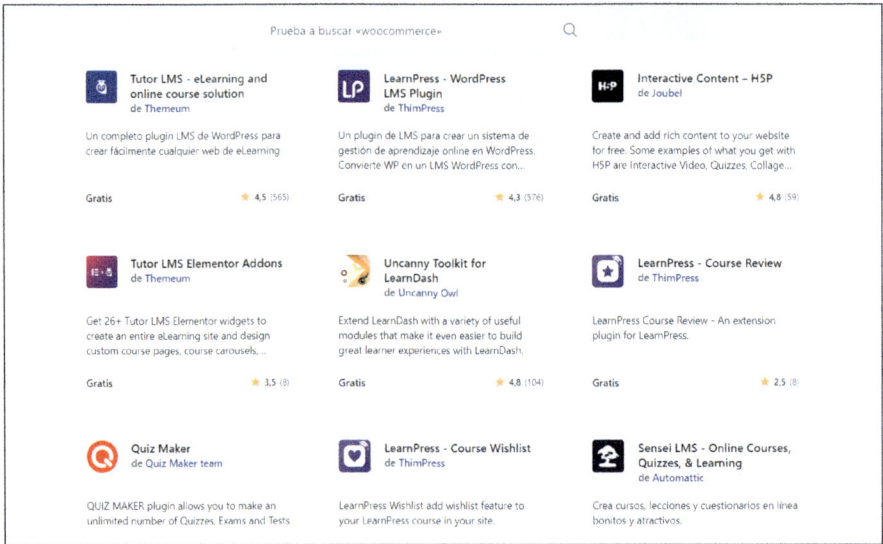

Plugins educativos para Wordpress

Recuerde

Para que una plataforma de *e-learning* sea eficaz, no basta con tener conexión a internet. Es necesario contar con un entorno estructurado de aprendizaje, formado por aplicaciones y páginas web que permitan publicar contenidos, enviar tareas, realizar videoconferencias, evaluar y ofrecer retroalimentación continua. Estas plataformas deben integrar herramientas como foros, correo electrónico, cuestionarios, seguimiento de progreso, descarga de materiales y entrega de actividades, de modo que el alumnado pueda avanzar en su formación de forma autónoma, guiada y accesible.

6.3. Configuración y herramientas de la plataforma

Las plataformas actuales para la gestión del aprendizaje en línea, como *Google Classroom, Microsoft Teams for Education* o *Canvas LMS,* ofrecen múltiples opciones de configuración, tanto para docentes como para administradores de centros educativos. A diferencia de sistemas anteriores como *Moodle* o *Joomla,* muchas de estas plataformas no requieren instalación en servidores propios, ya que funcionan en la nube y se accede a través de un navegador web. Esto facilita su uso, reduce los requisitos técnicos y permite un despliegue más ágil.

Las configuraciones más comunes que se pueden realizar en estas plataformas incluyen:

- Gestión del sitio o entorno virtual de aprendizaje, con creación de aulas, asignaturas y secciones.
- Administración del alumnado y personal docente, con roles, permisos y grupos.
- Creación y gestión de contenidos didácticos, como tareas, cuestionarios, rúbricas, documentos, vídeos y enlaces.
- Personalización del diseño, encabezados, colores institucionales o integración con plataformas externas (como bibliotecas virtuales o bancos de recursos).

En el caso de *Canvas LMS,* una plataforma cada vez más implantada en universidades y centros de formación profesional, existen además múltiples integraciones a través de extensiones, conocidas como apps LTI *(learning tools interoperability),* que amplían sus funcionalidades

Entre las herramientas más utilizadas en este entorno destacan:

- Generadores de formularios y encuestas para obtener *feedback* del alumnado.
- Repositorios de materiales organizados por módulos, temas o semanas.
- Pasarelas de pago integradas en caso de formación profesional o privada.
- Sistemas de comunicación interna, como tablones de anuncios, notificaciones automáticas y mensajería.
- Integración con bibliotecas, calendarios institucionales y servicios externos como *Turnitin, Kahoot, Zoom* u *OneDrive.*

6.4. Uso de foros y mensajería instantánea de la plataforma

El uso de los foros y la mensajería electrónica en el ámbito de las plataformas de *e-learning* es quizá de las actividades más importantes, ya que a través de ellos se realizan la mayoría de los debates y discusiones de los contenidos de los temas propuestos en el curso. Los foros poseen la característica de no ser en tiempo real como la mensajería instantánea, sino que es una actividad en que los participantes no tienen por qué estar conectados al sistema al mismo tiempo.

Además de las herramientas de comunicación que se han conocido a lo largo del capítulo, cabría destacar otras que también están a la orden del día, tanto por su popularidad como por su verdadera utilidad. Entre ellas, destacan las redes sociales, que han evolucionado para integrar múltiples sistemas de comunicación, como la mensajería instantánea, videollamadas y la transmisión en vivo. Plataformas como *WhatsApp, Telegram, Instagram* y *X* (antes *Twitter)* permiten a los usuarios mantenerse conectados de diversas maneras.

Además, muchas redes sociales y plataformas han incorporado la función de publicación de contenido mediante muros, historias y publicaciones interactivas, emulando el formato de blogs. Ejemplos de estas plataformas incluyen *Facebook, Instagram, TikTok* y *LinkedIn,* donde los usuarios pueden compartir publicaciones, comentar y generar contenido de forma dinámica.

Por otro lado, aunque menos mediático que las redes sociales, el intercambio y transferencia de archivos en línea sigue siendo una herramienta esencial en la comunicación digital.

Actualmente, se emplean servicios como *Google Drive, Dropbox, WeTransfer* y *OneDrive,* que permiten compartir archivos de manera rápida y segura, reemplazando en gran medida el uso tradicional de FTP en entornos personales y empresariales.

 Nota

En servidores FTP, se pueden almacenar archivos de diferente naturaleza con la finalidad de difundirlos a través de sus usuarios.

Aun saliendo del ámbito de Internet en un ordenador, no se pueden dejar de lado los servicios de Internet que ofrece la tecnología móvil con las conexiones existentes en la actualidad y la tendencia a fabricar los dispositivos móviles con mayor y mejor pantalla. En estos, es posible instalar y configurar de igual modo servicios de mensajería instantánea.

 Sabía que...

La mensajería instantánea por móvil no se asocia una cuenta de usuario en el servicio mediante correo electrónico, sino que la cuenta se encuentra asociada a un número de teléfono.

Además, se pueden realizar videollamadas a través de Internet desde el móvil o acceder a las redes sociales. Estos sistemas, en la mayoría de los casos, son gratuitos y no incrementan el precio de la factura telefónica.

7. Resumen

Durante este capítulo, se han expuesto una serie de aplicaciones de uso casi diario por la mayoría de usuarios de Internet y que se utilizan para comunicarse con diferentes personas de diferentes ámbitos con las cuales tiene algún interés en común.

Entre las diferentes aplicaciones, se encuentra el correo electrónico, para cuyo uso se ha aprendido a crear cuentas en un servidor web, además de conocer la estructura de los gestores de correo, deteniéndose en cada uno de sus elementos, como la bandeja de entrada, elementos enviados, elementos eliminados, correo no deseado, carpetas personales, envío de mensajes, lectura de mensajes, eliminación de mensajes, mover o copiar mensajes, archivos adjuntos o herramientas de colaboración.

Además, se han conocido dos herramientas de comunicación web, como son los foros y los blogs, realizando una definición y especificando sus características, tipos y herramientas.

Otras aplicaciones tratadas han sido la mensajería instantánea y las video-conferencias, entre las cuales se ha encontrado un paralelismo y de las que se han explicado sus características y funciones, configuración y los accesos o permisos a conversaciones.

Por último, se han conocido las plataformas de aprendizaje electrónico o *e-learning* a través de sus características, funciones, tipos y configuración.

Ejercicios de repaso y autoevaluación

1. ¿Qué protocolo permite comunicarse por correo electrónico?

    a. SNMT.
    b. SMNT.
    c. SMTP.
    d. SMPT.

2. ¿Dónde se localiza el servidor en el que se aloja una cuenta de correo en su dirección?

    a. Es imposible saberlo.
    b. Delante del símbolo @.
    c. Dependiendo de su extensión.
    d. A continuación del símbolo @.

3. ¿En qué carpeta se almacenan todos los *e-mails* recibidos?

    a. En la carpeta de entrada.
    b. En la bandeja de entrada.
    c. En las carpetas locales.
    d. En las bandejas locales.

4. ¿Es posible configurar la carpeta de correo no deseado?

    a. No, es predefinida por el sistema.
    b. Se puede elegir entre la predeterminada o la papelera de reciclaje.
    c. Sí, desde las opciones de configuración del gestor de correo.
    d. Sí, pero solo desde un servidor web.

5. ¿Dónde se almacenará el contenido de las carpetas personales?

    a. En el equipo.
    b. En la red.
    c. En el servidor de correo contratado.
    d. En el equipo y en el servidor de correo.

6. ¿Cómo se especificarían los destinatarios si se quisiera enviar un correo sin que estos vieran las direcciones de los demás destinatarios?

    a. TO.
    b. CC.
    c. BC.
    d. CCO.

7. ¿Es posible adjuntar cualquier archivo a un correo electrónico?

    a. No.
    b. Solo los formatos convencionales, como documentos de texto, ".pdf", etcétera.
    c. Siempre que no sobrepasen el tamaño máximo soportado por el servidor.
    d. No, pero se podrá hacer en varios correos electrónicos.

8. ¿Desde qué tipo de páginas se puede colaborar en debates con otras personas que tratan un mismo tema escribiendo en ellas?

    a. Blogs.
    b. Redes sociales.
    c. Foros.
    d. Videoconferencias.

9. ¿Qué elemento no es imprescindible para realizar una videoconferencia?

    a. Conexión a Internet.
    b. Auriculares y micrófono.
    c. Un equipo potente.
    d. Un emisor y un receptor.

10. ¿Cuál de las siguientes aplicaciones es un sistema de gestión de contenidos (CMS)?

    a. *Microsoft Teams*
    b. *Moodle*
    c. *WordPress*
    d. *Google Meet*

Bibliografía

Monografías

❚ DELGADO, J. M.: *Microsoft Windows 11.* Madrid: Anaya, 2022.

❚ PEÑA Pérez, R.: *Office 2019 VS 365: Guía completa paso a paso.* [s.l.]: Altaria, 2019

❚ PEÑA Pérez, R.: *Word 2019 – 365: Curso práctico paso a paso.* [s.l.]: Altaria, 2019.

❚ RIVERA, D.: *Word Microsoft 365: 2.ª edición (Ofimática Profesional).* Madrid: Ediciones ENI, 2024.

Textos electrónicos, bases de datos y programas informáticos

❚ Fábrica Nacional de Moneda y Timbre, de: <http://www.cert.fnmt.es>.

❚ Plataforma de *e-learning Joomla,* de: <http://www.joomla.org/>.

❚ Plataforma de *e-learning Moodle,* de: <http://moodle.org/>.

❚ Sistema operativo *Ubuntu,* de: <http://www.ubuntu-es.org>.

❚ Sistema operativo *Windows 11,* de:
<https://www.microsoft.com/es-es/windows/windows-11>.

❚ Sistema operativo *Linux,* de: <https://www.linux.org/pages/download/>.

▌ *Suite* ofimática *LibreOffice 25.2.1*, de:
<https://es.libreoffice.org/descarga/libreoffice/>.

▌ *Suite* ofimática *Microsoft Office 365*, de: <https://www.office.com/>.